Marga Bayerwaltes

Große Pause!

Nachdenken über Schule

Verlag Antje Kunstmann

Wir werden geboren – unsere Eltern geben uns Brot und Kleid – unsere Lehrer drücken in unser Herz Worte, Sprachen, Wissenschaften – es entsteht eine Lücke in der Republik, wo wir hineinpassen – unsere Freunde, Verwandte, Gönner stoßen uns glücklich hinein – wir drehen uns eine Zeit lang in diesem Platz herum wie die anderen Räder und stoßen und treiben – bis wir, wenn's noch so ordentlich geht, abgestumpft sind und zuletzt wieder einem neuen Rade Platz machen müssen – das ist unsere Biographie.
Heißt das gelebt? Heißt das seine Existenz gefühlt, seine selbständige Existenz, den Funken von Gott?

Jakob Michael Reinhold Lenz (1751–1792)

Wer vor die Aufgabe gestellt würde, mit einem Federmesser einen Urwald zu fällen, müßte vermutlich dieselbe Ohnmacht der Verzweiflung empfinden, die den Reformeiferer vor dem bestehenden Schulsystem ergreift – diesem undurchdringlichen Dickicht von Torheit, Vorurteilen und Mißgriffen, wo jeder Punkt sich zum Angriff eignet, aber jeder Angriff mit den zu Gebote stehenden Mitteln fruchtlos bleibt.

Ellen Key, Das Jahrhundert des Kindes, 1902

Inhalt

Das kann doch nicht alles gewesen sein
Das bisschen Sonntag und Kinderschrein
Da muss doch noch irgendwas kommen …
Da muss doch noch Leben ins Leben … eben!

Wolf Biermann, Lied vom donnernden Leben

Vorwort

Vor einigen Jahren wurde – wie in großen Unternehmen schon vielfach üblich – auch für Beamte im deutschen Staatsdienst das Teilzeitmodell *Sabbatjahr* eingeführt. Von den meisten Lehrern wurde diese Möglichkeit wie ein Geschenk des Himmels empfunden, ja geradezu wie ein Erlösungsversprechen. So war es jedenfalls in meinem Fall. Ein ganzes Jahr frei! – das bedeutete die Rettung aus aller Not. Denn in großer Not befand ich mich beruflich schon seit vielen Jahren. Der ganze Lehrerberuf mit allem Drum und Dran schien mir kaum noch auszuhalten, alles nur sinnloser Kräfteverschleiß, das Leben nichts weiter als besinnungslose Hektik und Hetze. Als ich dann eines Tages auf die freundliche Frage »Wie geht's?« unvermittelt in Tränen ausbrach, war mir klar, dass dringend etwas geschehen musste. Aber was?

Da erschien plötzlich das Sabbatjahr als strahlende Aussicht am Horizont. Was gab's da groß zu überlegen? Ich beantragte die schnellstmögliche Variante (zwei Jahre ansparen, drittes Jahr frei), und der Antrag wurde zu meiner großen Erleichterung prompt und problemlos bewilligt.

Aber nun hieß es erst mal noch zwei Jahre warten. Warten, dass sich der Traum von *Zeit* und *Freiheit* und die Sehnsucht nach einem anderen, einem *richtigen und guten Leben* endlich erfüllen möge. Diese Wartezeit war leider keine Zeit der Heiterkeit und der stillen Vorfreude, wie ich es erhofft hatte, sie war einfach furchtbar, und ich habe sie selbst heute noch in schrecklicher Erinnerung. So, als hätte ich diese beiden Jahre nur mit allerletzter Kraft und auf allen vieren kriechend überlebt. Aber dann war es auf einmal da, das *Sonntagsjahr*, und das lange Warten und die klare zeitliche Begrenzung machten es unendlich kostbar.

Womit wollte ich die kostbare Zeit aber nun füllen? Was genau hatte ich mir vorgestellt und gewünscht?

Auf große Reisen um die Welt hatte ich keine Lust, und sie wären mit einer schulpflichtigen zehnjährigen Tochter auch nicht so ohne weiteres möglich gewesen. Das, wonach ich mich von Herzen sehnte, war zum Glück etwas ganz Einfaches: Ich wollte zu Hause sein. Endlich, endlich wollte ich einmal zu Hause bleiben dürfen. Und stundenlang und seelenruhig zwischen meinen Büchern im Sessel sitzen und lesen. Nicht bloß herumblättern und eilig Seiten überfliegen, um geeignete Texte für den Unterricht zu finden, sondern dicke Bücher eins nach dem anderen in aller Ruhe zu Ende lesen. Eine lange Wunschliste lag schon bereit.

Außerdem hatte ich mir fest vorgenommen, einmal in Ruhe über mein Leben nachzudenken. Ich wollte darüber nachdenken, was für ein Mensch aus mir in den vielen Lehrerjahren geworden war und woran genau das gelegen hatte. Warum war aus der fröhlichen, frechen, von ihrem Beruf begeisterten jungen Frau, die ich einmal gewesen war, eine deprimierte, kranke, von Wutanfällen und Verzweiflungsattacken heimgesuchte Frustziege geworden? Der normale Lauf der Dinge? Die Krise in der Lebensmitte? Die Wechseljahre gar? Oder hatte es doch mit dem Arbeitsplatz Schule zu tun? Auf diese Fragen hätte ich gern eine Antwort gewusst, und die dazu nötige Ruhe und Muße wollte ich mir unbedingt einmal nehmen.

Und zu guter Letzt wollte ich die freie Zeit auch noch zum Schreiben verwenden. Schreiben war schon immer eine meiner Lieblingsbeschäftigungen gewesen, aber jetzt hatte ich Lust auf etwas Richtiges, ein schönes Kinderbuch zum

Beispiel. Ein kleines Buch zu schreiben, das Kinder froh und mutig und stark macht und sie nebenbei noch auf ein paar gute Gedanken bringt, das würde mir gefallen. In meinem freien Jahr, nahm ich mir vor, wollte ich einmal einen ersten Versuch wagen.

In Ruhe nachdenken, viel lesen, vielleicht ein schönes Kinderbuch schreiben … , das waren so meine Pläne und Vorsätze für das lang ersehnte Sabbatjahr. Auf keinen Fall, das war klar, wollte ich in dieser Zeit irgendetwas von Schule sehen oder hören.

Doch es kam anders als erwartet. Das Sabbatjahr ging vorbei, und aus dem Nachdenken über mein Lehrerleben war am Ende ein Buch über Schule entstanden. Über Schule, wie sie ist, und wie sie vielleicht sein könnte. Über Lehrer, wie sie sind, und wie sie vielleicht sein müssten, über Eltern und über Kinder. Und über eine lange Arbeits- und Verschnaufpause und ihre segensreiche Wirkung.

Dieser Segen jedoch ließ zunächst noch eine lange Weile auf sich warten …

Warten auf Erlösung

Zu spät

Heute Morgen bin ich eine Stunde früher aufgestanden und viel zu früh losgefahren, um nur ja pünktlich in der Schule zu sein. Denn heute ist Klausurtag. Beginn: 8.00 Uhr. Ort: Pavillon. Meine Tochter habe ich kurz vor halb acht an ihrer Grundschule abgesetzt. Es war noch stockdunkel.

Die Pavillons liegen etwas abseits vom eigentlichen Schulgebäude. Deshalb nehme ich lieber gleich den Hintereingang, das geht schneller. Es ist noch früh, erst 7.40 Uhr. Auch hier liegt noch alles im Dunkeln, und außer mir ist noch kein Mensch da. Umso besser. Dann kann ich auf dem Pult in Ruhe meine Papiere ausbreiten, noch mal kurz durchlüften und die chaotisch irgendwo im Raum verteilten Stühle und Tische in eine sinnvolle Sitzordnung bringen. Nicht zu eng beieinander. Für eine dreistündige Klausur bringen die Schüler erfahrungsgemäß Getränke und Proviant wie für eine dreitägige Bergtour mit. Schon allein deshalb braucht jeder von ihnen viel Platz und einen eigenen Tisch.

Mittlerweile ist es 7.50 Uhr. Ich bin etwas aus der Puste. Die Tische sind verdammt schwer. Mein Gott, wieso kommt denn immer noch keiner? Leises panisches Herzklopfen. Schnell noch die Tafel geputzt. Der Schwamm ist staubtrocken und riecht nach Verwesung. Kein Wasser in der Nähe. Ich halte mir die Nase zu. Der feine Kreidestaub verteilt sich wie eine Mehlwolke im Raum und legt sich auf meinen Pullover, auf Hände und Haare.

Da plötzlich zuckt der Gedanke auf: Raumwechsel?! Die Papiere zurück in die Tasche, Mantel an, Fenster zu, Licht aus, Tür zu und ab, quer über den weiten Schulhof ins Hauptgebäude, durch die nun bereits verstopften Flure. Schon von weitem rufe ich »Auf die Seite, Kinders! Hier kommt ein eiliger Lehrkörper!« und dränge vorwärts, durch die Aula, in den Verwaltungstrakt, ins Lehrerzimmer, ans schwarze Brett, vor die Klausurpläne.

Da stehe ich nun und sehe zunächst mal gar nichts. Mir ist schwindlig, und für ein paar Sekunden wird mir schwarz vor Augen. Ich muss mich irgendwo festhalten. Dann sehe ich die mit roter Tinte eingetragene Raumänderung: D 404. Im vierten Stock!

Ich drehe mich um und schaue auf die große Uhr. 8.05 Uhr. Die Klausurzeit läuft bereits. Also schnell die Tasche unter den Arm und raus aus dem Lehrerzimmer und die Treppen hoch. Doch dann bleibe ich stehen. Vor mir geht der *Chef.* Langsam und schweren Schrittes geht er vor mir die Treppe hoch, wahrscheinlich auf dem Weg in seinen Unterricht. Um diese Uhrzeit möchte ich ihn nicht gern überholen. Langsam schleiche ich hinter ihm her. Im dritten Stock biegt er endlich ab. Herrgott im Himmel! Ich lege einen Endspurt ein, fliege die letzte Treppe hoch, werfe mich gegen die schwere Schwingtür, renne durch den endlos langen Korridor bis zum letzten Raum und stürze hinein.

Drinnen herrscht ein fürchterliches Chaos. Fünf verschiedene Lehrer sind damit beschäftigt, ihren jeweiligen Schülergruppen Plätze anzuweisen und sich gegenseitig zu übertönen bei dem Versuch, ihren Schützlingen noch letzte Hinweise und Hilfestellungen zuzurufen. Meine Schüler haben bereits in der hintersten Ecke Platz genommen, alle ganz dicht beieinander. So können sie nicht sitzen bleiben. Außerdem sind es nur drei. Wo ist denn der vierte?

– Tut mir Leid, sage ich, während ich nach geeigneten Sitzplätzen für sie Ausschau halte, ich war im falschen Raum, ich hab die ganze Zeit im Pavillon auf euch gewartet.

– Macht nix, sagt Jens, wir sind auch gerade erst gekommen.

So, jetzt die Aufgabenblätter verteilt. Wo bleibt denn der Klaus, verdammter Mist? Um diesen schönen Klausurtext zu finden, zu kürzen, zurechtzuschnipseln und zu kopieren und dazu noch drei gute Fragen zu formulieren, habe ich vorgestern mehr als drei Stunden gebraucht. Soll ich das für diese Schlafmütze etwa alles noch mal machen?

Martin meldet sich.

– Können Sie bitte mal kommen?

Ja, natürlich.

– *Idealtypisch*, sagt er, was soll denn das heißen?

Die Frage ärgert mich. Der Begriff ist im Unterricht geklärt und dauernd benutzt worden. Ich zögere einen Moment, dann gebe ich ihm die Antwort. Vielleicht hat er ja gefehlt.

Jetzt muss ich dasselbe aber auch den anderen zukommen lassen. Möglicherweise haben sie es ja auch vergessen. Ich kämpfe mich durch die Reihen, noch immer haben nicht alle Schüler Platz genommen, erkundige mich bei jedem einzelnen, ob er den Text und die Fragen versteht, auch den Begriff *idealtypisch*?

Aber jetzt muss ich weg. Es ist allerhöchste Zeit! Ich habe ja eigentlich Unterricht, und die Schüler warten. Es ist 8.15 Uhr. Ich kann auf keinen Fall noch länger hier bleiben und auf den vierten warten. Ich muss das Klausurblatt für ihn hinterlegen. Aufsicht führt Frau Hempel, eine von den Netten, aber *idealtypisch* hat sie bestimmt auch noch nie gehört. Soll ich es ihr schnell erklären, für den Fall, dass der zu spät kommende Klaus sie danach fragen sollte? Nee, das geht nicht. Außerdem: Dieser Klaus kann mich mal. Wie ich ihn kenne, kommt er sowieso nicht mehr. Aber diesmal werde ich auf keinen Fall eine neue Klausur für ihn entwerfen! Wenn der heute schon wieder unentschuldigt fehlt, dann kriegt er keinen Nachschreibtermin, sondern die Sechs. Basta. Ich hab's endgültig satt mit ihm.

Aber jetzt muss ich endlich hier weg und in den Unterricht. Doppelstunde Deutsch in der Elf. Die Schüler wissen, dass ich wegen der Klausur etwas später kommen werde, ich habe es ihnen in der letzten Stunde, vor zwei Tagen, gesagt und sie gebeten, sich in den Raum zu begeben und dort auf mich zu warten. Und vor allem leise zu sein.

Schon von weitem sehe ich, dass sie in Gruppen auf dem Flur herumstehen. Als ich näher komme, ruft der Jürgen freudestrahlend: »Ach, da sind Sie ja endlich!« Ich spüre, wie eine Wutwelle mir in den Kopf schießen will. Dann sehe ich den *Chef*. Er löst sich aus dem Schülerpulk und schaut mich stirnrunzelnd an. An seiner Mimik und an den Gesichtern der Schüler kann ich sehen, dass er sie gerade ordentlich zusammengestaucht haben muss. Und zu mir sagt er nun, in gereiztem Ton:

– Marga, was ist denn los? Wieso kommst du mit einer solchen Verspätung hier seelenruhig angeschlendert?

Seelenruhig angeschlendert. Das muss mindestens hundert Jahre her sein, dass ich einmal irgendwo seelenruhig geschlendert bin. Ich kann mich nicht erinnern, vielleicht in einem anderen Leben …

Jetzt müsste und könnte ich die Situation schnell klären. Ich könnte den Grund meiner Verspätung nennen und mich rechtfertigen. Was er da wieder denkt, ist doch falsch und ungerecht! Aber da höre ich mich schon sagen: *Ach, leck mich doch, Theo, du Blödmann!* Und gehe an ihm vorbei in den Klassenraum.

Das habe ich in Wirklichkeit aber, Gott sei Dank, nicht gesagt. Vielmehr habe ich alle Kraft, die ganze noch verbliebene

Restkraft dieses beschissenen Morgens dafür zusammengerafft, um diesen Satz *nicht* herauszulassen, der mir schon sprungbereit ganz vorn auf der Zunge lag. Gesagt habe ich nur so etwas wie:

– Nichts ist los. Was soll denn los sein? Ich bin halt zu spät, so was kann vorkommen.

Und bin an ihm vorbei in den Klassenraum gegangen. Dort lasse ich meine Tasche auf den Boden fallen und mich selbst auf den nächstbesten Stuhl. Mein Herz schlägt bis zum Hals. Ich bin in Schweiß gebadet.

– Setzt euch endlich, sage ich zu den Schülern. Und macht die Tür zu.

Es ist 8.25 Uhr. Der Unterricht kann beginnen.

8.30 Uhr. Ich habe mich wieder etwas gefangen. Der Anschluss an die letzte Stunde ist hergestellt. Der blöde Jürgen hat, wahrscheinlich um seinen Fauxpas von vorhin wieder gutzumachen, eine gute Frage zu den Hausaufgaben gestellt, die ich gerade zu beantworten versuche.

Da fliegt mit einem lauten Knall die Tür auf. Der Rastafari-Frank poltert herein und spaziert, freundlich in die Runde grinsend, auf seinen Platz zu. Da fliegt bei mir die Sicherung raus.

– Was soll das, Frank?, schreie ich ihn an. Wie oft muss man dir noch sagen, dass du hier pünktlich zu erscheinen hast? Wieso bleibst du, verdammt noch mal, nicht zu Hause, wenn du solche elementaren Dinge schon nicht geregelt kriegst!

In der Pause finde ich in meinem Fach eine Mitteilung des Sekretariats. Der Schüler Klaus M. habe sich heute Morgen telefonisch krank gemeldet. Sein Fehlen bei der Klausur gilt damit als entschuldigt. Ihm steht mithin ein Nachschreibetermin zu. Ich werde also doch eine neue Klausur für ihn entwerfen müssen. Auf jeden Fall aber muss ich heute Nachmittag für den armen Frank einen schönen Schokokuchen zur Versöhnung backen …

Am nächsten Morgen hängt ein Schreiben von Theo am schwarzen Brett.

Verehrte Kolleginnen und Kollegen!

Trotz wiederholter und dringender Bitte und Ermahnung von meiner Seite ist gestern offensichtlich wieder der Pavillon nach Verlassen nicht ordnungsgemäß abgeschlossen worden. Infolgedessen ist es ärgerlicherweise zu einem mutwilligen Fall von Zerstörung im Raum Pav 1 gekommen.

Von den Tätern fehlt noch jede Spur. Es ist nicht auszuschließen, dass Schulfremde über den hinteren Eingang das Schulgelände betreten und den Schaden angerichtet haben.

Die bereits mehrfach angekündigte Konsequenz für Sie, liebe Kolleginnen und Kollegen, wird sein, dass ab sofort für diesen Bereich eine gesonderte Aufsicht abgestellt werden muss. Bitte beachten Sie den dementsprechend veränderten Aufsichtsplan!

Es tut mir Leid, dass wegen der Gedankenlosigkeit einiger weniger nun alle zusätzlich belastet werden. Ich sehe keine andere Möglichkeit.

Mit freundlichem Gruß

Dr. Winter, Schulleiter

Ein Anonymus hat in Zeile vier des Schreibens die Falschstellung des Adjektivs rot markiert und am Rand als Grammatikfehler (Gr) gekennzeichnet. Ein anderer hat diese Fehlerkennzeichnung wieder durchgestrichen und durch ein A (Ausdrucksfehler) ersetzt.

Oh Gott! Kann es sein, dass das alles hier meine Schuld ist? Gestern Morgen in der Hektik habe ich bestimmt nicht ordentlich abgeschlossen. Da bin ich mir ziemlich sicher.

Andererseits war es erst kurz vor 8.00 Uhr. Ist denn den ganzen Vormittag über kein anderer mehr da gewesen?

Am besten gehe ich gleich mal nach vorn und melde mich. Vielleicht kann ich die Aufsicht ja für eine Weile freiwillig übernehmen, zur Strafe sozusagen.

Aufsicht

Dienstagmorgen, 9.35 Uhr. Erste Große Pause. Dauer: zehn Minuten.

Ich komme aus der 10 b. Leider ist da heute schon wieder alles schief gelaufen. Ich habe mich trotz aller guten Vorsätze doch wieder von den Rüpeln in der letzten Reihe provozieren lassen. Sie machten sich einen Spaß daraus, am laufenden Band laut zu rülpsen. So lange, bis ich dann wie immer angefangen habe herumzukreischen. Mist. Die Woche hat kaum angefangen, und schon flattern die Nerven. Wieso musste es denn wieder so weit kommen? Wo genau fing die Sache an zu entgleisen, an welcher Stelle habe ich etwas falsch gemacht?

Ich bin auf dem Weg in die Bibliothek. Möchte dort ein paar Minuten allein sein und zur Ruhe kommen, denn in der nächsten Stunde muss ich unbedingt in guter Verfassung sein. Ich bin schon fast an der Tür, da sagt plötzlich jemand hinter mir:

– Marga? Wo willst du denn noch hin? Du hast Aufsicht!

Oh nein, das darf nicht wahr sein! Das hab ich vollkommen vergessen! Schnell bedanke ich mich beim Theo für den Hinweis, drehe um und renne die 500 Meter bis zum Altbau, Flur A1, Unterstufentrakt. Die schwere Büchertasche habe ich zu allem Überfluss auch noch dabei.

Auf A1 hat sich der Inhalt der vier Fünferklassen schon auf den Flur ergossen. Ein unüberschaubares Gedränge, Gerenne, Geschubse und Geschrei. Der Flur liegt fast völlig im

Dunkeln. Wir sind eine umweltbewusste Schule, und manche Kollegen machen überall, wo sie hinkommen, erst mal das Licht aus. Ich gehöre zu denen, die das Licht überall wieder anmachen. Einer unserer zahllosen stillen Kämpfe.

Sofort sehe ich die Katastrophe. Ein Schüler liegt verletzt am Boden. Windet sich vor Schmerz. Ein anderer kniet vor ihm. Oder auf ihm. Ein kleiner Halbkreis hat sich um die beiden gebildet. Ich lasse meine Tasche fallen, stürze hin, schiebe die Herumstehenden beiseite. Was ist passiert? Er antwortet nicht. Das Gesicht schmerzverzerrt. Bist du verletzt?

Keine Antwort. Ich knie mich auf den Boden und versuche ihn vorsichtig ein wenig auf die Seite zu rollen, da springt er mit einem lauten Kampfschrei hoch und verschwindet in der Menge. Die Umstehenden grinsen und drehen ab.

Ich selbst komme nur langsam wieder auf die Beine. Mein linkes Knie tut seit heute Morgen wieder sehr weh.

Ganz hinten, am Ende des Flurs, jetzt lautes Getöse. Ich kämpfe mich durch. Drei, vier Schüler stemmen sich mit aller Kraft gegen die Klassentür und halten sie von außen zu. Von innen tritt ein Wahnsinniger mit voller Wucht dagegen. Gleich wird die Tür bersten oder aus den Angeln fliegen.

– Seid ihr bescheuert?, schreie ich schon von weitem. Wie auf Kommando lassen die drei von außen die Tür los, der von drinnen fliegt im hohen Bogen in den Flur. Ich will ihn zur Rede stellen. Aber da sehe ich, dass im Klassenraum der tropfnasse Schwamm durch die Gegend fliegt, einige Schüler stehen mit ihren dreckigen Schuhen auf den Tischen. Ein einzelner Junge schlägt wie geistesgestört immer wieder das Klassenbuch hart auf eine Stuhlkante. Den schnappe ich mir jetzt aber! Ich packe ihn von hinten im Nacken. Vor Schreck lässt er das Klassenbuch fallen.

– Lassen Sie mich los!, schreit er wütend. Ich lasse ihn los.

– Wie heißt du?, frage ich.

– Wieso?, fragt er.

– Ich möchte deinen Namen wissen.

– Wieso?

– Weil ich über dein Benehmen mit deiner Klassenlehrerin sprechen werde.

– Wieso das denn?, fragt er und schaut mich vollkommen verständnislos an. Da klingelt es. Der Junge dreht sich auf dem Absatz um und hechtet aus dem Raum. Seinen Namen habe ich nicht erfahren.

Ich gehe und suche auf dem Flur nach meiner Tasche. Jemand hat ihr einen Tritt verpasst; sie liegt irgendwo in einer Ecke, ein Buch und ein paar lose Blätter sind herausgerutscht. Rasch sammle ich alles vom Boden auf und stopfe es wieder hinein. Dann gehe ich in den Unterricht. Philosophie in der 12. Klasse. Kants Ethik.

Auf meinem Weg durch die endlosen Flure denke ich voller Verzweiflung: Warum beschäftigt man für diese Überwachungsaufgaben keine externen Hilfskräfte? Es gibt genug Leute, die diesen Job für ein paar Mark gut und gern erledigen würden. Irgendetwas zwischen arbeitslosem Sozialarbeiter mit pädagogisch wertvollen Pausenspielideen und zur Bewährung entlassenem Profikiller. Alles wäre besser als Lehrer, die erschöpft aus dem Unterricht kommen und statt einer Tasse Kaffee einen Schmetterball aufs Ohr kriegen, um dann bis zum Anschlag geladen in die nächste Stunde zu gehen.

Meine persönliche, wenig attraktive und keinesfalls zur Nachahmung empfohlene Selbsthelfer-Lösung sah am Ende so aus: Ich habe die Aufsichten nicht mehr gemacht. Ich konnte mir diesen zusätzlichen Ärger in den kurzen Pausen zwischen anstrengenden Stunden einfach nicht mehr leisten. Im letzten Schuljahr habe ich alle Pausen, in denen ich Aufsicht gehabt hätte, still versteckt in einer Toilette verbracht.

Klassenlehrerin

Diesmal habe ich die Kollegin auf das schlechte Benehmen ihrer Klasse doch einmal angesprochen. Sie aber kann und will es einfach nicht mehr hören.

– Was kann ich dafür, wie diese Idioten sich benehmen?, fragt sie entnervt.

Sie hat die Klasse nun fast ein Jahr, und jeden Tag muss sie aufs Neue die Beschwerden und Klagen der Kollegen entgegennehmen. Sie hat es satt, sie kann es nicht ändern, sie findet die Klasse selbst furchtbar. 20 Jungen, davon neun Iraner, und nur fünf Mädchen. Sogar der schulpsychologische Dienst ist schon eingeschaltet worden.

– Hat natürlich nichts gebracht, sagt sie. Was soll das auch bringen? Appelle an die Vernunft, Vereinbarung von Regeln, Sozialtraining und Kommunikationsspiele, ist doch alles völlig zwecklos bei denen. Die verstehen diese Sprache überhaupt nicht, sagt sie.

– Letztens will sich doch tatsächlich so 'n kleiner Abdullah partout nicht hinsetzen. Bleibt nach der Pause einfach stocksteif neben seinem Stuhl stehen. Und soll ich dir sagen, warum? Weil sich in der Pause ein Mädchen draufgesetzt hatte! Das musst du dir mal vorstellen! Was machst du denn in so einem Fall, frage ich dich. Willst du den zwingen? Oder ihm allen Ernstes vor der Klasse erklären, dass Stühle durch Mädchen nicht beschmutzt werden?

Jetzt ist sie nicht mehr zu bremsen.

– Du müsstest mal die Alten von denen auf dem Elternabend oder auf dem Sprechtag erleben! Alles total arrogante Typen, die genauso machomäßig drauf sind wie ihre Sprösslinge. Die gucken dich genauso unverschämt an, taxieren dich von oben bis unten und grinsen sich einen. Und dabei erzählen sie dir, dass der Herr Dombrowski die Jungen richtig anzupacken versteht. Der Dombrowski! Das hältst du doch im Kopf nicht aus! Dieser Kotzbrocken! Den finden die toll! Der scheuert denen einfach eine, wenn sie nicht parieren, ein freches Wort im Unterricht und zack raus, und dann um zwei Uhr nachmittags angetreten, Nacharbeit, Strafarbeit, Schulhof kehren, Klasse putzen. Gelbe Karte, rote Karte, Platzverweis. Das ist die Sprache, die die verstehen. Soll der Winter doch meinetwegen dem Dombrowski die Klasse geben!

– Der gilt aber als pädagogisch nicht tragbar, sage ich. Jedenfalls nach unseren Maßstäben hier. Ist doch alles verboten, was der macht.

– Ist aber das Einzige, was funktioniert, sagt sie, sonst kriegst du bei denen kein Bein auf die Erde. Außerdem wäre ich, ehrlich gesagt, nicht bereit, auch nur zehn Minuten außerhalb des Unterrichts mit denen zu verbringen!

Mittlerweile haben wir zusammen den A1-Flur erreicht. Nach einem kurzen Blick in die Klasse habe ich die Übeltäter von gestern wiedererkannt. Ich überlasse sie ihrer Klassenlehrerin.

Im Weggehen höre ich noch, wie sie sagt:

– Das geht doch nicht! Ihr könnt doch hier nicht einfach das Mobiliar zertrümmern! Das müsst ihr doch ein bisschen respektieren!

Reichen solche Sätze? An deren Wirksamkeit sie selbst keine Sekunde glaubt?

Arbeitsverteilung

Vorgestern haben die ersten schriftlichen Abiturprüfungen stattgefunden. Die Klausuren liegen zu Hause und warten auf Korrektur. Nächste Woche, Mittwoch und Donnerstag, folgen die mündlichen Prüfungen im vierten Fach. Vorher müssen aber die Prüfungsausschüsse noch tagen. In Philosophie bin ich selbst Prüferin, muss also die Prüfungstexte, die Aufgaben und die Vorinformationen für die beteiligten Kollegen fertig machen und ihnen rechtzeitig vor der Ausschusssitzung aushändigen; in Deutsch bin ich Vorsitzende des Prüfungsausschusses und muss den Kollegen wegen des Sitzungstermins und der rechtzeitigen Abgabe der Prüfungsunterlagen hinterherrennen.

Den Prüflingen habe ich zu allem Überfluss diese Woche auch noch einen Termin versprochen. Außerdem werden zurzeit auch in allen übrigen Kursen Klausuren geschrieben und nachgeschrieben, das heißt noch mehr Korrekturen, die sich zu Hause auf dem Schreibtisch stapeln. Bis heute spätestens müssen in der Unter- und Mittelstufe die Monita (blaue Briefe) geschrieben sein und an die Eltern verschickt werden. Kollege Peters, Klassenlehrer der 10b, ist krank. Ich soll es für ihn machen.

Morgen den ganzen Nachmittag bis abends Konferenz. Danach müsste ich eigentlich noch in die Waldorfschule, zu Sofies Elternabend. Um die arme Sofie kann ich mich zurzeit kaum kümmern; jeden Nachmittag muss ich sie bei einer Freundin unterbringen.

In diese Atmosphäre allgemeiner Nervosität und Anspannung hinein hat Theo, unser Schulleiter, uns einen Brief geschrieben. An alle Lehrer der Jahrgangsstufe 13. In diesem Brief rechnet er jedem Einzelnen von uns vor, wie viele Stunden regulärer Unterricht ihm durch die Abwesenheit der Stufe 13 bis zu den Sommerferien ausfallen, davon zieht er eine von ihm selbst veranschlagte Stundenzahl ab, die wir seiner Einschätzung nach für die Vorbereitung und Durchführung der Abiturprüfungen und für die Korrektur der Abiturklausuren brauchen, und fordert uns am Ende auf, den von ihm errechneten Überhang in der Bibliothek abzuarbeiten. Einen entsprechenden Zeit- und Arbeitsplan erwartet er von uns in den nächsten Tagen.

So ist er, unser Theo, formal korrekt bis zum Äußersten, atmosphärisch aber oft eine Katastrophe. Die Verbitterung, die er da wieder gerade bei denen verursacht, die in diesen Tagen ohnehin schon auf dem Zahnfleisch gehen, ist groß und der Schaden, den er sich damit selbst zufügt, nahezu irreparabel.

Wie mag er denn wieder auf diese furchtbare Idee gekommen sein? Wahrscheinlich eines Abends gegen 21.00 Uhr, als er, fast ohnmächtig vor Hunger und Müdigkeit, wieder einmal feststellen muss, dass er in dem großen kalten Gebäude offenbar der Einzige ist, der noch arbeitet. Was tun die anderen eigentlich?, wird er sich mit wachsender Wut gefragt haben. Und da kam ihm diese rettende Idee. Er hat sich die Ordner geholt und noch ein paar weitere Stunden mit den komplizierten Abrechnungen verbracht. Danach ging's ihm besser.

Als ich den Zettel in der Pause in meinem Fach finde und kurz überfliege, verstehe ich ihn zunächst gar nicht und stecke ihn erst mal in die Tasche. Dann sehe ich vorn Ingrid im heftigen Disput mit dem Chef. Als sie an ihren Tisch zurückkehrt, ist sie puterrot und vor Wut fast am Heulen. Ingrid gibt Deutsch und Englisch. Sie hat zur Zeit 25 Abiklausuren, Leistungskurs Deutsch, zu Hause liegen, außer den etwa 150 normal anfallenden Klassenarbeiten und Klausuren. Seit den Weihnachtsferien ist sie mit dem Abitur beschäftigt, die letzten Prüfungen sind am 31. Mai, zwei Wochen später fangen die Sommerferien an. Aber Theo, der Mathematiker, hat ausgerechnet, dass sie noch sieben Stunden Überhang abzuarbeiten hat.

Ich hole meinen eigenen Zettel aus der Tasche. Ich soll für 24 Stunden in die Bibliothek. Den geforderten Zeitplan habe ich schnell fertig. Ich notiere auf einem Zettel:

Bibliotheksarbeit Bw
Montag, 3.5., bis Donnerstag, 6.5.: jeweils 0.00 bis 6.00 Uhr
Kann ich bitte die Schlüssel haben?

Ich bringe dem Theo, der gerade vorn die Aufsichtspläne kontrolliert, meinen Arbeitsplan, und dann setze ich mich und esse mein Butterbrot.

Ich sehe, wie er den Zettel liest, verärgert den Kopf schüttelt, das Papier zerknüllt und beim Hinausgehen in den Papierkorb wirft. Jetzt fühlt er sich sicher wieder von allen im Stich gelassen und in seinem Bemühen um Gerechtigkeit verkannt. Da tut es mir Leid, dass auch ich ihn noch ärgern musste.

Moderne Gebäude

Zurzeit ist die Atmosphäre im Lehrerzimmer ohnehin völlig vergiftet. Wo du auch hinschaust, verkniffene Gesichter, wen du auch ansprichst, Explosion der Gefühle. Am Frauentisch böses Getuschel und Gezischel. *Alles Psychopathen.* So hatte sich Theos Stellvertreter, alle Eindrücke zusammenfassend, kürzlich über das Kollegium geäußert.

Es ging um den Neubau. Der jetzt, wo er fertig ist, keinem so richtig gefällt, an dessen Planung aber auch kaum jemand Lust gehabt hatte, sich zu beteiligen. So mussten Theo und sein Vertreter, die beiden Mathematiker, alles allein machen. Fußbodenbeläge, Tische und Stühle, Lehrerschränke, Materialschränke, Lampen, die Teeküche, die Waschbecken, die Armaturen, die Klopapierhalter, alles, alles haben sie allein ausgesucht, und für diesen unendlichen Kleinkram haben sie wochen- und monatelang Kataloge studiert und Preise verglichen. Und jetzt gefällt es keinem.

Besonders das große neue Lehrerzimmer. Ungewohnt und ungemütlich.

Die ganz Empfindlichen kriegen in den neuen Räumen Kopfschmerzen und Hautjucken, Atemnot und rote Augen, weil die Baumaterialien angeblich giftige Stoffe ausdünsten. Das wollen sie jetzt auf jeden Fall mal an die Presse geben.

Und so was nennt sich umweltbewusste Schule, sagen sie. Das ist das Markenzeichen, unter dem wir werben, seit wir eine Solaranlage auf dem Dach und in allen Räumen fünf hässliche verschiedenfarbige Plastikeimer für die Mülltrennung haben, mit denen die Schüler in den Pausen Fußball spielen.

Zu einer echten Katastrophe scheint sich nun aber in der Tat das neue Heiz- und Belüftungssystem auszuwachsen. Ein supermodernes System der permanenten Luftzirkulation, in das auch die von den Menschen im Raum abgestrahlte Körperwärme eingespeist wird. Das Allerneueste und Allerbeste, was es zurzeit an umweltfreundlicher Haustechnik auf dem Markt gibt. Und sehr störanfällig, wie sich nun herausstellt.

Wenn wir morgens die Kursräume betreten, ist es dort so kalt, dass wir die Mäntel anbehalten müssen. Und es herrscht ein eigenartiger, unangenehmer Geruch. Die Fenster können wir aber nicht öffnen (nur mit Spezialschlüssel) und sollen es auch nicht. Das Belüftungs- und Warmluftrohr, das oben aus der Wand neben der Tür kommt, gibt langsam frische und warme Luft ab, aber leider auch ständig störende Zischgeräusche. Das nervt. Sodass manche Schüler schon gleich beim Betreten des Raums ihre Jacken darüber werfen.

Und wenn später, selten genug, von draußen ein kleiner Sonnenstrahl durchs Fenster scheint, fallen sofort automatisch und mit lautem Getöse die Jalousien herunter, und wir sitzen im Dunkeln und müssen das Licht anmachen. Für die Regulation von Hand bräuchte man wieder einen Spezialschlüssel. Einen weiteren für die Schubladen im Lehrerpult, einen anderen für den Wandschrank, wieder einen anderen für das Videogerät, einen für den Lift, einen für die Bibliothek, einen für die Außentür, einen für die Dachterrasse, einen fürs Lehrerzimmer, einen für die Lehrerschränke … So müssen wir in unseren Taschen ständig 20 Kilo Eisen herumschleppen, die uns den ganzen Tag nach unten ziehen.

Letzten Montag nun schrieben die Schüler ihre Abiturklausuren. Hoch oben im vierten Stock, in einem schönen, hellen Raum mit breiter Glas- und Fensterfront. Fünfeinhalb Stunden Klausur unter Sicherheitsstufe 1. Draußen auf den Korridoren, vor den Toiletten, überall Aufsichtsführende. Aber in dem schönen Raum ist es kalt, ohne Mantel viel zu kalt. Und bei fünfeinhalbstündigem Stillsitzen wird es auch in den Mänteln gleich kalt werden. Und das Warmluftrohr zischt. Nach einer halben Stunde springt eine Schülerin auf, zieht ihren Mantel aus und wirft ihn fluchend über das Rohr. Jetzt kann es nicht mehr wärmer werden. Jetzt muss es allein unsere Körperwärme bringen.

Und keiner kann die Not mal kurz nach unten melden. Jeder muss auf seinem Platz bleiben. Das Schlimmste, was einer Schule im Rahmen des Abiturs passieren kann, sind nachträgliche juristische Auseinandersetzungen. Darum wird peinlich darauf geachtet, Formfehler und Unregelmäßigkeiten jeder Art zu vermeiden. Ich habe jetzt Angst, dass das Mädchen friert und sich später beschwert, und die ganze Prüfung noch mal wiederholt werden muss. Also gebe ich ihr meine Jacke und bestehe sogar darauf, als sie sie erst nicht annehmen will.

Nach zwei Stunden Aufsicht bin ich vollkommen durchgefroren. Als die Ablösung kommt, gehe ich nach unten in die Verwaltung und berichte über die Lage da oben. *Ach, Unsinn!*, sagt der Stellvertreter verärgert. So als hätte er höchstpersönlich die komplizierten Unterboden-Heizschlangen gebastelt und eigenhändig verlegt und jetzt kommt so eine doofe Tusse und macht alles mies. Geh doch wenigstens mal oben gucken, sage ich. Aber das tut er schon aus Prinzip nicht.

Die Aufsicht nach mir hält es aber keine zwei Stunden aus. Sie weigert sich schon nach zehn Minuten, in der Kälte auszuharren, und zwingt den Kollegen, der das Klo bewacht, nach unten zu gehen und für Abhilfe zu sorgen. Andernfalls gehe sie selbst (Katastrophe!). Der Kollege rennt nach unten und berichtet. Er ist aufgeregt und außer Atem. Schließlich ist da oben jetzt keine Toilettenaufsicht und die Arbeitsruhe der Schüler längst empfindlich gestört.

Die Unterredung mit dem gereizten Stellvertreter findet leider im Lehrerzimmer statt. Und hier fällt jetzt auch das böse Wort von den *Psychopathen*. Und leider haben es viele gehört.

In der nächsten Pause wissen es alle, und eine frische Hasswelle durchflutet die neuen Räume.

Den Schülern und der Kollegin da oben wurde aber doch noch geholfen. Die Sekretärin opferte schließlich ihr elektrisches Heizöfchen, das sie wegen der kalten Füße immer heimlich unterm Schreibtisch laufen hat.

Beförderungen

Was unser Kollegium aber am meisten zerrüttet und immer wieder aufs Neue für lebenslängliche Feindschaften und lebensbedrohliche Erkrankungen sorgt, sind die Beförderungsstellen. Von denen es immer nur ganz ganz wenige gibt, die hin und wieder, aber ganz selten, der großen Masse vorgeworfen werden. Und da stürzen sich dann alle drauf, wie eine Meute ausgehungerter Wölfe auf ein blutiges Stück Fleisch, und im Kampf um diesen Leckerbissen zerfleischen sie sich gegenseitig.

In ruhigen Zwischenzeiten, bei guter Laune, haben wir uns manchmal ausgedacht, wie es wäre, wenn das Kollegium bei der nächsten Runde diese zu kleinen Brocken einfach geschlossen zurückweisen würde. Wenn wir sagen würden, nein danke, könnt ihr selbst behalten oder anderweitig verschenken. Uns egal. Wir jedenfalls möchten unseren Betriebsfrieden nicht ständig durch diese Primitivscheiße zerstört sehen. Bitte in Zukunft von Belästigungen dieser Art abzusehen.

Aber wenn es dann eines Tages wieder drei A14-Stellen für 30 interessierte Leute gab, dann richteten sich die Messer in den Hosentaschen wieder auf. Auch gegen den allerbesten Freund, wenn es sein musste.

Im Augenblick ächzt das Kollegium wieder unter solch einer alle niedrigen Instinkte mobilisierenden Beförderungsrunde. Diesmal ist auch eine A15-Stelle (Mitarbeit in der Schulleitung) dabei. Auf die hat sich Petra H., 55 Jahre, Witwe und kinderlos, Fächer Französisch und Pädagogik, beworben. Petra konnte früher, wenn es sein musste, recht laut und grob werden und hat in der Vergangenheit so manchen unterirdischen Mobbingprozess in Gang gebracht und am Laufen gehalten. Aber sie hat sich, für alle sichtbar, gewandelt und geläutert. Seit ihr Mann verstorben ist, ist sie weich und lieb geworden. Sie engagiert sich in der Theaterarbeit mit den Schülern, arbeitet in der Schulprogrammgruppe mit und verteidigt sogar den Chef, wenn's drauf ankommt. Bei den Schülern ist sie außerordentlich beliebt, denn sie gibt supernette Noten und unterrichtet ihre Fächer gern.

Vorgestern nun, am Mittwoch, lag außer Theos Brief noch ein weiterer Brief in meinem Fach. Den ich aber erst zu Hause gelesen habe, denn er war in einem verschlossenen Umschlag. Außen stand *Zur Kenntnisnahme* drauf. Er kam von der Fachkonferenz Französisch und lautete:

Sehr geehrter Herr Dr. Winter,

als Mitglieder der Fachschaft Französisch sind wir besorgt über die Vorstellung, dass Frau Heinemann unter Umständen in Zukunft in unserem Kollegium die Aufgaben zur Qualitätssicherung und Evaluation übernimmt.

Die seit Jahren festzustellende mangelnde Kooperationsbereitschaft der Kollegin bei fachlichen Differenzen sowie allgemein im schulischen Alltag macht es uns schwer, Frau Heinemann in unserem Kollegium in einer Position zu sehen, die in besonderem Maße integrative Fähigkeiten in einem sensiblen Arbeitsbereich verlangt.

Der Text ist von allen Mitgliedern der Fachkonferenz Französisch unterzeichnet. Es fehlen nur zwei, der Koordinator für die Fremdsprachen und ich. Uns haben sie überhaupt nicht gefragt. Alle Unterzeichner sind Frauen, bis auf die letzten beiden, zwei hodenlose Weicheier, die den ganzen Tag bei den Frauen auf dem Schoß sitzen, ohne ihnen wirklich Freude zu machen.

Für einen kurzen Moment hält selbst unser kampferprobtes Kollegium den Atem an. So etwas hat es noch nicht gegeben. Eine neue Qualität. Dann geht man zur Tagesordnung über. Wer sich bewirbt, ist selber schuld und muss mit allem rechnen. So ist es nun mal.

Die Petra weint und ist kurz davor, ihre Bewerbung zurückzuziehen. Keiner glaubt, dass sie noch eine Chance hat.

Von solch einer Frauenintrige fühlt sich der Theo zu Recht überfordert. In aller Eile organisiert er *professionelle Hilfe*. Schon am kommenden Montag soll es ein *Klärungsgespräch* geben, geleitet von einer Psychologin des Schulpsychologischen Dienstes. Alle Mitglieder der Fachkonferenz Französisch werden anwesend sein und er selbst auch, in seiner Eigenschaft als Schulleiter. Er muss ja die Leute, die sich bewerben, begutachten. Schon von daher hat er ein Interesse an der Überprüfung der Vorwürfe.

Konfliktmanagement

Wir betreten alle in aufgeräumter Stimmung das kleine Konferenzzimmer. Theo stellt uns die Psychologin vor, eine stabile, gepflegte ältere Dame mit Halstuch und Perlenkette, auf Anhieb vertrauenerweckend.

Sie fängt freundlich, aber zügig und zielbewusst an, steckt den Rahmen ab und zeigt uns schon durch ihr professionelles Entrée: Hier wird jetzt keine Zeit verschwendet und nicht in destruktiven Gefühlen geschwelgt, das Ziel ist rationale Kontrolle, Beherrschung der wilden Natur, eine mittlere, bekömmliche Verkehrstemperatur. Schaut mich an.

– Was ist unser Ziel für heute?, fragt sie zunächst in die Runde hinein. Und dann, an jeden Einzelnen von uns gerichtet:

– Was muss passieren, damit Sie am Ende zufrieden nach Hause gehen?

Reihum geben wir Antwort. Dabei schaut sie jeden von uns aufmerksam und interessiert an. Dann notiert sie sich die Antwort.

– Was werden Sie tun, wenn Ihre Grenzen erreicht oder überschritten werden?, fragt sie nun die Petra. Welches Signal wollen Sie uns geben?

Petra will die Hand heben.

– Bitte geben Sie Ihr Signal rechtzeitig, wird sie noch ermahnt. Jetzt kann's losgehen.

– Was ist konkret vorgefallen?, will die Psychologin nun wissen, die Betonung legt sie auf das Wort *konkret*. Wer berichtet?

Es berichtet Pia R., die Initiatorin des Schreibens und der Anklage, seit vielen Jahren Petras Intimfeindin in der Fachkonferenz. Das Problem ist: Petra ist bei Schülern und Eltern beliebt, Pia ist es nicht. Pia ist sehr streng und – obwohl selbst Mutter – in der Beurteilung und Bewertung der Schüler oft erschreckend hartherzig. Obwohl sie selbst gar nicht so gut Französisch spricht. Geht zufällig ein Mann an ihr vorbei, wittert sie sexuelle Belästigung und wird hysterisch, die jämmerlichsten Gestalten im Kollegium hält sie für eine Bedrohung ihrer weiblichen Integrität. Petra dagegen ist ein Kumpeltyp, der auch schon mal fünf grade sein lässt. Sie fährt in den Ferien regelmäßig nach Frankreich, begleitet die Schüler zum Austausch in die Bretagne, führt mit ihnen Stücke auf und erntet in den Abiturzeitungen Lobeshymnen (*Danke für die schönen Stunden*). Hinzu kommt, dass Pia und ausnahmslos alle ihre Mitstreiterinnen sich in der Vergangenheit schon mehrfach um eine Beförderung beworben haben, aber bisher immer ohne Erfolg.

Von alledem aber ist in den nächsten anderthalb Stunden nicht im Entferntesten die Rede. Über Eifersucht, Neid und Missgunst, Enttäuschung und Frustration wird nicht gesprochen. Alle versuchen vielmehr, angestrengt wie Musterschülerinnen, in Wortbeiträgen und Körpersprache den Maßstäben der vernünftigen fremden Dame gerecht zu werden. Gesprochen wird nur über erlaubte Gefühle, und zwar in der kommunikationstechnisch vorgeschriebenen Ich-Form (*Ich fühle mich von dir nicht ernst genommen*), man hält Blickkontakt und zeigt durch Kopfnicken und Lächeln Empathie für die gegnerische Perspektive.

Am schwersten fällt der Petra das Spiel. Sie muss sich am meisten beherrschen, um nicht aus der Rolle zu fallen. Und gerade ihr darf kein Fehler unterlaufen, sie will ja einen Leitungsjob, da muss man so was können.

Und siehe da: Das *Konfliktmanagement* funktioniert! Wie beim Rollenspiel in der Klasse oder in der Therapiestunde identifizieren sich die Spieler nach kurzer Zeit mit der angenommenen Rolle. Aus dem Spiel wird Wirklichkeit. Die bösen Hexen brauchen sich gar nicht mehr anzustrengen, sie sind unversehens tatsächlich zu ruhigen, verständigen, intelligenten, erwachsenen Frauen geworden.

Die Freude darüber ist allgemein spürbar. Es sieht nicht nur besser aus, es fühlt sich auch von innen ganz entschieden besser an, ein guter und vernünftiger Mensch zu sein. Das Gefühl der Erleichterung am Ende der Sitzung ist groß und echt.

Aber wie lange wird die Wirkung der Hypnose anhalten? Sind Veränderung und Verbesserung möglich, ohne dass die wahren Motive auch nur ein einziges Mal berührt werden? Oder ist diese ewige Suche nach der *tieferen* und *eigentlichen Wahrheit* eine deutsche Krankheit? Als sich schließlich alle erheben und zum Abschied herzlich die Hand geben, komme ich kaum von meinem Stuhl hoch. Es kostet mich übermenschliche Anstrengung, den schmerzenden Rücken in die Gerade zu zwingen und die wegknickenden Beine zu belasten, ohne dabei laut aufzustöhnen.

In fünf Minuten fängt die Sitzung des Prüfungsausschusses an, in der ich selbst die Vorsitzende spielen muss. Auf dem Weg ins Lehrerzimmer versuche ich, das soeben Erlebte aus meinen Gedanken zu entfernen und mich innerlich auf die bevorstehende neue Situation einzustellen. Vorsorglich werfe ich rasch noch 50 Milligramm Arthotec ein.

Kollegen

Der heutige Tag war unendlich lang, und es gab keine einzige nennenswerte Verschnaufpause. Sechs Stunden Unterricht am Stück, unmittelbar danach, um 13.30 Uhr, das Klärungsgespräch. Sofort anschließend, um 15.15 Uhr, Abitur-Prüfungsausschuss Deutsch. Wie jedes Jahr ein Eiertanz auf vermintem Gelände.

Der Kollege, der die mündliche Prüfung abhalten soll, will den Schülern Kurzgeschichten zur Analyse vorlegen, zu denen er selbst keinen einzigen vernünftigen Satz sagen kann. Wie wollen wir da die Leistung der Schüler beurteilen? Was haben sie denn bei ihm lernen können? Jedes Jahr tun sich aufs Neue diese Abgründe auf.

Nach langer, sanfter und engelsgeduldiger Gesprächsführung bringen wir (drei Frauen) ihn wenigstens dazu, die hochtrabende Formulierung der Aufgaben zu ändern. Er ist sich aber so sicher, dass die Schüler mit den Texten und seiner unklaren Aufgabenstellung zurechtkommen werden, dass wir uns langsam sicher sind, dass er ihnen die Geschichten schon verraten hat, damit sie sich mit Hilfe der Sekundärliteratur vorbereiten können. Was macht man in einem solchen Fall? Soll man so ein unfähiges Arschloch endlich einmal auffliegen lassen? Zwei Tage vor der Prüfung? Wem nützt man damit? Der Gerechtigkeit?

Als ich um halb sechs aus der Schule komme, ist mir schwindlig. Ich habe den ganzen Tag noch nichts Richtiges gegessen und Magenschmerzen vom vielen Kaffee. Oder vielleicht auch von den Tabletten.

Ich hole zuerst Sofie bei ihrer Freundin, und dann holen wir zusammen den Hund ab, und dann fahren wir endlich alle nach Hause. Ich schiebe eine Pizza in den Ofen, lege die Beine hoch und nehme Sofie zu mir auf den Schoß. Schon im Auto hat sie angefangen, mir von ihrem Tag in der Schule zu erzählen.

Was für ein Glück, dass wenigstens sie es so gut hat. Kein Hausaufgabenstress, keine Noten, kein Konkurrieren und Vergleichen der Kinder untereinander. Jedes einzelne Kind wird Tag für Tag aufmerksam wahrgenommen und als individueller Einzelfall betrachtet. Und jedes Kind gibt auf seine Art sein Bestes. So sehen es die Lehrer, und so vermitteln sie es den Schülern. Zurzeit wird ihnen im Hauptunterricht die Lebensgeschichte des Heiligen Franz von Assisi erzählt, eine spannende *Vom-Saulus-zum-Paulus*-Geschichte. Und Sofie erzählt sie mir abends weiter, jeden Abend eine neue Episode. Ihre Äuglein strahlen dabei vor Begeisterung. Man spürt, hier bekommen die Kinder noch kräftige Seelennahrung. Mit Geld ist das gar nicht zu bezahlen. Jeden Tag möchte man dieser Schule danken und den Lehrern Briefe und Blumen schicken.

Um halb neun bringe ich Sofie ins Bett. Wir sind heute ein bisschen spät dran. Da klingelt das Telefon. Weil wir denken, es ist unser Liebster, heben wir ab. Aber es ist der Deutsch-Kollege von heute Nachmittag.

Er habe es sich überlegt, sagt er, er sei nun doch mit der Umformulierung der Prüfungsaufgabe nicht mehr einverstanden. Er fühle sich im Nachhinein überrumpelt. Er befürchte, sagt er, dass die Schüler die von uns vorgeschlagene Formulierung nicht verstehen.

Wie werde ich jetzt diesen Schwachkopf los. Wenn es mir in den nächsten fünf Minuten nicht gelingt, ihn abzuwimmeln, kann ich für nichts mehr garantieren. Ich gebe mir einen Ruck, unterbreche ihn mitten im Satz und verspreche einen Rückruf, wenn das Kind im Bett ist. Dann werfe ich mich in einen Sessel und heule den Frust und die Erschöpfung des ganzen Tages aus mir heraus.

– Warum weinst du denn so, Mami?, fragt Sofie besorgt.

Ich erzähle ihr ein bisschen vom heutigen Tag, damit sie sich ein Bild machen kann und sich nicht unnötig ängstigt. Sofort ist sie hellwach und sucht für mich nach Lösungen. Und beim Gutenachtkuss fällt ihr endlich die beste Lösung ein.

– Außerdem, Mami, sagt sie, ist es ja nicht mehr für lange. Dann fängt ja schon dein Sabbatjahr an.

Oh ja! Das habe ich nicht vergessen. Ich denke jeden Tag daran und warte so sehr darauf, dass es kaum noch zu beschreiben ist, wie auf das Manna in der Wüste. Wenn jetzt jemand käme und mir diese Aussicht nähme, ich wüsste nicht, was passierte …

Als Sofie schläft, nehme ich mir den Hund und gehe noch eine halbe Stunde an die frische Luft.

Dann rufe ich den Kollegen an.

Dann setze ich mich an den Schreibtisch. Für morgen muss ich noch fünf Stunden vorbereiten.

Geschafft!

Pfingsten ist Sofie mit ihrer Naturschutzgruppe in einem Indianerzeltlager. Ich bin zu Hause und korrigiere Deutschklausuren, Stufe 11, Grundkurs, Analyse von Gedichten.

Was die Schüler schreiben und vor allem, wie sie es schreiben, ist so furchtbar, dass man nach jeder zweiten Klausur aufspringen und vor Verzweiflung aus dem Fenster springen möchte. Es ist, als hätte gar kein Unterricht stattgefunden.

Ich kann mir keinen anderen Beruf vorstellen, in dem es täglich, ja stündlich so viele Misserfolgserlebnisse zu verkraften gibt. Von den zehn unsäglichsten Arbeiten mache ich mir eine Kopie.

Vor einiger Zeit habe ich mir eine große Sammelmappe angeschafft. Darauf steht: *Warum ich nicht mehr Lehrer sein möchte.* Da tue ich die Kopien hinein. Für später. Damit ich nicht irgendwann einmal auf die Idee komme, die Dinge im Rückblick zu verklären.

Jetzt ist das Schuljahr bald vorbei. Ich kann mein Glück kaum fassen. Noch zwei Wochen und dann: das volle Leben!

Ich gehe nur noch lachend und singend durchs Schulgebäude, und jeden Tag werfe ich Gewichte ab, eins nach dem anderen: die letzte Klausur! die letzte Zeugniskonferenz! die letzte Vertretungsstunde! der letzte Grillnachmittag! Bis ich vor Leichtigkeit und Übermut schon fast unter der Decke hänge.

Ich kann diese übergroße, herausplatzende Freude einfach nicht unterdrücken, obwohl es wahrscheinlich auf die Kollegen provozierend wirkt und mich von ihnen trennt. Und obwohl ich doch so abergläubisch bin und immer Angst vor Strafe habe, wenn es mir zu gut geht. Denn *Nach Lachen kommt Weinen,* sagte unsere Mutter früher immer.

Heute, am letzten Tag, kommt mein Kollege Benno in der Pause zu mir und sagt:

– Gestern Abend habe ich an dich gedacht, Marga. Vor dem Einschlafen kam mir plötzlich so ein Bild in den Sinn: Wir sitzen hier alle unser Leben lang fest, wie auf der Insel der Verdammten. Da endlich kommt ein Schiff vorbei. Aber es hat nur einen einzigen Sitzplatz. Und der ist für dich.

Was der Kollege da sagt, entspricht haargenau meinem eigenen Gefühl. So als wäre ich unendlich privilegiert und hätte ein riesengroßes unverdientes Geschenk erhalten. Und so als wäre es nicht in Ordnung, dass ausgerechnet ich diesen deprimierenden Ort einfach verlassen darf …

Ein kleines bisschen denke ich aber auch: Mensch, Benno! Wieso brauchst du denn unbedingt 'nen Sitzplatz?

Schöne Aussichten

Der erste Ferientag

Schon gleich heute, zum Auftakt der Ferien, will Sofie ihre Freundin besuchen und dort auch über Nacht bleiben. Ich habe also den ganzen Tag frei und entschließe mich kurzerhand – wunderbare Idee! –, wieder einmal in die 30 Kilometer entfernte, an der holländischen Grenze gelegene, sündhaft teure Luxussauna zu fahren. Um 10.00 Uhr morgens bin ich schon da und werde bis 20.00 Uhr abends bleiben.

Finnische Blockhüttensauna, russisch-römisches Dampfbad, Whirlpool, Thermalbad, großer Swimmingpool, ein schöner Garten, Liegestühle draußen in der Sonne, ein Café, eine Bar, ein Restaurant, wunderschöne Ruheräume, Solarium und, wenn man will, die Möglichkeit, sich von einem gut aussehenden schwarzen Mann massieren zu lassen.

Hier bin ich früher, als Sofie noch nicht auf der Welt war, immer donnerstags hingefahren und habe mir jede Menge Cappuccinos und frisch gepresste Säfte, Salatteller und Filetsteaks gegönnt und nach den Saunagängen, schön warm eingepackt, ein paar Stunden Schlaf, manchmal auch eine Schönheitsmaske, und nach dem Schwimmen habe ich die Beine hoch gelegt und in aller Ruhe den *Spiegel* von vorn bis hinten durchgelesen, und am Abend bin ich dann mit einer großen Tüte Glück nach Hause gefahren, die für eine Woche reichte. Da wollte ich unbedingt noch mal hin.

Schon an der Rezeption kann ich es kaum erwarten. Vom Eukalyptusgeruch, der durch die Räume zieht, gerate ich in eine derart prickelnde Vorfreude, als hätte ich ein Rendezvous mit einem Liebhaber. Jetzt schnell ausziehen, duschen und dann rein in die alles entspannende, auftauende, alle Krämpfe lösende und alle Poren öffnende trockene oder feuchte Hitze.

Donnerstag ist Frauentag. Es kommen immer dieselben Frauen hierher, eine große Clique, die sich hier einen schönen langen Vormittag macht und um vier, fünf Uhr, wenn die berufstätigen Frauen kommen, wieder verschwunden ist. Alles große, schöne, üppige, gepflegte Körper von selbstbewussten, reichen Frauen, die meisten Holländerinnen. Ihre Brillantringe und schönen Ketten behalten sie an, auch wenn sie nackt sind. Sie unterhalten sich sehr laut und heute wirklich zu laut, denn eine von ihnen hat kürzlich einen Hörsturz erlitten. Wenn ich mich anstrenge, verstehe ich sie, auch wenn sie Niederländisch reden, aber die meisten von ihnen sprechen auch Deutsch.

Es dauert nicht lange, dann haben sie mich wiedererkannt (*de klejne Frouw!*). Vieles hat sich verändert in den vergangenen Jahren. Die nette, dicke Gret, deren Mann eine Textilfabrik besaß, ist inzwischen gestorben. Die gertenschlanke Tina, die trotz ihrer siebzig Jahre immer noch die Schönste von allen war, kann nicht mehr kommen, sie sitzt im Rollstuhl. Und ihr Mann ist vor einem Jahr gestorben. Aber sie hat schon wieder einen neuen, erfahre ich, einen viel jüngeren, der sie durch die Gegend schiebt. Alle lachen. Was immer sie erzählen, von Krankheit und Tod, von Männern, Kindern und Haustieren, von Moden und Diäten, immer lachen sie dabei, gähnen und seufzen vor Wohlbehagen und rufen einander zu *Herrlijk, wa?*

Diese Frauen haben in ihrem Leben noch nie gearbeitet. Sie waren schön und haben reich geheiratet. Sorglos und unbeschwert (und auch vielleicht ein bisschen dumm) sind sie durchs Leben gegangen. Ein ganz anderes Frauenleben. Eine ganz andere Welt.

Nach zehn Stunden Schwitzen, Schwimmen, Schlafen fühle ich mich von allem Gift befreit und so durchwärmt und leicht und rein wie ganz früher, wenn ich als Kind von der Beichte kam.

Vollkommen glücklich fahre ich nach Hause. Das gute Leben hat schon angefangen.

Das Programm

Fast jeder Spaziergang mit Wolfi bringt eine neue Erkenntnis. Heute Morgen zum Beispiel wurde mir unterwegs in den Wiesen plötzlich klar, dass ich die kostbaren Tage meines Sabbatjahrs nicht einfach nur so auf mich zukommen lassen darf. Weil sie dann vielleicht, einer nach dem anderen, an mir vorbeilaufen.

Wenn ich all das, was ich mir vorgenommen habe, wirklich schaffen will, dann muss ich meinen Tagen eine Struktur, eine feste Form geben. Und ich selbst brauche Disziplin, vielleicht sogar noch mehr Disziplin als bisher als Berufstätige. Denn jetzt hält und zwingt mich ja nichts mehr von außen, alles muss aus mir selbst und von innen kommen.

Zu Hause schreibe ich mir das während des Spaziergangs mit mir selbst vereinbarte *Tagesprogramm* auf einen Zettel und klebe ihn – gut sichtbar – an den Kühlschrank.

7.30 – 12.30 Uhr	*Nachdenken und Schreiben (Spaziergänge, Natur)*
mittags bis abends	*Eine gute Mutter sein (Essen kochen, einkaufen, Kuchen backen, im Garten arbeiten, Besuche machen oder kommen lassen, Sofie irgendwohin bringen und abholen; kein Stress!)*

20.00 – 22.00 Uhr Tagebuch und Lesen (Romane, Zeitungen; Briefe schreiben; Tagesrückblick ins Tagebuch)

Dann denke ich: Wenn mal einer kommt und das da hängen sieht, wird er mich bestimmt für einen genussunfähigen Zwangscharakter halten.

Aber ich kenne mich. Ohne solch ein Programm würde ich wieder hemmungslos lesen, bis 4.00 Uhr morgens und länger; ich wäre am folgenden Tag todmüde und schlecht gelaunt oder müsste bis mittags ausschlafen. Womöglich bis Sofie aus der Schule kommt.

Dann würde ich nach kurzer Zeit denken: An solchen Vormittagen, die du jetzt verschläfst, hast du früher schon jede Menge Geld verdient … Und es wäre nicht im Geringsten das, was ich mir gewünscht habe: endlich einmal ein freies, waches und selbstbestimmtes Leben zu führen. Dazu brauche ich nun mal einen Rahmen und einen regelmäßigen Rhythmus. Sonst wäre es ja dasselbe wie vorher. Statt besinnungsloser Arbeit jetzt besinnungslose Freizeit.

Aber erst kommen ja noch sechs lange Wochen Sommerferien. Für die gilt das strenge Programm natürlich noch nicht. Nächste Woche fliegen wir nach Griechenland! Da wartet bereits ein Koffer mit schönen Büchern auf mich, den Matys schon im Mai für mich mit runtergenommen hat …

Schulträume

Zwei Wochen Ferien in der Villa Dimetra auf Chalkidiki. Tagsüber lese ich Connie Palmen (*Die Freundschaft*), nachts habe ich diese wahnsinnigen Träume.

Das Buch von der Palmen gefällt mir sehr. Es ist – ebenso wie ihr erstes, *Die Gesetze* – ein Buch, das ich selber gern geschrieben hätte. Sie erzählt ihre Kindheit bis zum Philosophiestudium, und diese Kindheit ähnelt – bis in die kleinsten Details hinein – der meinen. Sie kommt auch aus einem dörflichen, kleinbürgerlichen Milieu (die Sprache! die Sprüche der Mutter! die Bedeutung des Essens! die Gerichte!), an dem sie sehr hängt und aus dem sie gleichzeitig raus will, und dann ihre Lust zu lernen, lernen, lernen, ständig Bücher zu lesen, das endlose Schreiben in Notizhefte und Tagebücher und das (selten mögliche) Alleinsein in ihrem Zimmer als (heimliches) Glück; immer ist sie ein bisschen getrennt von den anderen Menschen, fühlt sich ein bisschen ausgeschlossen, überall ist sie die Kleinste, oft ist sie auch, wie ich, daneben gestanden und hat zugeschaut, wenn ein Schwein geschlachtet wurde, und nichts Schockierendes daran gefunden …

Das Buch ist der Glücksfall dieser Tage hier. Natürlich auch die wunderschöne Villa, die vollkommene Ruhe, die Zikaden, der ständige leise Wind, das Strandcafé, das tägliche Schwimmen im Meer, der gute Schlaf, die viele Liebe … Ich lese bis zwei, drei Uhr in der Nacht, bis mir das Buch aus der Hand fällt, und schlafe bis elf Uhr am Morgen und wache dann aus diesen lebhaften Träumen auf, deren Bilder so stark sind, dass ich sie noch nach Stunden ganz deutlich vor Augen habe.

Alle diese Träume sind im Grunde Alpträume, aber seltsamerweise tauche ich aus ihnen nicht zerschlagen, sondern froh und munter und geradezu erleichtert auf. Jede Nacht, vor dem Einschlafen, freue ich mich schon auf mein intensives Nachtleben und warte gespannt auf das nächste Erlebnis.

Die meisten Träume handeln von der Schule. Zum Beispiel der: *Bevor du gehst, musst du aber noch die Schule putzen, sagt mein Chef, der Theo, zu mir.*

Es sah gar nicht aus wie in unserer schönen neuen Schule. Es war eine offene Baustelle: riesengroß, über mehrere Etagen, gar nicht als Schule erkennbar. Überall standen einzelne

Bretter herum, nur lose angelehnt, auf allem lag zentimeterdicker Beton- und Zementstaub, nirgendwo hätte man sich setzen oder bleiben wollen.

Aber es war unsere Schule. Und am Abend sollte ein großes Fest stattfinden. Alle Schüler und alle Eltern würden kommen. Und am Ende (es war Wochenende) musste noch alles aufgeräumt werden. Ich war für das Ganze verantwortlich, besonders für Letzteres. Das war ausdrücklich Theos Ermahnung gewesen, bevor er ging. Es muss aber anschließend noch alles aufgeräumt werden!

Doch ich habe es nicht gemacht. Die Anstrengung aber, die es mich gekostet hat, es nicht zu machen, einfach alles stehen und liegen zu lassen, dieser große seelische Druck, das war der Alptraum.

Ein Bild sehe ich noch genau vor mir: Ich stehe vor dem unüberschaubaren Chaos, hebe da und dort ein Stück Abfall, ein Papier, eine Coladose auf; ich bin ganz allein, es ist stockdunkle Nacht, alle sind weg; ich stehe einen Moment unschlüssig, dann drehe ich mich um und gehe.

Jetzt, beim Aufschreiben, kommen mir plötzlich die Tränen. Soll ich das alles mal dem Theo erzählen? Muss er dann auch weinen?

Den nächsten Schultraum habe ich weniger gut in Erinnerung, aber ich weiß noch, es ging wieder um ein Versagen. Ich muss dringend etwas erledigen, tue es aber nicht. Als ich endlich damit ankomme, interessiert es keinen mehr, es ist der letzte Schultag, alles ist gelaufen, die Leute rennen auseinander. Wo soll ich jetzt mit meinen Ergebnissen hin?

Die Schule hat wieder seltsame Räume, diesmal eher wie ein städtisches Amt; ich irre in den Treppenhäusern umher, finde mich nicht zurecht. Ich öffne Türen, aber alles kommt mir fremd vor. In manchen Räumen, die ich betrete, sind große Pferde eingesperrt, die laut wiehern und sich wild aufbäumen.

Ich habe Angst, mache schnell die Tür zu und laufe weiter. In einer offenen Halle sitzt ein einzelner älterer Mann, in Papiere vertieft. Ich sehe ihn nur von hinten und rufe Theo!. Es war aber ein Versehen, und ich entschuldige mich. Dann stelle ich fest, es ist ja wirklich Theo!

Mehr weiß ich nicht mehr. Auch aus diesem Traum erwache ich froh und erfrischt.

Lebenshunger

Nach den schönen Tagen am Meer fahren wir zurück nach Saloniki. Und hier stelle ich auf einmal fest: Der Lesehunger ist ja diesmal gar nicht so groß wie sonst in den Ferien, nach ein paar guten Büchern bin ich fast schon satt. Komisch.

Woran liegt das? Der alte Mechanismus, nach dem das Interesse bei überreichlicher Wunscherfüllung nachlässt? Der fehlende Zeitdruck? Ich muss ja nicht alles in sechs Wochen schaffen, ich habe ja noch ein ganzes Jahr vor mir …

Dauernd muss ich vom Buch aufschauen und in die Gegend gucken, dauernd sehe ich interessante Sachen, die ich mir schnell notieren will. Während doch sonst in den Ferien das Lesen immer eine (Zu-)Flucht und wie eine Sucht war, ein begieriges Reinziehen von gutem Lebensstoff.

Seit 18 Jahren komme ich nun schon hierher, in dieses Land, in diese Stadt, in diese Straße, und immer bin ich sofort nach dem Kofferauspacken in fiktive Welten entschwunden und habe das Leben um mich herum kaum mehr wahrgenommen. Kind gut versorgt, Mann glücklich hier, da konnte ich endlich mit gutem Gewissen abtauchen.

Diesen Sommer ist es auf einmal ganz anders. Das Buch auf dem Schoß bleibt zu, fremde Welten und fremdes Leben üben nicht diesen Sog aus wie früher. Ich schaue mich um, schaue mir die Dinge und die Menschen noch einmal genau an, so, als sähe ich alles zum ersten Mal.

Ich sehe Sevgi, meine Schwiegermutter, wie sie im Schatten auf dem Balkon sitzt und wieder einmal mit Sorgfalt meine Unterhosen bügelt. Wie oft habe ich ihr schon gesagt, sie soll das lassen, das sei nicht nötig. Jetzt nehme ich mir vor, sie gleich einfach einmal abzulösen. Dann wird sie aufstehen und den anderen Frauen auf den Balkonen ringsum etwas zurufen, damit sie herüberschauen und sehen, dass die Deutsche bügelt. Und dass alles in bester Ordnung ist.

So eine große Freude, und es kostet so wenig.

Jetzt hat sie gemerkt, dass ich sie anschaue.

Thélis kafé, goritzi mou;, fragt sie.

Gleich, sage ich. Ich komm jetzt erst mal was bügeln.

Keine Panik

Matys ist vor einer Stunde mit Freunden zu einer Olympbesteigung aufgebrochen. Sofie ist mit *yiayia* und *papous,* den Großeltern, ins Dorf gefahren. Meine Schwägerin Roula liegt mit ihrem Verlobten im abgedunkelten Wohnzimmer vor dem Fernseher. So werden sie bis Sonntagabend liegen bleiben und nur hin und wieder zum Essenholen kurz in die Küche gehen.

Ich bin also so gut wie allein, habe das ganze Wochenende für mich. Am Montag fliegen wir zurück nach Deutschland. Die Ferien sind zu Ende.

Wie sehr sie diesmal anders waren als sonst, das wird mir jetzt am Ende erst so richtig bewusst. Und dass mein Sabbatjahr längst begonnen hat.

Früher waren die Sommerferien ja immer überschattet von dem Gedanken an die bevorstehenden Deutschkurse. Was könnte ich denn mal Neues und Schönes mit den Schülern machen?, war die Frage, die mir nie aus dem Kopf ging, bis ich endlich nachgab und die mitgebrachten Lektüren auspackte. Wie viele Dramen, Kurzgeschichten, Romane, Anthologien habe ich angelesen und mich dabei gefragt: Könnte ihnen das vielleicht gefallen? Oder das? Oder eher das? Und dabei immer schon gewusst, dass das bei keinem der Texte der Fall sein würde, ja ich konnte ihr Stöhnen schon hören.

Fast jeder literarische Text setzt Geschichtskenntnisse voraus oder zumindest ein Interesse an Geschichte. Beides ist aber bei meinen Schülern seit langem nicht mehr vorhanden. Und sie wollen davon auch nichts hören (*Ist das jetzt hier 'n Geschichtskurs oder was?*). Das in den Lehrplänen geforderte »Anknüpfen an Leseinteressen, Fragestellungen und Lebenswirklichkeit der Schüler« hilft auch nicht weiter. Leseinteressen (außer, wenn's hoch kommt, Stephen King) und Fragestellungen (außer *Krieg ich jetzt noch die Vier?*) haben sie keine, und sie hassen es, wenn man ihre Lebenswirklichkeit (Liebe, Freundschaft, Sex, Drogen, Eltern, Job) dazu benutzt, um den Unterricht aufzumotzen. Wie es im Übrigen schon in allen Fächern geschieht.

Von all diesem Krampf und Kummer bin ich dieses Jahr, dem Himmel sei Dank, erlöst. Meine Lektüren sind frei gewählt, ohne jeden Vermittlungshintergedanken. Zur Zeit lese ich Henri-Frédéric Amiel, *Intimes Tagebuch*. Das Tagebuch eines Mannes, der äußerlich das Leben eines langweiligen, unauffälligen und einsamen Philosophieprofessors führte, der aber ein Tagebuch von 17.000 eng beschriebenen Seiten hinterließ, voller genialer Gedanken und Einsichten über das Leben und die Menschen. Und vor allem über sich selbst. Tägliches Nachdenken, tägliche Übung in der Selbsterforschung, gnadenlose Selbstzerlegung. Großes Vorbild. Großes Leseglück.

Und noch etwas Wichtiges war anders in diesen Ferien. Und auch das fällt mir erst jetzt am Ende auf.

Es fehlten ja die Panikattacken! Dieses Gemisch aus diffuser Angst, Beklemmung und Nervosität, das mich regelmäßig am Ende der Ferien überfiel.

Nie habe ich herausgefunden, wovor ich mich da eigentlich fürchtete, was genau die Ursache dieses quälenden Unbehagens war. Wie oft bin ich alles nacheinander durchgegangen: die Schüler, die Kollegen, die Vorgesetzten, den Unterricht, die Konferenzen, die Arbeitsgruppen, die Korrekturen, die Aufsichten, die Vertretungsstunden, den Verwaltungs- und Papierkram, die allgemeine Hektik und Gereiztheit, aber so schrecklich ich auch das meiste davon fand, Angst hatte ich nicht davor. Alles zusammen aber ergibt vielleicht doch eine gefährliche und bedrohliche Mischung.

Die Kollegen, mit denen ich darüber gesprochen habe, kannten es alle. Alle kannten sie diese seltsamen, irrationalen Angstgefühle am Ende der Ferien und hatten mit ihnen zu kämpfen.

In diesen Sommerferien aber hatte ich die ganze Zeit gute Laune und habe immerzu nur gelacht. Kein einziges Mal fand ich die Großfamilie anstrengend, über nichts habe ich mich in diesen Ferien geärgert oder aufgeregt. Ich laufe durch den Tag mit dem Gefühl: *So wie es ist, ist es gut*. Eine so tiefe, pflanzenhafte Zufriedenheit habe ich bisher nur während der Schwangerschaften erlebt.

Sogar mein Rheuma tut nicht mehr so weh.

Sabbatjahr

Sonnenfinsternis

Gestern, ausgerechnet zur Zeit der Sonnenfinsternis, ist Matys zurück nach Griechenland geflogen. Ende des Jahres, zu meinem Geburtstag, will er wieder zu Hause sein.

Die Vorstellung, dass er ohne uns mitten am Tag in einen nachtschwarzen Himmel hineinfliegen würde, hat uns im Stillen doch bedrückt. Sofie ist herumgelaufen und hat alle Mineralien, denen eine Schutzwirkung zugesprochen wird, eingesammelt und sie dem Papa vor der Abfahrt heimlich in die Jackentaschen gesteckt. Und obwohl es sein Weltverständnis eigentlich nicht erlaubte, hat er die schweren Steine doch, als er sie später entdeckte, nicht entfernt. So ähnlich wie Niels Bohr, der, angesprochen auf ein Hufeisen an der Tür seiner Skihütte, gesagt haben soll: *Selbstverständlich glaube ich nicht daran; aber ich habe mir sagen lassen, dass Hufeisen auch dann wirken, wenn man nicht an sie glaubt.*

Seit heute sind Sofie und ich also wieder allein. Und vor mir liegen zwölf Monate herrliche freie Zeit. Alleinsein, Zeit und Freiheit, die Dinge, die ich mir in den letzten zehn Jahren am sehnlichsten gewünscht und für die ich zwei Jahre mit vollem Stundendeputat geschuftet habe, jetzt sind sie endlich da.

Warum bin ich dann nicht glücklich? Warum öffne ich nicht zur Begrüßung des Glücks die Fenster, drehe die *Gypsi Kings* auf und tanze wie eine Verrückte durch die Wohnung, wie es sonst meine Art ist in guten Zeiten? Warum setze ich mich nicht hin und beginne mit meinem Programm? Ab heute könnte es doch endlich mit voller Kraft losgehen. Nun gibt es doch wirklich nichts mehr, was mich hindert.

Vermisse ich vielleicht doch meinen Matys zu sehr? Ganz bestimmt. Wäre es mir lieber, er wäre hier? Nö, das nicht. Es ist ja nur eine räumliche Trennung für kurze Zeit, und sie wirkt bisher, nach all den symbiotischen Jahren, auf uns beide und auf die Liebe wie eine Verjüngungskur.

Ist es wieder wie Weihnachten früher bei uns zu Hause? Wo sich in den Wochen vor dem Fest die Vorfreude und die Erwartungen dermaßen hochschraubten, dass der heilige Abend nahezu regelmäßig in Tränen und einem allgemeinen Fiasko endete? Oder ist es, wie mir einmal ein Fachmann erläuterte, der Einfluss des Planeten Saturn, der im ersten Haus meines Horoskops steht und von dort aus schon mein Leben lang seine hemmende Wirkung ausübt, indem er, immer wenn ich auf einem Gipfel stehe, seinen mächtigen Schatten wie ein dunkles Tuch über mich wirft und mir alle Aussicht und Freude nimmt?

Liegt es am Wetter? An diesem grauen, schweren Himmel mitten im August? Ich weiß es nicht. Ich kann nur beten, dass es so, wie es heute ist, nicht bleiben wird. Lustlos schleppe ich mich durch die Wohnung und räume hier und da ein bisschen auf. Vielleicht sollte ich mir, für den Fall, dass aus dem Schreiben doch nichts wird und dass mich die Bücher und die Grübeleien über das Leben nicht zurück zur Leichtigkeit, sondern tiefer hinein in die Melancholie führen, noch schnell ein paar nützliche Tätigkeiten überlegen, mit denen ich das Jahr ausfüllen könnte. Vielleicht sollte ich endlich einmal richtig Griechisch lernen? Und einen Computerkurs machen.

Ich schlurfe hinüber zum Kühlschrank und trage diese beiden Vorhaben schon einmal vorsorglich in meine Liste ein, in die Spalte für das Nachmittags- und Abendprogramm. Dann ziehe ich mich an und gehe mit Wolfi spazieren.

Der Computerkurs kommt, ich kann es kaum fassen, noch am selben Tag auf mich zu. Als ich nachmittags gelangweilt irgendeine alte, liegen gebliebene Post öffne, finde ich das Angebot. Ein Kurs für absolute Anfänger, Schwerpunkt Textverarbeitung, Zielgruppe Lehrer, veranstaltet von der Stadtsparkasse. Fünf Blockseminare, jeweils am Donnerstagnachmittag, Beginn heute in einer Woche. Passender geht's nicht. Ich rufe sofort an und bekomme tatsächlich noch einen Platz, der zufällig heute Morgen durch eine Abmeldung freigeworden ist.

Ich kann nur schwer glauben, dass solche glücklichen Fügungen nichts als bloßer Zufall sind. Wenn mir, wie es in letzter Zeit immer häufiger geschieht, die unwahrscheinlichsten Dinge zustoßen oder mir das, was ich gerade dringend brauche, wie von fern geschickt, plötzlich in den Schoß fällt, verlassen mich sofort alle Ängste und Sorgen und machen einem Gefühl von kosmischer Geborgenheit Platz. So als wären wir Menschen doch keine sinnlosen Atome im unendlich leeren Raum, sondern würden von unsichtbarer Hand geführt und dürften auf diese gute Führung auch vertrauen. Das klingt kindisch, ich weiß, das sind Reste eines primitiven magischen Denkens oder noch schlimmer: Solche Stimmungen, die uns ein Gefühl der Einheit mit der Welt vorgaukeln, in der alle Ereignisse bedeutungsvoll auf uns als erlebende Subjekte zielen, weisen uns als Zwischenhirnwesen mit egozentrisch verzerrter Optik aus.

Na und? Was heißt schon kindisch oder Verfälschung der Wirklichkeit? Von Fälschung kann ja nur der sprechen, der das Original kennt. Aber die Möglichkeit, die Welt in ihrer Objektivität zu erfassen, haben wir Menschen nicht. Wie die Dinge liegen, können wir uns eine objektive, von uns selbst unabhängige Wirklichkeit noch nicht einmal vorstellen, geschweige dass sie uns zugänglich wäre. Wenn uns die Philosophie oder die moderne Naturwissenschaft je etwas Brauchbares gelehrt haben, dann wohl dies: dass wir die Dinge nicht so sehen, wie sie sind, sondern wie *wir* sind.

Daher dürfen wir uns ruhig etwas mehr auf unsere Stimmungen und Gefühle verlassen. Sie versperren uns nämlich nicht den Anblick der Welt, eher im Gegenteil: Sie zeigen uns, was für uns gut und was schädlich ist, welche Eigenschaften der Welt lebensfreundlich und welche lebensfeindlich sind, was wir suchen und was wir meiden sollten. Sie sagen uns etwas über die Qualität unseres Lebens.

Manchmal denke ich sogar: Wenn ich in den vergangenen Jahren doch nur etwas mehr auf meine Stimmungen vertraut und auf die innere Stimme gehört hätte und etwas weniger auf die Stimme der Vernunft, vielleicht wäre mein Körper dann nicht gezwungen gewesen, mich durch Krankheit und Schmerzen auf die schleichende Selbstzerstörung hinzuweisen ...

Lese-Zeichen

Die Freude über den glücklichen Zufall hat nicht lange angehalten. Heute, zwei Tage später, stehe ich schon wieder am Rand der Verzweiflung.

Nichts klappt. Ich schaffe es noch nicht einmal, mich an mein eigenes Programm zu halten! Wenn Sofie morgens aus dem Haus ist, greife ich statt zum Notizheft zum Tagebuch. Ich will nur ganz schnell etwas loswerden, mich von einem störenden Gedanken befreien. Aber wenn ich dem Impuls zum Tagebuchschreiben einmal nachgebe, versagen alle Bremsen. Dann sitze ich da, womöglich noch provisorisch auf einer Stuhlkante, und schreibe, schreibe, schreibe ohne Ende und kann nicht aufhören, bis es an der Haustür klingelt. Dann steht Sofie wieder davor, es ist halb zwei, und ich habe nichts gekocht, und der Hund hat vor Verzweiflung schon in den Garten gekackt.

Wovon handeln denn diese wichtigen Tagebucheintragungen? Sie handeln von der Panik. Von der Panik, die mich überfällt, wenn ich daran denke, dass von den 54 freien Wochen schon zwei vorbei sind und dass ich noch nichts, aber auch gar nichts geschafft habe. Und dass mein Hirn vor lauter Nervosität wie leergefegt ist. Warum sprudeln denn jetzt nicht die angesammelten und jahrelang zurückgedrängten Geschichten hervor? Warum drängt da überhaupt nichts an die Oberfläche? Der Weg bis zum schlimmsten Verdacht ist nun nicht mehr weit: Wahrscheinlich hast du überhaupt kein Talent! Wollen und Können sind bekanntlich nicht dasselbe! War alles nur eingebildet, das Schreibbedürfnis, die Stofffülle im Kopf, die Sehnsucht nach Ruhe und einem leeren Blatt Papier …

Wenn ich diese Selbstzweifel und Misserfolgsangstattacken nicht im Tagebuch deponieren würde, säße ich womöglich auf dem Sofa, verkrampft, gelähmt und zittrig, bis am Ende wieder die Tränen kämen. Und dieses Bild des Jammers gäbe ich ab, während ich mitten in der schönsten Wunschtraumerfüllung sitze. Irgendetwas Wichtiges mache ich falsch. Und zwar so gründlich, dass ich mir selbst nicht mehr helfen kann. Ich brauche dringend die Hilfe größerer Geister.

Nachdem ich heute Nachmittag, während Sofie draußen mit dem Fahrrad herumfuhr, bis zu dieser Einsicht vorgedrungen war, bin ich ans Bücherregal gegangen und habe nach Weisheitsbüchern gesucht. Herausgezogen habe ich mir einen Band von Nietzsche und einen von Montaigne. Dann habe ich mich mit diesem Schatz in die Sofaecke geworfen.

Bei Nietzsche finde ich immer Trost. Er ist der Meister im Aushalten von Schmerzen und im Auskosten der irrwitzigsten Hoffnungen und Höhenflüge. Ich schlage das Buch (*Menschliches, Allzumenschliches*) dort auf, wo schon ein Lesezeichen steckt, und finde das, was ich brauche, bereits dick unterstrichen und mit drei Ausrufezeichen versehen:

Wie, wenn nun Lust und Unlust so mit einem Stricke zusammengeknüpft wären, daß, wer möglichst viel von der einen haben **will**, *auch möglichst viel von der anderen haben* **muß**… *Entschließt ihr euch für das Erstere, wollt ihr also die Schmerzhaftigkeit der Menschen herabdrücken und vermindern, nun, so müßt ihr auch ihre Fähigkeit zur Freude herabdrücken und vermindern.*

Ich lese noch ein halbes Stündchen über das notwendige Nebeneinander von hohen Bergen und tiefen Tälern, bis das, was ich schon einmal früher gelesen und verstanden, aber wieder vergessen hatte, sich breit gemacht hat in mir, oben im Kopf und unten im Bauch.

Im Gebirge der Wahrheit kletterst du nie umsonst.

Gestärkt und getröstet will ich das Buch für einen Moment beiseite legen, in die Küche gehen und mir einen Tee kochen, da fällt mein Blick auf eine Textstelle, die ich früher nicht beachtet habe, die mich aber heute mit einem energischen Ruck aus dem Sumpf des eingebildeten Elends herausreißt:

Das Recept zum Beispiel, wie einer ein guter Novellist werden kann, ist leicht zu geben, aber die Ausführung setzt Eigenschaften voraus, über die man hinwegzusehen pflegt, wenn man sagt ›ich habe nicht genug Talent‹. Man mache nur hundert und mehr Entwürfe zu Novellen, keinen länger als zwei Seiten, doch von solcher Deutlichkeit, dass jedes Wort darin notwendig ist; man schreibe täglich Anekdoten nieder, bis man es lernt, ihre prägnanteste, wirkungsvollste Form zu finden, man sei unermüdlich im Sammeln und Ausmalen menschlicher Typen und Charaktere, man erzähle vor allem so oft es möglich ist und höre erzählen… man denke endlich über die Motive der menschlichen Handlungen nach, verschmähe keinen Fingerzeig der Belehrung hierüber und sei

Sammler von dergleichen Dingen bei Tag und Nacht. In dieser mannigfachen Übung lasse man **einige zehn Jahre** *vorübergehen: was dann aber in der Werkstätte geschaffen wird, darf auch hinaus in das Licht der Straße.*

Der nächste Tag, ein Sonntag, ist mir dann sehr gut gelungen. Obwohl es ein grauer Regentag war. Wir stehen spät auf, gucken zusammen die *Maus*, und während Sofie danach Flöte übt und anschließend mit den Nachbarskindern spielt, bügle ich einen ganzen Korb Wäsche weg. Dann koche ich für die Kinder, auf Sofies Wunsch, leckeren Milchreis, meine Spezialität. Nach dem Essen gehen wir alle mit Wolfi in den Wald. Es regnet stark, und wir sind nach kurzer Zeit völlig durchnässt, aber es ist ein warmer Regen, und es gefällt uns draußen. Wolfi macht uns auf eine Fuchshöhle aufmerksam, wir sammeln Moos und Pilze und stopfen alles in unsere Anoraktaschen. Zu Hause wollen wir die Namen der Pflanzen in diversen Bestimmungsbüchern nachschlagen. Die sonst eher ein bisschen coolen und auch schon etwas älteren Nachbarskinder sind begeistert. Noch unterwegs gründen sie eine *Natur-Bande,* und zu Hause angekommen, fangen sie sofort an, sich unter den Büschen im Garten ein *Bandenquartier* zu bauen. Ich bringe ihnen auf einem Tablett heißen Tee und noch einen Rest Milchreis mit frischen Johannisbeeren. Sofie ist rundum glücklich. Man sieht es ihr an, und sie sagt es sogar selbst, als ich abends das Badewasser einlaufen lasse und sie neben mir auf dem Klo sitzt *(Ach, Mama, ich bin so glücklich!).* Während sie badet, mache ich uns noch ein kleines Abendessen, Kopfsalat, frittierte Kartöffelchen und Spiegelei. Nach dem Essen lese ich eine schöne Geschichte vor, und dann geht Sofie zufrieden ins Bett und ich gucke den Sonntagabendkrimi. Gegen 22.00 Uhr gehe ich noch kurz mit Wolfi um die vier Ecken, und dann lege ich mich auch in mein großes Bett. Ich blättere noch kurz in den Griechischbüchern. Dann schreibe ich ein paar Sätze ins Tagebuch.

Was für ein schöner Tag. Was für ein schönes Leben.

Reicht das nicht? Reichen solche Tage nicht vollkommen aus, um ein Sabbatjahr mit Sinn zu füllen? Ist es noch nicht gut genug? Muss ich noch ein Buch schreiben, um solche ruhigen und schönen Tage vor mir selbst und der Welt zu rechtfertigen? Ist es zu wenig, einmal ein Jahr lang nichts anderes zu sein als eine fröhliche, ausgeglichene, aufmerksame Mutter, die einfach da ist, alles in Ordnung hält, immer zuhört und für alles Zeit und Lust hat? Seufzend greife ich zu den *Essais* von Montaigne, die seit gestern auf dem Bett liegen. Ich schlage das Buch irgendwo in der Mitte auf und finde im Kapitel *Von der Einsamkeit* eine Antwort auf meine Fragen: *Es ist ein ärmlicher Ehrgeiz,* sagt er, *noch aus seiner Muße und Zurückgezogenheit Ruhm ziehen zu wollen… Die Gemütsart, die dem Rückzug am heftigsten entgegensteht, ist der Ehrgeiz. Der Ruhm und die Ruhe sind Dinge, die nicht im selben Haus wohnen können … Bist du nur zurückgegangen, um einen besseren Anlauf zu nehmen und mit einem kräftigen Satz nur umso tiefer ins Getümmel zu springen?… Man sollte es machen wie die Tiere, die vor dem Eingang ihrer Höhle die Spuren verwischen…*

Mutterrolle

Vor ein paar Tagen, am frühen Abend, rief mich überraschend eine fast schon vergessene frühere Kollegin an. Sie ist letztes Jahr an eine deutsche Auslandsschule gegangen und zurzeit für ein paar Tage hier in der Gegend. Sie möchte mich sehen. Sie hat allerlei gehört. Unter anderem, dass ich vor einem halben Jahr meinen Job in der Schulleitung niedergelegt habe. Sie sagt:

– Du weißt, Marga, wie ich über Ämter und dergleichen denke, aber um so einen Schritt zu tun, da muss schon etwas Schlimmes passiert sein.

Und das möchte sie nun hören. Frauen möchten immer gern eine Leidensgeschichte hören. Frust und Kummer scheinen der Kitt ihrer Freundschaft zu sein. Steigt mal eine aus der Frustgemeinschaft aus und hat im Moment keinen Grund zur Klage, sondern eher was zu lachen, ist es meist zu Ende mit der weiblichen Solidarität. So als wären zufriedene, gut gelaunte, satte Frauen so etwas wie natürliche Feindinnen der anderen.

Wenn es etwas gibt, worauf ich zurzeit keine Lust habe, dann ist es, an Schule erinnert zu werden und alten Ärger hochzukochen. Auch über Auslandsschulen möchte ich nichts hören. Außerdem kommt der Anruf in einem sehr unpassenden Moment. Ich bin gerade dabei, für Sofie und die drei Nachbarskinder Fritten zu machen, aus frischen Kartoffeln in Olivenöl, so wie ich es mir in diesem Sommer von der griechischen Oma habe zeigen lassen. Die Kinder sitzen schon am Tisch und warten.

– Hör mal, Ulla, sage ich. Im Augenblick ist es leider etwas ungünstig. Ich bin gerade beim Kochen. Und ich hab da vier hungrige Mäuler sitzen …

– Ach Gott, sagt Ulla. Wie sie das sagt. Wie viel sie da sagt mit zwei kleinen Worten.

Ulla ist von ihrem Selbstverständnis her eine emanzipierte Frau mit einem merkwürdig kühlen Verhältnis zu Mann und Tochter. Wir sind uns eine Zeit lang nahe gewesen. Allein schon deshalb, weil wir beide die einzigen weiblichen *Funktionsträger* an unserer Schule waren. Mittlerweile aber trennen uns anscheinend wieder Welten. Vielleicht war es aber auch schon immer so.

Die Versuchung, auf ihren Ton einzugehen und mich mit ihr zusammen über meine Beschäftigung lustig zu machen, ist sofort wieder da, aber sie dauert weniger als eine Sekunde. Ich kann doch nicht Tag und Nacht darüber nachdenken, wie ein gutes Leben für mich aussehen müsste, um mich dann bei der erstbesten Gelegenheit wieder zu verstellen und zu verleugnen, nur um modischen Ansichten zu genügen. Das geht mir alles blitzschnell durch den Kopf, dann sage ich:

– Im Ernst, Ulla. Mir wird hier das Frittenfett kalt. Von wo rufst du an? Kann ich dich gleich zurückrufen?

Und dann habe ich aufgelegt. Und das Gerede, das ich schon hörte – *Der Marga scheint es wirklich nicht gut zu gehen, die hat sich ganz in die Hausfrauen- und Mutterrolle zurückgezogen* –, das war mir mit einem Mal piepegal; ich habe die Kartoffeln in das heiße Fett geschmissen, dass es nur so spritzte, und dabei mit den Kindern, die schon angefangen hatten, mit dem Besteck ungeduldig auf den Tellern herumzutrommeln, das alte Lied *Wir haben Hunger, Hunger, Hunger, haben Durst …* gesungen.

Und dafür habe ich von Montaigne abends eine schöne Belohnung bekommen. In dem Kapitel, das *Von der Reue* handelt, lese ich:

Manch einen begleitet das Volk nach einer öffentlichen Veranstaltung mit Jubel und Erstaunen bis an seine Haustür; da legt er dann mit dem Amtskleid die Rolle ab, die er gespielt hat, und fällt umso tiefer, je höher er gestiegen war; im Innern, zu Hause, ist alles schändlich und geht drunter und drüber … Eine Bresche schlagen, eine Gesandtschaft führen, ein Volk regieren: das sind prächtige Taten. Streiten, lachen, kaufen, bezahlen, lieben, hassen und mit den Seinigen und sich selbst lieb und recht umgehen, nicht nachlassen, sich selbst nicht verraten: das ist seltener und schwieriger … Ein menschliches Leben im Einklang mit seinen natürlichen Bedingungen führen, das ist eine weit gewichtigere Kunst.

Mit dem Schreiben habe ich aber doch wieder angefangen. Obwohl mir lange kein Gedanke und kein Satz mehr so gut gefallen hat wie der: *die Spuren verwischen.*

Aber hat nicht Montaigne letzten Endes auch alles aufgeschrieben? Hat er nicht selbst auch das zurückgezogene Leben in seinem Turm zum Schreiben von Büchern verwendet, die ihm Anerkennung, Ruhm und sogar Unsterblichkeit brachten? Wollen wir Menschen, auch wenn wir unser Leben so einrichten, dass wir nichts tun, als *still durch gesunde Wälder zu gehen*, nicht immer gleichzeitig auch eine kleine *Spur legen*? Wollen wir nicht insgeheim auch – und sei es nur von einem einzigen – entdeckt und erkannt werden?

Und als ich dann noch in einem Kommentar erfahre, dass Montaigne seit dem gleichzeitigen Verlust seines Vaters und seines besten und einzigen Freundes in die Depression stürzte und unter ständigen Migräneattacken und plötzlichen Weinanfällen litt, und dass er in der Einsamkeit und im Schreiben auch eine Zuflucht gegen die Melancholie und gegen die Tränen suchte, da habe ich mein dickes Tagebuch wieder aufgemacht und alles hineinfließen lassen, was wollte.

Und als Sofie mich dann eines Abends fragt: Mama, hast du eigentlich mit der Kindergeschichte schon angefangen?, und ich ihr anmerke, wie sehr ihr der Gedanke gefällt, wie sehr sie daran Anteil nimmt, und wie sehr sie es nun auch von mir erwartet, und – vor allem! – als ich merke, dass sie mir eine gute Geschichte ohne weiteres zuzutrauen scheint, da habe ich am nächsten Morgen auch mit den Überlegungen und Notizen für das Kinderbuch wieder angefangen ...

Sofie erscheint mir übrigens, seitdem ich zu Hause bin, in ihrem ganzen Wesen wie verwandelt. Früher war oft schon der frühe Morgen mit ihr die reinste Nervenprobe, und wenn ich sie zwischendurch am Tag mal spontan nehmen wollte zum Drücken und Küssen, dann konnte es leicht passieren, dass sie mich unfreundlich wegschubste, weil es ihr gerade nicht passte. Diese Ruppigkeit ist völlig verschwunden. Sie lacht und strahlt den ganzen Tag, wirft sich dauernd in meine Arme, und gleichzeitig ist sie viel selbstständiger geworden. Sie erledigt ihre Pflichten (Zimmer aufräumen, Blumen gießen, Meerschweinchen füttern und sauber machen), ohne dass ich sie ständig erinnern und ermahnen müsste. Und gestern blieb sie zu meiner Überraschung zum ersten Mal allein zu Hause, als ich zum Einkaufen ins Nachbardorf fuhr. Und dann am Abend wieder so ein Glückssatz:

– Mami, eigentlich ist es mit uns beiden allein doch auch sehr schön, oder? Also nicht, weil der Papa weg ist, der sollte schon lieber hier sein! Aber weil wir beide es so gut haben.

Und das alles nach nur wenigen Tagen. So einfach ist es also. So wenig braucht ein Kind zum Glück und zum Gedeihen.

Computertreff

Heute Morgen ist mir etwas Tolles passiert. In weniger als zwei Stunden habe ich ein Handlungsgerüst für meine Geschichte entworfen und die wichtigsten Figuren skizziert. Es kam ganz unerwartet und war wie ein Rausch, und dann war es plötzlich vorbei. Ich habe mir den Hund genommen und bin in den Wald gerannt und fühlte mich so glücklich, so stark und übermütig wie zuletzt im Herbst 1982, als ich zum ersten Mal den Matys geküsst habe.

Und heute Nachmittag fängt mein Computerkurs an! Unter der Dusche beschließe ich, schon mittags in die Stadt zu fahren und davor noch ein bisschen herumzubummeln. Das habe ich mir in den letzten zehn Jahren fast nie erlauben können. Ich weiß gar nicht mehr, wie es in der Stadt aussieht.

Ich parke in der Marktgegend und spaziere durch die Altstadt, und es fühlt sich an wie Ferien, wie Ferien in einer fremden Stadt. Ich schaue mir alles genau an, und es kommt mir tatsächlich so vor, als hätte ich vieles noch nie gesehen, zum

Beispiel wie die Häuser oberhalb der Geschäfte aussehen. Zum ersten Mal sehe ich auch den frei gelegten Bach, der früher unterirdisch floss und den sie jetzt in einer Blausteinrinne entlang dem Bürgersteig plätschern lassen. Die Kinder laufen mit nackten Füßen durchs Wasser, bespritzen sich und kreischen.

Da klingelt plötzlich, unangenehm schrill wie der Wecker in einem Traum, ganz in der Nähe laut und durchdringend eine Schulglocke, und eine Minute später ergießt sich ein nicht enden wollender Schülerstrom aus dem Hauptportal des Carolus Magnus auf die Straße. Im Nu bin ich von lauten, drängelnden, schubsenden Jugendlichen umgeben, die mir mit ihren Rädern in die Hacken fahren. Da sind die Ferien jäh zu Ende, ich bin wieder mitten drin, wo ich doch gerade noch dachte, ich sei weit, weit weg.

Schnell gehe ich ein paar Meter weiter Richtung Markt und betrete ein Bistro. Ein schöner Cappuccino täte jetzt gut. Aber das Lokal ist brechend voll mit Schülern, einige kommen mir sogar bekannt vor. Ich will gerade kehrtmachen, da ruft schon einer *Hallo, Frau Bayerwaltes! Sind Sie immer noch hier*? Wir kennen uns aus der Schülerzeitungsredaktion. Ja, und jetzt erzählt er mir, wie's da gerade läuft, wie viel Geld noch auf dem Konto ist, wer jetzt das Layout macht, wer nicht mehr mitmacht, wer jetzt die Unterstufe betreut, dass die Kaffeemaschine kaputt ist, dass sie sich jetzt immer dienstags treffen … Mein Gott, ich bin ja wirklich überhaupt nicht weit weg von all diesen Dingen! Ich bin ja wirklich noch mitten drin!

Draußen auf der Straße bleibe ich kurz stehen und überlege, wohin ich gehen könnte. Ich bin ganz durcheinander. Es kommt mir so vor, als könne jeden Moment jemand rufen, Schluss jetzt mit dem Unsinn, Marga, komm endlich, es gibt Unmengen Arbeit … Kaum habe ich ein paar Schritte getan, da kommt mir doch tatsächlich vom Markt her in einem Affenzahn Kollege Wagemann auf dem Fahrrad entgegen. Das darf doch nicht wahr sein! Den will ich nun aber auf keinen Fall sehen! Ich drehe mich abrupt um und starre in eine Auslage.

Da stehe ich nun, blöde und verkrampft, und fühle mich wie eine, die sich krankgemeldet hat und jetzt beim Shopping in der Stadt erwischt worden ist. Wär ich doch bloß zu Hause geblieben! Ich kaufe mir den *Spiegel* und setze mich am Markt in so ein düsteres, holzgetäfeltes, gutbürgerliches Lokal. Hier schmeckt der Kaffee zwar scheußlich, aber finden wird mich hier bestimmt niemand.

Um halb vier mache ich mich langsam auf den Weg zum *Computer-Info-Treff.* Unterwegs überfällt mich schon mein alter Widerwille gegen Gruppen. Gleich werde ich mich wieder für einige Wochen in so was integrieren müssen.

Und in der Tat ist der erste Eindruck wenig erfreulich. Alles randständige Leute. 18 Frauen, zwei Männer. Alle sind entweder uralt, so um die achtzig, oder sehen total unintelligent aus oder beides. Offensichtlich eine gesellschaftliche Restgruppe, zu der ich eben auch gehöre. Die Frauen stehen dicht aneinander gedrängt, sie sind aufgeregt und kichern, als würden sie gleich zum Mond fliegen.

Da kommt auch schon Herr Müller, unser Lehrer. Er tritt schwungvoll und dynamisch auf, aber auf seiner Stirn steht der Schweiß, und unter seinen Achseln breiten sich unschöne Flecken aus. Es ist sein fünfter Kurs an diesem Tag; wir sind die letzten.

Er öffnet uns den Unterrichtsraum. Warme, abgestandene Luft schlägt uns entgegen. Auf den ersten Blick ist erkennbar: Wir werden hier zu zweit an einem Computer sitzen müssen. Da habe ich schon keine Lust mehr. Ich gehe zögernd hinein, setze mich in die letzte Reihe, lege meine Sachen auf dem Nebenstuhl ab, falte die Hände vor dem Gesicht und konzentriere mich auf mein Anliegen (*Ich will allein sitzen, ich möchte bitte, bitte allein sitzen ...*). Das hilft immer, zum Beispiel bei Ampeln und Parklücken und jetzt auch wieder. Der Platz neben mir bleibt frei.

Es ist zu heiß in diesem Raum, und es fehlt an Sauerstoff. Herr Müller vorn hat schon zu schwadronieren angefangen. Bereits seine ersten Sätze zeigen, dass er sich kein Bild davon machen kann, mit welchen Analphabeten er es hier zu tun hat. Er benutzt Wörter wie *Windows, Word, Doppelklick, Entertaste, Menu,* so als wäre ihre Kenntnis etwas so Selbstverständliches wie *Brot, Milch, Vogel, Wiese.* Nach fünf Minuten haben die meisten, so wie ich, die Hoffnung schon aufgegeben und abgeschaltet.

Jetzt würde ich gern etwas an dem Gerät herumspielen. Aber Herr Müller hat von vorn aus alles unter Kontrolle. Er redet und redet. Wir dürfen nichts tun, keine Fragen stellen. Erst mal ein Stück Theorie, sagt er und hört und hört nicht auf. Wir schauen uns an, ziehen die Schultern hoch und grinsen.

Nach 30 Minuten – ich überlege gerade, wie ich hier, ohne größeres Aufsehen zu erregen, am besten wieder rauskomme – geht die Tür auf, und es kommen noch zwei Damen. Sie sind völlig außer Atem. Es sind Gudrun und Heike, meine Kolleginnen! Was für eine Überraschung! Ich strahle sie an. Dann kann das ja hier vielleicht doch noch ganz lustig werden.

Die beiden scheinen aber viel weniger überrascht, mich hier zu treffen, oder auch weniger erfreut. Ihre Begrüßung kommt mir eher zurückhaltend vor. Auf der Stelle krampfen sich bei mir Magen und Hirn zusammen. Sie verübeln mir bestimmt, dass ich so einfach weggegangen bin, dass ich sie alle im Stich gelassen habe ...

Aber dann wird es doch noch nett. Gudrun setzt sich neben mich, und ich merke: Sie sind einfach nur völlig gestresst. Sie hatten bis drei Uhr Schule, dann sind sie losgerannt, haben sich unterwegs schnell einen Imbiss reingezogen, und als sie hier ankamen, haben sie den Raum nicht gefunden. Gudrun erzählt mir, sie sei am Rande eines Nervenzusammenbruchs wegen der neuen fünften Klasse, in der sie nun Klassenlehrerin sei, 30 Kinder, davon nur sieben Mädchen, einem Jungen sei gestern ein Zahn ausgeschlagen worden. Ich kann schon nachts nicht mehr schlafen, sagt sie. Aber sie lacht noch dabei.

Gudrun ist eine Ausnahmeerscheinung an unserer Schule. Bis vor kurzem arbeitete sie noch an der Uni und kam zunächst nur für ein paar Stunden zu uns. Sie ist eine ruhige, besonnene Person mit leisem, souveränem Auftreten, intelligent, engagiert, pädagogisch sehr begabt und allseits beliebt und anerkannt und müsste von ihren Kompetenzen her auf einem Direktorenstuhl sitzen. Aber als Seiteneinsteigerin kriegt sie nur A12, und dafür kann sie noch froh sein, während die dümmsten Hanseln bei uns mit A15 in der Schulleitung sitzen. Obwohl man ihr nichts anmerkt, scheint der Ärger doch an ihr zu nagen. Letztes Jahr musste ihr ganz plötzlich die Galle entfernt werden.

In fünf Minuten hat mir Gudrun die Handhabung des Computers erklärt. Sie kennt sich aus. Sie hat zu Hause einen *Macintosh* und wollte hier nur mal in *Windows* reinschauen, sagt sie.

Später, um 17.15 Uhr, stehen wir drei ein bisschen unschlüssig draußen vor der Sparkasse auf dem Bürgersteig herum. Es hat wieder angefangen zu regnen. Für einen Kaffee haben die beiden keine Zeit. Gudrun muss ihre jüngste Tochter irgendwo abholen. Heike muss um 18.00 Uhr wieder in der Schule sein, Treffen der Schulprogrammgruppe. Und um 20.00 Uhr hat sie noch einen Termin, Elternabend, Klassenpflegschaft. Das Schuljahr hat gerade erst begonnen, und beide sind schon so müde. Ich sage:

– Als ihr eben reinkamt, dachte ich im ersten Moment, es läge an mir, dass ihr überhaupt nicht froh ausseht.

– Ach was!, ruft Gudrun im Weggehen, da überschätzt du dich mal wieder!

Während ich noch darüber nachgrüble, ob mir Gudrun mit ihrem letzten hingeworfenen Satz vielleicht etwas Wichtiges mitteilen wollte, sagt Heike plötzlich neben mir:

– Da hast du mir ja eine schöne Scheiße hinterlassen, Marga. Gemeint ist die Arbeitsgruppe *Förderkonzepte,* deren Leitung sie nach meinem Weggehen übernehmen musste.

– Die kommen einfach gar nicht, die lieben Kollegen. Erst dauert es wochenlang, bis du einen Termin hast, an dem sie alle können, und dann kommen die einfach nicht! Und sagen vorher noch nicht mal ab, das ist das Schönste! Letzte Woche saß ich mit den Eltern allein da. Das war vielleicht peinlich!

– Ach, Heike, ärger dich nicht. Wenn du mich fragst: Diese Schule wird nie ein Schulprogramm bekommen. Jedenfalls nicht, solange man das nicht irgendwo fertig kaufen kann. Heike lacht. Davon ist auch sie überzeugt.

– Du solltest versuchen, Heike, die Zeit auf diesen Sitzungen für was anderes, wirklich Wichtiges zu nutzen. Zum Beispiel, um dir mal in Ruhe die Nägel zu lackieren.

– Ach, Marga, seufzt sie, diese Sprüche von dir, die vermisse ich so. Es ist alles dermaßen trostlos. Dann spannt sie ihren Schirm auf und läuft hinaus in den Regen.

Auf der Heimfahrt versuche ich, all die niederdrückenden Gedanken und Gefühle, an die ich heute wieder erinnert wurde, von mir abzuschütteln. Ich kann keinem sagen, wie heilfroh ich bin, diesem bleischweren Leben entkommen zu sein. Dass ich da wieder hin soll, unter diese von aller Vernunft der Welt verlassene, hermetisch verschlossene Frust-Ärger-Dunstglocke, kann und will ich mir nicht vorstellen.

Von zu Hause aus rufe ich Sofie an. Sie schläft heute bei ihrer Freundin. Sie hat wieder viel zu erzählen. Heute Nachmittag waren sie bei ihrem Freund, dem Tierarzt, und durften zum ersten Mal bei einer Operation assistieren.

Um halb acht sitze ich im Wohnzimmer auf dem Sofa und schreibe am ersten Kapitel meiner Kindergeschichte. Zu diesem Computerkurs werde ich kein zweites Mal gehen.

Etwas wird vermisst

Ende letzten Jahres ist unser Schulgebäude durch den Neubau fast um das Doppelte erweitert worden. Es gibt neue Klassenräume, neue Fachräume, ein neues Lehrerzimmer, eine neue Bibliothek. Auch die Verwaltung musste umziehen. Im Umzugschaos ist manches verloren gegangen. Die Verluste werden zum Teil erst jetzt, mit einem Jahr Verspätung, bemerkt.

So vermissen unter anderem Herr Kunert, Oberstufenkoordinator, und Benno Wiese, Vorsitzender der Fachkonferenz Deutsch, plötzlich wichtige Akten aus ihrem Zuständigkeitsbereich. Herr Kunert vermisst einen ganzen Satz Abiturklausuren, Kleinodien, die 20 Jahre und länger in der Schule aufbewahrt werden müssen und für deren sorgfältige Archivierung er verantwortlich ist. Kollege Wiese vermisst den Ordner, in dem wir Deutschkollegen die Abituraufgaben der letzten Jahre gesammelt haben.

Und beide rufen sie nun mich an. Kollege Kunert sogar zweimal. Und dann schickt er noch einmal zur Verstärkung den Chef vor. Und bei allen dreien spüre ich: Sie sind heimlich fest davon überzeugt, dass die Dinge, die sie vermissen, bei mir zu Hause herumliegen, so unwahrscheinlich, ja geradezu absurd das im Fall der Abiturklausuren auch sein mag.

Etwas ist verschwunden. Und die Bayerwaltes ist auch verschwunden. Der Zusammenhang liegt auf der Hand.

Und ich, ordentlich bis zur Perfektionsneurose, winde mich tagelang unter diesem Verdacht. Tagelang weiß ich nicht, wie ich den in mir wühlenden Ärger in den Griff kriegen soll. Der idiotische Verdacht kränkt mich über die Maßen, und außerdem ärgern diese Anrufe mich auch als solche. Warum lassen sie mich nicht endlich in Ruhe? Wenn ich nun wie andere Leute auf den Fidschis wäre! Am Ende ärgere ich mich nur noch über mich selbst, weil ich mir jeden Mist immer so zu Herzen nehme.

Auf dem Anrufbeantworter hatte Kollege Benno aber nicht nur nach seinem Ordner gefragt. Er hatte auch noch gesagt:

– Und dann, liebe Marga, möchte ich mal gern wissen, wie man sich so fühlt im Sabbatjahr. Wie geht's dir denn so?

Was könnte ich ihm dazu sagen?

Das Gefühl der Befreiung und Erleichterung ist oft so groß, als hätte man ein Kind verloren und nach langer verzweifelter Suche endlich wiedergefunden. Abends im Bett, wenn ich, überfroh, noch nach einem Buch oder einer Zeitung greife und es nichts gibt, was mich bedrückt und zusammenschnürt, vor allem nicht die Aussicht auf den nächsten Tag, dann kommen mir vor Dankbarkeit manchmal die Tränen.

Aber es gibt auch noch die anderen Tage. Heute zum Beispiel ist wieder so einer. Wo mich die alte Panik wieder befällt, wo ich unruhig durch die Wohnung laufe, nicht still sitzen, nichts konzentriert tun kann, immer auf dem Sprung, wie von allen Hunden gehetzt. Das sind die Tage, an denen mir plötzlich und aus heiterem Himmel bewusst wird: Es ist schon September, und das Jahr ist bald vorbei.

Und was dann? Dann renne ich in den Wald. Weil nichts anderes hilft. Ich renne stundenlang und kilometerweit. Und wenn es sein muss und weit und breit kein anderer Mensch zu sehen ist, heule und schluchze ich vor Verzweiflung laut vor mich hin. Irgendwann lässt die Qual dann von selbst nach. Ich werde langsam ruhiger, ich kann wieder denken. Wenn ich zu Hause ankomme, habe ich mich wieder gefangen. Aber das erzähle ich dem Benno so lieber nicht. Vielleicht erzähle ich ihm einfach mal, wie so ein Tag jetzt bei mir aussieht. Jetzt im September.

Meine Tage im September

So wie früher auch, stehe ich um 6.00 Uhr morgens auf. Mache für Sofie das Frühstück und das Pausenbrot und bringe sie mit dem Auto zur Bushaltestelle.

Der Unterschied zu früher ist: Wir streiten uns morgens überhaupt nicht mehr. Es gibt kein Gehetze, kein Geschimpfe, keine Tränen. So fing nämlich früher für uns der Tag manchmal schon an. Jetzt ist alles anders. Sofie kommt meistens schon von selbst, fröhlich quasselnd, die Treppe runter, ich brauche sie nicht mehr, wie früher, aus dem Bett zu zerren, mit Drohungen unter Druck zu setzen (*Wenn du jetzt nicht aufstehst, kannst du von mir aus hierbleiben! Ich muss in einer Viertelstunde fahren!*). Wir frühstücken in Ruhe zusammen. An der Bushaltestelle beobachten wir die Leute und haben jeden Morgen was zu lachen.

Um 7.30 Uhr bin ich wieder zu Hause. Ich nehme mir meinen Kaffee und setze mich damit im Wohnzimmer aufs Sofa. Von hier aus habe ich die schönste Aussicht: auf große Bäume und den Himmel. Ich lege ein Kissen auf den Wohnzimmertisch, die Füße drauf, den Schreibblock auf den Schoß. Und so sitze und schreibe ich dann.

Nach zwei Stunden bin ich steif gesessen, ich mache eine Pause und koche mir noch einen frischen Kaffee. Während ich auf den Kaffee warte, räume ich den Frühstückstisch ab, mache vielleicht noch schnell die Betten und fege ein paar Hundehaare zusammen.

Eine halbe Stunde später sitze ich wieder auf dem Sofa. Ich lese das Geschriebene noch einmal durch. Meistens habe ich viel zu korrigieren. Manchmal bin ich aber auch zufrieden. Dann kann's weitergehen. Oft jedoch gefällt mir alles beim Wiederlesen überhaupt nicht mehr. Das ist gefährlich. Dann droht die Panikattacke. Ich kann es eben nicht! Ich bin zu doof. Zu untalentiert. Wenn ich den Anfang schon nicht schaffe! Bald ist das Jahr vorbei und dann …

In solchen Momenten darf ich auf keinen Fall auf dem Sofa sitzen bleiben und das Papier anstarren. Von meinem Gehirn wird jetzt nichts Sinnvolles mehr produziert, alle Gedanken führen abwärts und werden über kurz oder lang wieder in der totalen Verzweiflung enden. Also springe ich auf, ziehe schnell die Sportsachen an, nehme den Hund und eine kleine Umhängetasche mit Block und Stift und laufe durch die Wiesen oder in den Wald. Dieser Spaziergang steht sowieso jeden Morgen auf dem Programm. Und seine Wirkung ist je früher, desto besser. In den letzten Tagen bin ich schon gleich um 7.30 Uhr losgegangen. Das ist am allerbesten. Da liegt noch der Frühnebel auf den Wiesen, es ist frisch und kühl, und wir treffen keine Menschenseele. Ich lasse den Hund frei und trabe selbst ein bisschen im Dauerlauf querfeldein. Im Wald gehen wir über weiche, kühle Mooswege oder kämpfen uns durch dichtes Brombeergestrüpp. Und immer rede ich dabei mit mir selbst. Meistens laut. Und hier draußen kommen nach einer Weile auch wieder die guten Ideen und die richtigen Sätze. Ich kann mich irgendwo hinsetzen und alles aufschreiben, so wie es kommt.

Das dauert auch hier draußen meist wieder genau zwei Stunden. Dann ist der Anfall vorbei. Ich werde stumpf und müde. Und merke erst jetzt, wie kalt es mir geworden ist. Aber der Tag ist gerettet. Und nichts kann nun die Freude mehr trüben.

Zu Hause dusche ich und frühstücke zum zweiten Mal (denn jetzt hab ich einen Bärenhunger!), und dann hole ich Sofie von der Schule ab. Der Nachmittag kann nun laufen, wie er will. Wichtig ist nur, dass ich es schaffe, die Gedanken an die Schreiberei ganz abzuschalten. Das ist mir am Anfang nicht immer gelungen. Ich war dann im Umgang mit Sofie fast ebenso geistesabwesend und unruhig wie als Berufstätige. Aber inzwischen klappt's auf Anhieb. Ich switche einfach um (wie meine Freundin Trudi das letztlich nannte). Ein kurzer Moment der bewussten Entscheidung. Dann bin ich im Gute-Mutter-Programm.

Dieses Jahr haben wir einen wunderschönen, warmen und sonnigen Spätsommer. Mittags ist es oft noch richtig heiß. Wir haben Durst und wenig Hunger. Also setzen wir uns erst mal in ein schattiges Café und essen ein paar Eisbecher. Oft ist es uns aber auch dafür noch zu heiß. Dann fahren wir gleich nach Hause. Manchmal wartet zu Hause ein leckeres Essen. Je nachdem.

Nachmittags arbeiten wir vielleicht ein bisschen im Garten in unserem neu angelegten Kräuterbeet, oder wir üben das kleine Einmaleins. Oder wir besuchen meine Schwester Elli und ihre 20 Katzen in ihrem Häuschen in Belgien. Wenn Sofie eine Freundin mit nach Hause bringt (und das kann sie jetzt, sooft sie will), erledige ich Liegengebliebenes: Waschen, Bügeln, Fenster putzen, Bettwäsche wechseln, Fotos ordnen, Briefe schreiben. Am frühen Abend gibt's dann wieder einen längeren Spaziergang mit Wolfi. Dabei unterhalten wir beide uns über das, was der Tag so gebracht hat. Danach gibt's

Abendbrot. Oft und gern auch was Warmes, Lieblingsgerichtmäßiges.

Vor dem Zubettgehen telefonieren wir immer lange mit dem Papa in Griechenland. Und dann lese ich Sofie im Bett noch ein Kapitel vor. Aber nicht wie früher mit dem Blick auf die Uhr und immer bereit zu Ungeduld und Stimmungsumschwung. Nö. Wir haben ja Zeit. Auch für zwei Kapitel, wenn's sein muss. Manchmal hat Sofie nach dem Lesen noch Lust herumzutoben (*Komm, Mama, wir kämpfen!*). Oder es entsteht eine Stimmung zum Schmusen, zum ganz feste Drücken und tausendmal Küssen (*Warum hab ich dich nur so so so so lieb?* und *Du bist die allerallerallerallerallerbeste Mami auf der ganzen Welt!*). Oft kommen wir aber auch in ein Gespräch, wenn wir so daliegen, manchmal in ein lustiges (*Mama, der Johannes hat heute...*) oder ein interessantes (*Mama, New York, ist das mehr Pop oder eher sowas Holzgeschnitztes?*) oder in ein ernstes (*Mama, die Frau Hasenclever hat heute zu uns gesagt, wer Eurhythmie nicht will, der will seinen Engel nicht*).

Danach beginnt mein Abendprogramm: eine Lektion Griechisch (mach ich manchmal auch nachmittags, wenn Sofie mir dabei helfen kann), vielleicht noch die Zeitung durchblättern (aber eher nicht), den Tagesrückblick ins Tagebuch schreiben, und dann stürze ich mich kopfüber in die Romane.

Zurzeit lese ich Ian McEwan, *Amsterdam*, ein sehr männliches Buch (es handelt von der Macht), und Connie Palmen, *I. M. (Ischa Meijer)*, ein sehr weibliches Buch (es handelt von der Liebe). Beide Bücher bringen Erkenntnisglück, Seelenglück, Sprachglück. Ich lese, bis mir die Augen zufallen, aber nicht länger als bis 24.00 Uhr. Um 6.00 Uhr muss ich ja schon wieder aufstehen ...

Das Drama des hochbegabten Kindes

An der Bushaltestelle bin ich vor einiger Zeit mit einer Mutter ins Gespräch gekommen.

– Lassen Sie Ihr Kind auch nicht allein hier warten?, hatte sie mich gefragt.

Ich erzähle ihr, dass Sofies Schulbus nicht sehr zuverlässig fährt und manchmal auch gar nicht kommt und dass ich mich immer bereithalten muss, um eventuell selbst zu fahren. Und dass sie zur Waldorfschule geht. Ihr kleiner Sohn geht aufs Gymnasium.

– Er hat in der Grundschule eine Klasse übersprungen, sagt die Mutter. Und er sei immer furchtbar gehänselt und gequält worden von seinen Mitschülern. Die Lehrer konnten da gar nichts machen.

– Der kam oft krankenhausreif geschlagen nach Hause, sagt die Mutter, einmal war er 14 Tage lang nicht schulfähig, so war er zugerichtet.

Sie erzählt es mit lauter Stimme, als ginge es um ein zwar empörendes, aber doch fremdes Schicksal, das sie aus der Zeitung kennt. Der kleine Junge steht daneben. Er schaut in eine andere Richtung. Dann sagt sie:

– Na ja. Er hat ja nun auch diese roten Haare und die Zahnspange. Aber trotzdem. Das war nicht mehr schön. Das fing schon langsam an, *mich* zu bedrücken.

Auf dem Gymnasium sei nun alles besser. Obwohl er noch so jung und so klein aussieht. Ein paar Tage später erzählen uns zwei Kinder, mit denen wir morgens immer bisschen plaudern:

– Hier war gerade vielleicht 'ne komische Frau. Die war hier an der Haltestelle ihr Kind noch so Sachen am Abfragen. Sie kichern.

Und heute haben wir es dann selbst erlebt. Die Mutter sitzt mit dem Jungen auf der Bank im Wartehäuschen und fragt ihn lateinische Vokabeln ab. Sie hält ein großes, offenes Buch in der Hand und stellt laut ihre Fragen. Der Junge antwortet fast unhörbar leise. Der Bus muss jeden Augenblick kommen.

Hat der Junge denn keine Sekunde frei? Ich stelle mir vor, wie sie zu Hause mit ihm bimst, vor dem Essen, während des Essens, nach dem Essen, dann die Hausaufgabenüberwachung, dann das überwachte Lernspiel, dann Essen, Zähneputzen, im Bett noch mal schnell alles abfragen. Wie sie immer neben und über ihm ist. Mit einem offenen Buch in der Hand.

Hallo, Frau Bayerwaltes!

Gestern, am Sonntagnachmittag, haben mich meine ehemaligen Philosophieschüler besucht. Als mein Sabbatjahr anfing, waren sie Ende der 12. Jetzt sind sie in der Jahrgangsstufe 13, haben eine neue Lehrerin und machen schon bald Abitur.

Private Kurstreffen bei mir zu Hause gab's normalerweise erst immer nach dem Abitur. Ich mochte sie nicht besonders, diese Treffen, auf denen die Schüler meist viel kindischer und alberner sind als im Unterricht und auf denen es dann um nichts weiter geht als um Pizzaessen und Lästern über andere Lehrer.

Aber diesmal musste ich eine Ausnahme machen. Denn es schien dringend und kein bloßer Spaß. Es hatte einen Anruf gegeben, der fast wie ein Hilferuf geklungen hatte. Er kam von Saberah Ahmadzai. Sie rief ins Telefon:

– Hallo, Frau Bayerwaltes! Wie geht es Ihnen? Uns geht es schlecht! Wir halten es nicht mehr aus! Ehrlich! Wir lernen nämlich überhaupt nichts mehr! Und wir merken erst jetzt so richtig, was wir verloren haben und wie toll es mit Ihnen war! Ich meine, das wussten wir schon vorher, aber jetzt finden das alle, echt alle, ohne Ausnahme! Auf Philosophie haben wir uns doch immer so gefreut! Es war das einzige Fach, für das es sich lohnte, in die Schule zu kommen. Und wo wir echt was gelernt haben! Und jetzt ist es genauso blöd und langweilig wie in allen anderen Fächern. Wir sitzen da herum, dösen vor uns hin, gucken aus dem Fenster, dann mal wieder auf die Uhr, unterhalten uns, sagen mal irgendwas, es ist tierisch laut, keiner hört zu, eben so wie normaler Unterricht. Und das in Philosophie! Die Jungen werden schon langsam aggressiv. Letztens hat der Markus die arme Frau Zimmermann voll angegriffen. Die tat mir fast schon Leid. Die fragt uns andauernd, was uns denn so interessiert und was wir gern machen würden. Aber wir lernen nichts, das ist das Schlimme. Dauernd kriegen wir so lächerliche Hausaufgaben, und die werden dann auch noch stundenlang abgefragt ... Wir vermissen Sie so sehr, Frau Bayerwaltes! Wirklich alle vermissen Sie. Und da haben wir uns gedacht, ob wir Sie nicht wenigstens mal besuchen können. So als ganzer Kurs. So 'ne Art Kurstreffen, meine ich ...

Saberah macht keine einzige Pause. Erst als ich sage, ja, okay, dann kommt mal schön, ich freu mich schon, beruhigt sie sich langsam, und wir verabreden einen Termin.

Und gestern waren sie nun da. Es sind längst nicht alle gekommen. Von 20 nur sieben, fünf Mädchen und zwei Jungen. Gregor, der Clown, und Kostas, der Grieche, der unbedingt meinen Mann kennen lernen möchte. Viele von ihnen haben Philosophie, wie ich höre, mittlerweile abgewählt und daher kein Problem mehr, oder sie wurden erst gar nicht über unser Treffen informiert. Andere lassen herzlich grüßen, hatten aber etwas anderes vor. Ich habe viel zu viel Kuchen gebacken und viel zu viele Brötchen geschmiert.

Über Philosophie wird gar nicht gesprochen. Kostas teilt mir schon in der Haustür mit, dass er mit seiner Freundin Schluss gemacht hat.

– Aha, sage ich. Das hab ich aber, um ehrlich zu sein, schon länger kommen sehen, Kosta.

– Echt?, sagt er, haben Sie da was von gemerkt? Und als wir später alle draußen um den Kaffeetisch sitzen, fragt er noch einmal.

– Woran haben Sie das denn gemerkt, Frau Bayerwaltes, dass mit mir und der Ines was nicht stimmte?

– Es gab immer wieder so kleine Zeichen, die alle in eine Richtung zeigten, sage ich.

– Was denn für Zeichen?, fragt Kostas.

Anne, die Kluge, drängt sich mit einer Frage dazwischen.

– Glauben Sie denn, Frau Bayerwaltes, dass Beziehungen nach bestimmten Regeln funktionieren?

– Ja, sage ich, davon bin ich heimlich überzeugt. Wenn es nämlich stimmt, was uns die Physik lehrt, dass wir Menschen und alles um uns herum aus demselben Sternenstaub stammen, dann ist es nicht verwunderlich, dass auch alles nach ähnlichen Gesetzen funktioniert und sich Materie, lebende Organismen und Psyche analog verhalten. Das alles geht ja kontinuierlich ineinander über. In der Chemie, der Biologie und der Psychologie werden tatsächlich dauernd ähnliche Gesetzmäßigkeiten entdeckt. Im Grunde geht es ja überall um dasselbe: um Verbindungen und Trennungen, um Aufbau und Zerfall, Anziehung und Abstoßung. Die Gesetze der Chemie nennen die Chemiker übrigens *Paarungsregeln*, und die haben schon Goethe zu seinen *Wahlverwandtschaften* inspiriert. Habt ihr den Roman nicht im Deutsch-LK gelesen?

– Doch. Von Chemie hat uns aber keiner was gesagt. Das Buch war stinklangweilig, sagt Kostas.

– Dann sagen Sie uns doch mal so 'n Gesetz, sagt Gregor.

– Zum Beispiel, daß Mangel immer Hunger erzeugt oder Interesse, Neugier, Sehnsucht, Liebe, wie man's nennen will und dass durch Mangel oder langes Warten die Lust oder das

Glücksgefühl gesteigert werden, wenn man's dann endlich bekommt. Während Überfluss das Gegenteil bewirkt. Übersättigung, Desinteresse, Langeweile, Überdruss, Ekel. Und das gilt anscheinend auf allen Gebieten. Das Seltene ist immer kostbar und teuer. Das massenhaft Vorhandene billig und wertlos.

– So ist es ja wirklich im Leben, sagt Laura. Die, die sich rar machen, findet man immer interessanter.

– Das läuft im Prinzip auf dasselbe raus, was schon Epikur gesagt hat, sagt Anne.

– Darum sind die muslimischen Männer auch so viel geiler, sagt Saberah. Und manche fast schon gefährlich! Obwohl bei denen alles verboten und von den Frauen oft nichts zu sehen ist.

– Gerade weil da alles verboten ist, sagt Judith.

– In Griechenland ist es genauso, sagt Kostas. Zwischen Jungen und Mädchen geht da noch echt die Post ab. Wenn die verknallt sind, da würden die sich für so 'ne Frau glatt umbringen! Aber so langsam ändert sich das da auch. Das wird immer mehr so wie hier. Wo halt jeder mal mit jeder pennt.

– Und keiner irgendjemanden wirklich liebt, sagt die zarte Klara.

– Dann wäre das mit der Verschleierung und dem Kopftuch ja gar nicht so blöd, sagt Judith.

– Jedenfalls sind die Ehen da nicht unbedingt schlechter als hier, sagt Saberah.

– Jetzt haben wir eine Theorie darüber, wie man Liebe erzeugt, sagt Anne. Wohl 'ne ziemlich altmodische.

– So altmodisch wie das Universum, sage ich.

– Aber wo bleibt denn da die Emanzipation, Frau Bayerwaltes?, fragt Gregor und grinst.

– Jedes Wissen dient doch der Emanzipation, Gregorschatz. Oder meinst du, emanzipiert sein heißt blöd sein?

– So wie die Frau Westhoff!, rutscht es Gregor raus. Die

redet ununterbrochen nur von der Emanzipation, egal was gerade Thema ist.

– Und gleichzeitig erzählt sie uns jede Stunde, dass ihr Mann ihr zum Geburtstag den SLK geschenkt hat und dass der Typ Professor an der TH ist!, lästert Saberah.

– Finden Sie so was denn nun emanzipiert, Frau Bayerwaltes?, fragt Gregor schon wieder, sagen Sie mal ehrlich!

– Ich weiß nicht. Vielleicht wäre es emanzipierter, wenn man sich so Sachen selber kauft. Oder wenn man sie erst gar nicht braucht. Oder nicht darüber reden müsste. Aber ansonsten find ich großzügige Geschenke von Männern sehr wichtig! Eine Frau muss den Mann viel kosten. Wenn auch nicht unbedingt materiell.

– Und was kriegen wir dafür?, fragt Kostas.

– Unseren makellosen Körper natürlich!, lacht Saberah.

– Ach du liebe Zeit, sagt Kostas.

– So was müssten Sie mal der Frau Westhoff erzählen, fängt Gregor schon wieder an, die würde Ihnen ins Gesicht springen.

– Dabei ist sie doch selbst das beste Beispiel dafür, sagt Anne.

Wir geraten schon wieder ins falsche Fahrwasser. Obwohl ich insgeheim doch froh bin, dass die jungen Leute diese affektierte Frau (*Am Institut meines Mannes ist es üblich...*), die natürlich auch noch Frauenbeauftragte des Kollegiums ist, so wenig ernst nehmen. Ich schaue mich mal nach einem neuen Thema um.

Kostas ist der einzige von uns, der noch raucht. Und zwar eine nach der anderen. Obwohl wir draußen auf der Terrasse sitzen, fängt die Qualmerei allmählich an, Laura, seine Tischnachbarin, zu stören. Sie meckert ihn ein bisschen an.

– Als griechischer Mann hat man keine Wahl, nicht wahr, Kosta?, sage ich. Da *muss* man einfach rauchen. Kostas nickt und grinst.

– Das stimmt, sagt er. Wer bei uns nicht raucht und nichts trinkt, wird als Mann nicht für voll genommen.

– *Och herm*, rufen die Mädchen, eine Runde Mitleid für den armen Kostas!

Ich gehe kurz rein, frischen Kaffee holen und einen sauberen Ascher. Als ich wiederkomme, unterhalten sie sich über Drogen. Und ausgerechnet Kostas fragt:

– Stimmt es eigentlich, Frau Bayerwaltes, dass Sie mal gesagt haben, Sie hätten früher Gras geraucht?

– Ja. Warum?

– Das find ich aber nicht gut.

– Wieso nicht?

– Wenn Sie als Lehrer so was sagen.

– Warum das denn?

– Sie müssen doch als Lehrer ein Vorbild für die Schüler sein.

– Bin ich doch. Immer schön bei der Wahrheit bleiben, auch was die Vergangenheit betrifft. Ist das nicht vorbildlich?

– Trotzdem …

– Außerdem ist Gras keine wirklich gefährliche Droge, Kosta, vor der man die Kinder ununterbrochen warnen müsste. Jedenfalls nicht zu vergleichen mit deinen Zigaretten …

– Da bin ich aber anderer Meinung, sagt Kostas.

– Haschisch ist die Einstiegsdroge Nummer eins, sagt Gregor.

– Was willst du denn damit sagen?

– Dass fast alle Junkies früher Hasch geraucht haben.

– Die haben früher auch alle Milch getrunken und Butterbrote gegessen. Haben wir das im Unterricht nicht alles schon mal durchgenommen? Was ein logischer Schluss ist und was nicht. Wieso behaltet ihr denn nichts?

Aber sie sind nicht überzeugt. Sie bleiben ernst.

– Ein Freund von mir, erzählt Judith, der jeden Tag pausenlos Gras raucht, war im Urlaub total fertig, als er mal nichts dabeihatte. Der konnte überhaupt nicht mehr einschlafen. Der musste Schlaftabletten nehmen, und zwar die fünffache Dosis, um mal nachts zwei Stunden zu schlafen!

– Alles, was man pausenlos tut, ist ungesund und führt zum Tode, sage ich. Und selbst Clinton hat zugegeben, als Student mal 'nen Joint geraucht zu haben.

– Aber er hat nicht inhaliert!, sagt Klara. Hat er jedenfalls gesagt.

– Und das andere, sagt Gregor, das hat er auch nicht richtig durchgeführt.

– Das ist ja supervorbildlich, sage ich, der inhaliert nicht und der penetriert nicht. Findet ihr, so einer ist ein Vorbild?

Jetzt müssen sie doch lachen.

– Hier ist es schon wieder genau wie früher im Unterricht, sagt Anne. Jetzt müssen wir uns wieder mühsam von ganz unten hocharbeiten.

– Das Gute aber ist daran, sagt Gregor, dass das Niveau nicht mehr absinken kann.

– Wir könnten ja mal zur Abwechslung über Wissenschaftstheorie sprechen, sagt Kostas, das machen wir nämlich zur Zeit. Popper und so. Haben wir jedenfalls letzte Stunde drüber gesprochen.

– Und gleich danach darüber die Klausur geschrieben! empört sich Laura. Also, Frau Bayerwaltes, ich fühle mich von Ihnen doch ganz schön im Stich gelassen! Philosophie war immer mein Lieblingsfach, wenn ich auch vielleicht nicht alles verstanden habe. Und ich hab das als Abifach gewählt!

– Wir müssen jetzt immer mit Buntstiften die Texte farbig markieren, sagt Saberah, und zwar mit Lineal. Wie in der fünften Klasse. Und das wird auch noch kontrolliert! Wir haben das drei Stunden lang geübt! Aber wir können es immer noch nicht so gut wie der Parallelkurs, sagt die Frau Zimmermann.

– Wir sind überhaupt viel schlechter als der Parallelkurs, sagt sie uns jede Stunde.

Oh. Dazu werde ich jetzt mal schön gar nichts sagen. Lieber zurück zur Wissenschaftstheorie. Aber davon wollen sie nichts hören.

– Wo ist eigentlich Ihr Mann?, fragt Kostas.

Erst ganz am Ende, als sie aufbrechen und schon in der Diele herumstehen, fällt ihnen ihr ursprüngliches Anliegen wieder ein.

– Sagen Sie uns doch bitte mal, was wir lesen sollen, Frau Bayerwaltes!

– Ja, und darüber können wir dann sprechen, wenn wir das nächste Mal kommen!

Ich empfehle ihnen zwei Taschenbücher zum Hintereinanderlesen, aber schön langsam, jeden Abend nicht mehr als ein Kapitel. Hoimar von Ditfurth, *Der Geist fiel nicht vom Himmel.* Über die Evolution des Bewusstseins. Und danach von demselben *Wir sind nicht nur von dieser Welt.* Über die Vereinbarkeit von Naturwissenschaft und Metaphysik. In diesen beiden Büchern wird so viel Wissen über die Welt und so viel Erkenntnis ausgebreitet, das reicht für ein ganzes Leben.

Sie notieren sich alles auf Zettelchen. Und dann kramt Anne noch ein Geschenk für mich hervor. *Animal triste* von Monika Maron. Wie schön! Wie gut gewählt! Besser konnten sie es nicht treffen. Ich könnte sie küssen.

– Die waren aber nett, sagt Sofie, als wir auf der Straße mit dem Winken aufhören, nachdem die Autos um die Ecke verschwunden sind.

– Ja, sage ich, das finde ich auch. Sehr, sehr nett. Und dabei laufen mir ein paar Wehmutstränen übers Gesicht.

– Warum weinst du denn, Mama?

– Och. Nur so. Aus Freude.

Und zum ersten Mal in meinem Sabbatjahr spüre ich in diesem Augenblick, wie sehr sie mir doch fehlen, diese wissbegierigen, blitzgescheiten, witzigen jungen Leute, wie sehr ich sie vermisse und wie lieb ich sie habe.

Geliebte Lehrer

Von Aristoteles wird berichtet, dass er einen neuen Schüler schon nach wenigen Tagen mit der Begründung nach Hause schickte: *Ich kann ihm nichts vermitteln, er liebt mich nicht*.

Ein solcher Satz klingt altmodisch in unseren modernen Zeiten, in denen es auf die persönliche Beziehung zwischen Lehrer und Schüler nicht mehr anzukommen scheint. Und in den Schulen der Zukunft soll es diesen menschlichen Kontakt aller Voraussicht nach auch kaum noch geben. Denn der Lehrer der Zukunft soll ja immer mehr zum Unterrichtsmanager und Moderator werden, und die Schüler sollen und werden immer mehr in so genannten *Selbstlernzentren* vor dem Computer sitzen und ihre *Lernprozesse selbst organisieren*.

In der Zwischenzeit jedoch sieht es in den Schulen der Gegenwart immer noch so aus, dass 20 bis 30 Kinder oder Jugendliche zusammen in einem Klassenraum sitzen und nach vorn auf den Lehrer schauen, der ihnen etwas erzählt. Und in diesem klassischen, fast schon archetypischen Setting menschlicher Wissensvermittlung kommt nun, wie ich meine, immer noch alles auf die Liebe an.

Wenn ein Lehrer *Erfolg* hat, das heißt, wenn die Schüler gern und gut bei ihm lernen, wenn sie fleißig sind und bereit, sich für bestimmte Aufgaben und Ziele anzustrengen, wenn sie etwas Ungewöhnliches leisten, dann liegt es nach meiner Erfahrung so gut wie nie an irgendwelchen *Qualifikationen* des Lehrers, sondern immer an der Liebe. Immer steckt hinter solchen Erfolgen ein geliebter Lehrer. Die Kinder, auch die großen, tun es für ihn. Für ihn strengen sie sich an, ihm wollen sie eine Freude machen, ihn wollen sie nicht enttäuschen.

Entsprechendes gilt auch für die Arbeitsatmosphäre und die Disziplin in der Klasse. In der heutigen Zeit, in der dem Lehrer, außer der Notengebung, alle äußeren Disziplinierungsmittel aus der Hand genommen sind, die Autorität qua Amt und die Angst vor Strafe also abgeschafft sind, kann man als Lehrer nur noch auf die Zuneigung der Kinder bauen.

Wenn die Liebe oder die Zuneigung oder die persönliche Bindung oder die emotionale Komponente, kurz, wenn Gefühle für das Gelingen von Unterricht so ungeheuer wichtig sind, sollten dann nicht auch die Referendare in ihrer Ausbildung etwas darüber erfahren? Damit sie bewusster und selbstbewusster mit ihren eigenen Gefühlen und denen der Kinder umzugehen in der Lage sind? Auf die interessierten Fragen von hospitierenden Referendaren nach einem »Geheimtipp« für gelungene Stunden habe ich manchmal geantwortet: Wir mögen uns. Dann lächelten die Referendare wie über einen netten Witz. Ja, wenn es so einfach wäre, haben sie bestimmt gedacht.

Aber so einfach ist es gar nicht. Zwar bringen uns die Kinder, je jünger sie sind, desto mehr rückhaltlose Liebesbereitschaft entgegen, aber sie sind auch sehr empfindlich und leicht zu enttäuschen. Die Älteren von ihnen sind schon mehr als einmal im Leben von Erwachsenen gebeutelt worden, also bleiben sie erst mal cool und skeptisch und prüfen das Eis, ob es auch trägt. Sie laufen uns nur selten auf den ersten Blick mit fliegenden Fahnen entgegen. Zunächst, scheint es, müssen *wir* sie mal lieben, müssen *wir* ihnen zeigen, dass wir gern die Zeit mit ihnen verbringen, dass wir ihnen gern etwas beibringen und über die Welt erzählen und dass jeder Einzelne von ihnen uns wichtig ist und persönlich interessiert.

Und das ist alles andere als einfach. Denn dieses liebevolle Interesse muss ja von Herzen kommen, es muss ja echt sein. Aber wieso sollten wir sie gern haben, diese unerzogenen, frechen, egozentrischen, verhaltensgestörten Monster (Klasse 5 bis 6), die uns auf den Fluren in ihrem wilden Aktionismus oft genug wie ferngesteuerte gefährliche Roboter vorkommen? Und wenn sie älter werden (Klasse 9 bis 10), wird es nicht besser. Jetzt geben sie sich zwar supercool und gleichgültig, benehmen sich aber, eingesperrt im Klassenraum, nicht selten wie brünstige Tiere.

Kein Wunder, dass viele Lehrer den Kontakt mit ihnen (*Feindberührung*) auf das absolute Minimum zu beschränken suchen. Sie gehen so spät wie möglich und grundsätzlich widerwillig in den Unterricht und beenden ihn, so früh es geht. Am besten ist, wenn alles ausfällt. Mittags verlassen sie fluchtartig diesen verhassten Ort unzähliger Kränkungen. Um 13.30 Uhr sind die Schulen in der Regel wie leer gefegt. Zu Klassenfahrten ist kaum jemand mehr bereit; alle Bitten, Ermahnungen, Drohungen, Dienstverpflichtungen der Schulleitung nützen da gar nichts. Viele Kollegen haben vor dem Unterricht regelrecht Angst. Angst vor den Frechheiten und Demütigungen, denen sie jeden Morgen sechs Stunden lang ausgesetzt sind. Die einen werden davon krank, die anderen böse, die dritten zu Zynikern. Nur wenige überleben.

Macht unter diesen Bedingungen das Reden von der Liebe noch einen Sinn? Ich glaube schon. Denn wenn es uns Lehrern nicht gelingt, die Schüler so anzunehmen, wie sie heute nun mal sind, und in jedem Kind, und sei es auf den ersten Blick noch so abstoßend, einen hilfe- und liebebedürftigen kleinen Menschen zu sehen, der auf uns persönlich angewiesen ist, und wenn es uns nicht gelingt, unsere eigenen starren Reaktions- und Rollenschemata zu überwinden und den Schülern als Menschen mit Herz und Hirn, als vertrauenswürdige, liebenswürdige und interessante Erwachsenenexemplare (*Vorbilder*) entgegenzutreten, dann wird der Lehrerberuf in Zukunft, noch mehr als bisher, und zwar unabhängig von der Besoldungshöhe, zu einem der schrecklichsten und armseligsten Berufe aller Zeiten. Und gelernt werden wird, auch bei optimaler Ausstattung mit den neuen Medien, in den Schulen nichts, jedenfalls nichts Wichtiges und nichts Gutes.

Was sollen wir tun? Was müsste geschehen?

Zunächst einmal dies: Der Eingang zum Lehrerberuf müsste strenger bewacht werden. Denn ein schlechter Lehrer ist verheerender als ein schlechter Arzt, Psychologe oder Anwalt. Die Praxen der Letzteren nämlich bleiben über kurz oder lang leer, die Kosten und Folgen ihrer Inkompetenz müssen die Angehörigen dieser Berufe auf die Dauer selbst tragen. Einen schlechten Lehrer aber behalten wir bis ins pensionsberechtigte Alter und lassen ihn ein Leben lang auf unsere Kinder los.

Gerade der Lehrerberuf darf daher nicht länger, wie bisher, ein Auffangbecken für Studienversager, Mittelmäßige, Unentschlossene, Ängstliche und Labile, kurz gesagt, für Doofe, Faule und Kranke sein. Er ist auch nicht als Halbtagsjob für gestresste Mütter und kleines Zubrot für Gattinnen geeignet.

An künftige Lehrer müssten – wenn unsere Kinder oder auch nur der Standort Deutschland uns wirklich etwas wert sind – gerade die höchsten Ansprüche gestellt werden. Lehrer dürften eigentlich nur die Besten werden. Denn Lehrer brauchen neben einer überdurchschnittlich hohen körperlich-seelischen Belastbarkeit ausgezeichnete Kenntnisse auf gleich mehreren Sachgebieten.

Sie brauchen zum einen eine gute pädagogisch-psychologische Ausbildung, die es ihnen erlaubt und erleichtert, das Kindes- und Jugendalter überhaupt zu verstehen. Und sie brauchen ein fundiertes Sachwissen auf ihren speziellen Fachgebieten. Mit all dem aber können wir Lehrer zurzeit nicht dienen. Und deshalb erscheint uns auch das ganze Gerede von der *Professionalität* oder *Professionalisierung* des Lehrerberufs als leere Phrase und Schaumschlägerei.

Wir Lehrer, jedenfalls wir Gymnasiallehrer, haben nämlich, unter uns gesagt, nicht die geringste Ahnung von Kinder- und Jugendpsychologie und erst recht keine Ahnung vom Umgang mit schwierigen, verhaltensauffälligen Kindern, wir haben auch keine Ahnung von modernen Lerntheorien, und wir haben keine Vorstellung oder Kenntnis von dem, wie eine *gute Schule* aussehen müsste. Das aber heißt: Wir verstehen nichts von Kindern, wir verstehen nichts vom Lernen und wir verstehen nichts von dem Betrieb, in dem wir arbeiten. Es fehlt uns also nahezu jegliche Grundlage (*Basiskompetenz*) für unsere Profession. Lehrer *können* daher ihre Probleme gar nicht *professionell* lösen.

Die Berufsbezeichnung *Pädagoge* entspricht zwar den Tatsachen, denn wir sind ja de facto die *Führer der Jugend*, aber leider blinde und unwissende Führer, die keine Antwort auf die Fragen nach dem Woher, Wohin, Wozu und Wie der Reise zu geben imstande sind. Jede an den Umgang mit Kindern gewöhnte Hausfrau, jeder Schulbusfahrer ist uns in pädagogischer Hinsicht ebenbürtig.

Woher sollten wir Lehrer es denn auch können? Wir haben es nie gelernt. Nie lernen müssen. Vor Jahrzehnten haben wir alle einmal ein so genanntes *Philosophicum* abgelegt, eine fünfminütige pädagogisch-philosophische Lächerlichkeit, die auch der Dümmste stets mit Sehr gut schaffte. Und das war's.

Wir am Gymnasium sind überhaupt keine Pädagogen, schon gar keine Sozialpädagogen, verteidigen wir uns. Dafür sind wir nicht ausgebildet. Wir sind in erster Linie Fachlehrer, wir vermitteln Fachwissen. Unsere Arbeit baut auf der gelungenen Erziehungsarbeit der Elternhäuser, Kindergärten und

Grundschulen auf, wir müssen darauf aufbauen können. Kindern, die ständig von den Stühlen fallen oder im Unterricht herumlaufen und andere attackieren oder die wegen jeder Kleinigkeit in Tränen ausbrechen, können wir nichts vermitteln. Sie sind für unsere Schulform nicht geeignet.

Das ist zweifellos alles richtig. Nur: Was vermitteln wir denn groß?

Die meisten Lehrer vermitteln in erster Linie einmal, dass ihr Fach sie selbst nicht interessiert. In zweiter Linie, dass sie auch keine besondere Ahnung von ihrem Fach haben. Drittens, dass das Unterrichten nun mal ihr Job ist, zu dem sie genauso wenig Lust haben wie die Schüler (*Kommt, Kinder, seid jetzt mal endlich ruhig, ich finde das ja genauso blöd wie ihr, dass wir jetzt hier noch rumsitzen müssen.*).

Ich übertreibe leider nicht. Jedermann kann sich leicht, verkleidet als Vertreter eines Schulbuchverlags, Zugang zu einem x-beliebigen Lehrerzimmer verschaffen. Und dort einmal die Pausengespräche belauschen. Er wird sich erst wundern und dann erschrecken.

Von den zehn Kollegen an unserem Gymnasium, die die so genannte *Fakultas* in Physik haben, war seinerzeit nur ein einziger in der Lage und bereit, meinen Philosophieschülern einmal in einer Freistunde kurz den Kern der Relativitätstheorie und der Quantenphysik zu erläutern. Die einen hatten keine Ahnung (*Hab ich selbst noch nie kapiert*), auch keine Lust, sich Ahnung zu verschaffen (*Das hab ich bisher noch nie gebraucht. So weit sind wir hier noch nie gekommen. Das ist bestimmt nicht so einfach*), oder einfach keine Lust (*Nee. Tut mir Leid. Aber zu unbezahlter Mehrarbeit bin ich grundsätzlich nicht mehr bereit*).

Hätte ich etwas übers Besoldungsrecht oder über die Beihilfeordnung wissen wollen, ich bin mir sicher, ich hätte einen guten Vortrag bekommen und die Äuglein hätten dabei sogar geleuchtet. Denn das interessiert sie, die lieben Kollegen, da kennen sie sich aus, da sind sie über die feinsten Details bestens unterrichtet und stets auf dem Laufenden.

Und was hat das alles noch mit *Liebe und Lernen* zu tun? Viel.

Denn ein guter Lehrer sollte zu allen Zeiten und auch in den Schulen der Zukunft vor allem zwei Dinge unbedingt mitbringen: die *Liebe zu Kindern* und die *Begeisterung für eine Sache*.

Er muss Kinder und Jugendliche gern haben und sie gern durch die schwierige Zeit der Pubertät begleiten. Und er muss selbst ein wissbegieriger und begeisterungsfähiger Mensch sein, dem sein Fachgebiet am Herzen liegt. Denn *einen jungen Menschen unterrichten heißt nicht einen Eimer füllen, sondern ein Feuer anzünden*, sagt Aristoteles.

Alle anderen »Qualifikationen« und »Kompetenzen« lassen sich aus diesen beiden Grundbedingungen ableiten oder wir können sie uns sparen. Aber von diesen beiden Eigenschaften darf keine fehlen.

Nette Lehrer ohne intellektuelle Führungs- und Überzeugungskraft, die, weil sie nichts zu fordern wagen, auch niemanden wirklich fördern, können wir nicht brauchen. Ebenso wenig wie kaltherzige Fachidioten, die immer nur fordern und hinter deren »objektiven Leistungsansprüchen« sich nicht selten das Ressentiment alter Leute gegen die Jugend verbirgt. Lehrer müssen einfach beides haben: ein gutes Herz *und* ein gut funktionierendes Hirn, Gefühl *und* Verstand, Warmherzigkeit *und* Strenge. Jedes zu seiner Zeit. Und die Liebe zu den jungen Menschen wird ihnen sagen, wann es Zeit für das eine und wann es Zeit für das andere ist. Über unsere *Professionalität* bräuchten wir uns dann keine Sorgen mehr zu machen.

Über dem Eingang zum Lehrerberuf sollte vielleicht in Zukunft so etwas wie das delphische *Erkenne dich selbst* stehen, geleitet durch zwei Fragen:

– Willst du wirklich dein ganzes Berufsleben mit (lauten, frechen, anstrengenden) Kindern verbringen?

– Kannst du oder weißt du etwas, das dir selbst so wichtig ist, dass du es Kindern und Jugendlichen immer wieder aufs Neue erklären oder erzählen möchtest?

Und nur wer nach langer und gründlicher Selbstprüfung zweimal laut und deutlich ja gesagt hat, der dürfte hinein.

Gespräch über Gott und die Welt

Heute Morgen stehen zwei Mädchen an der Bushaltestelle, die wir vorher noch nie gesehen haben. Sie schauen uns freundlich und neugierig an, und ich sage:

– Hallo, wer seid ihr denn? Euch haben wir hier ja noch nie gesehen.

– Wir fahren sonst immer früher, sagen sie. Heute haben wir verschlafen und den Bus verpasst.

Es sind zwei Schwestern. Sie besuchen in der Stadt eine bischöfliche Privatschule. Die eine geht in die siebte, die andere in die neunte Klasse.

– Und du?, fragen sie Sofie. In welche Klasse gehst du?

– In die vierte, sagt Sofie.

– Und wohin gehst du nächstes Jahr, nach der Grundschule?

– Ich bleibe da, wo ich bin, sagt Sofie. Ich geh zur Waldorfschule. Da kann man bis zum Schluss draufbleiben.

– Ah, sagen sie. Ich merke, wie sie sich innerlich etwas zurückziehen, denn das ist ihnen jetzt fremd. Entweder haben sie noch nie was von der Waldorfschule gehört oder sie halten uns nun für Sektenanhänger. Um sie wieder ein bisschen näher zu holen, sage ich:

– Und ich bin am Jean-Paul-Gymnasium.

– Ah!, rufen sie überrascht. Und dann die Jüngere:

– Auweia!, 'ne Lehrerin! Dann nix wie weg hier! Und jetzt gehen sie aus diesem Grund auf Distanz. Sie werden höflicher und vorsichtiger und wissen nicht mehr, was sie sagen sollen.

– Bah, is' das kalt heute!, sagen sie abwechselnd immer wieder. Dann fragt die Ältere:

– Und was unterrichten Sie?

– Deutsch und Philosophie.

– Ah.

Jetzt stelle ich mal ein paar Fragen.

Ob es ihnen an ihrer Schule gefällt. Ja.

Nette Lehrer? Ach ja. Die meisten.

Ist es schwer? Nö. Es geht.

– Öfters fällt auch mal 'ne Stunde aus, sagt die Jüngere, aber das gibt's ja überall.

– Gibt's bei euch auch Philosophie in der Oberstufe, oder müsst ihr alle katholische Religion nehmen?

– Nee, es gibt auch Philosophie als Wahlfach, sagt die Ältere.

– Aber ihr beide seid katholisch?

– Ja.

– Muss man denn katholisch sein, um an eurer Schule aufgenommen zu werden?

– Nee, die nehmen auch Andersgläubige auf, sagt die Ältere. Aber wenn's zu viele Anmeldungen gibt, dann nehmen sie nur die Katholischen. Aber die Lehrer müssen auf jeden Fall katholisch sein. Und außerdem richtig verheiratet. Ich meine kirchlich und so.

– Und wenn sie sich scheiden lassen, fliegen sie raus, sagt die Jüngere.

– Auch wenn sie aus der Kirche austreten. Das dürfen die

nicht. Sonst verlieren sie ihren Arbeitsplatz, erklärt uns die Ältere.

– Find ich irgendwie voll bescheuert, sagt die Jüngere.

– Ja, find ich eigentlich auch, sagt die Ältere. Irgendwie rassistisch. Mir kommt das irgendwie total rassistisch vor.

Dabei schaut sie mich erwartungsvoll an. Ich soll auch etwas dazu sagen.

– Rassistisch kann man das eigentlich nicht nennen, sage ich. Einen katholischen Afrikaner zum Beispiel würden sie ja sicher ohne weiteres aufnehmen. Die Rassen spielen hier mal ausnahmsweise keine Rolle.

– Aber ihre eigene Religion halten die ganz klar für was Besseres, sagt die Ältere. Voll bescheuert.

– Das gefällt mir auch nicht, sage ich. Aber im Grunde tun das alle Konfessionen. Alle glauben, sie selbst seien dem lieben Gott näher oder ihr Gott sei der einzig wahre.

– Und die glauben auch, Gott hätte sie lieber als alle anderen und würde ihnen allein Recht geben, sagt die Ältere. Als würde Gott sagen: Kommt, meine lieben Kinder, ihr habt richtig geraten, darum dürft ihr in den Himmel.

– Und alle anderen sind doof und müssen zur Strafe in der Hölle braten, lacht die Jüngere. Die beiden gefallen mir.

– Ja, sage ich, so ist das leider. Die Menschen halten ihren Gott immer für genauso blöd und engherzig, wie sie selbst sind. Einen wirklich lieben Gott können sich die meisten gar nicht vorstellen. Der würde ja alle Menschen lieben und keinen bevorzugen. Wie ein richtiger Vater eben.

– Ja, genau, sagt die Jüngere und lächelt. So ein schönes Lächeln. Als wäre ihr an diesem frühen Morgen plötzlich ein Licht aufgegangen. Ich sehe den beiden an: Sie wollen gern noch mehr hören.

– Alle Menschen suchen auf ihre Weise nach Gott und versuchen ihn zu begreifen, sage ich. Wir alle rätseln doch ein

Leben lang herum an diesem großen Geheimnis. Aber wir Menschen sind viel zu klein und zu beschränkt, um es je zu verstehen. Gott ist für uns nicht fassbar, er ist zu groß für unser kleines Gehirn. Das ist, als würde sich ein Brot Gedanken über den Bäcker machen wollen. Eigentlich können und dürften wir über Gott gar nichts sagen. Aber das ist natürlich schwer auszuhalten. Also überlegen sich die Menschen ein paar überragende Eigenschaften für ihn, finden ein paar heilige Texte, stellen ein paar heilige Gebote auf und benennen ein paar heilige Männer. Das Ganze fällt überall auf der Welt ein bisschen verschieden aus, ist aber im Prinzip immer dasselbe. Und das sind die Religionen.

– Aber mit Gott, wie er in Wirklichkeit ist, hat das gar nichts zu tun, sagt die Ältere.

– Das haben sich die Menschen halt so zurechtgelegt, sagt die Jüngere.

– Aber alles ist doch gut gemeint, sage ich. Es sind alles Versuche, Gott näher zu kommen. Aber alles eben nur Versuche. Keine Religion kann den Anspruch erheben, besser oder wahrer als die anderen zu sein. Ich glaube, der liebe Gott freut sich über alle, die ihn suchen, gleich. Auch wenn wir noch so sehr auf dem Holzweg sind.

– Genau, sagt die Jüngere. Eigentlich alles Quatsch mit diesem Streit unter den Religionen.

– Aber nicht die Suche nach Gott, sage ich. Das Nachdenken über Gott und die Welt ist doch kein Quatsch. Oder?

– Mist! Da kommt der Bus!, ruft die Ältere.

– Dann mal tschö! Kinder, sage ich. Seid schön brav und lernt fleißig.

– Stehen Sie morgens immer hier?, will die Ältere noch wissen.

Dann schließt sich die Tür hinter ihnen. Von drinnen winken sie uns noch fröhlich zu.

– Komisch, dass die am Anfang abhauen wollten, weil du 'ne Lehrerin bist, sagt Sofie, die bisher geschwiegen hat. *Nix wie weg hier,* hat die eine gesagt! Hast du das nicht gehört? Darüber hat sie also die ganze Zeit nachgedacht.

Das Problem mit den Religionen hingegen, das kennt sie schon. Darüber haben wir zu Hause schon oft gesprochen. Über den Unterschied zwischen Religiosität und Konfession und darüber, dass man ein religiöser Mensch sein und trotzdem keiner Konfession angehören kann. Sofie hat das schon längst verstanden, glaube ich.

Nicht aber die Familie von ihrem Papa in Griechenland. Dort hab ich vor Jahren einmal ähnliche Thesen vertreten. Als Sevgi, die Oma, wieder anfing, darüber zu jammern, dass Sofie noch nicht getauft ist. Da wollte ich die Sache einmal unter erwachsenen Menschen richtig besprechen und allen in Ruhe erklären, warum unser Kind auch in Zukunft nicht getauft werden wird, und zwar weder katholisch noch orthodox, und dass sie trotzdem nicht gottlos aufwächst. Gerade am Begriff *Orthodoxie* (rechter Glaube/richtige Lehre), dachte ich, könne man die Selbstgerechtigkeit aller Rechtgläubigen dieser Welt besonders gut aufzeigen.

Aber da hatte ich mich getäuscht. Keiner wollte mir zustimmen, keiner wollte es auch nur verstehen. Ich hatte alle gegen mich, auch die Jüngeren, die Aufgeklärten, die in Deutschland studiert und mit Religion gar nichts am Hut haben. Sie alle hielten den griechisch-orthodoxen Glauben ganz entschieden für besser als zum Beispiel den Islam, den Glauben der Türken.

Nur der Papa hat vor sich hin gelächelt. Er hat zwar nichts gesagt, er hat auch nicht geholfen. Aber er war stolz auf die Mama, das hat die Sofie genau gemerkt. Und darum hat sie sich auch wegen dem lauten Streit damals keine allzu großen Sorgen gemacht.

– Irgendwas wird hängen bleiben, sagte Matys später, als ich vor Wut und Enttäuschung, auch über ihn, am Weinen war. Ohne dass sie es merken und wollen, wird sich ihre Sicht der Dinge jetzt ein bisschen verändern. Ein guter Gedanke ist doch auf die Dauer unwiderstehlich.

Aber daran glaube ich immer weniger. Diesen schönen Glauben an die stille Durchsetzungskraft der Vernunft habe ich irgendwann in den vergangenen Jahren leider verloren. Kann man aber ohne diesen Glauben noch guten Gewissens Lehrer sein?

Lehrermord in Meißen

Heute findet sich in der *ZEIT* ein Dossier über den grausigen Mord an einer Lehrerin, geschehen am Franziskaneum, dem traditionsreichen Gymnasium im sächsischen Meißen. Der Mord wurde geplant, angekündigt und verübt von einem 15-jährigen Schüler, und das vor aller Augen, mitten im Unterricht.

Ich hatte gehört, die Geschichtslehrerin Sigrun Leuteritz sei eine überstrenge, kalte und verhasste Frau gewesen, die ihre Schüler oft und gern demütigte. Sofort waren mir ein paar Exemplare dieser Gattung aus meiner eigenen Schulzeit eingefallen, vertrocknete, böse alte Schachteln, die uns hinterrücks mit ihren unberechenbaren Fragen überfielen (*Margarethe, erklären Sie uns bitte die Entstehung des Nordostpassats!*). Dabei hielten sie das rote Notenbuch gezückt, und kaum hatte man zu sprechen begonnen, hieß es: »Setzen! Mangelhaft! *(gequältes Stöhnen)* Vielleicht hat Ihre Nachbarin uns ja etwas Erquicklicheres zu bieten. Fräulein Dovermann, Pardon, Dauvermann, zeigen *Sie* uns doch bitte einmal, was Sie können!« Vor diesen Stunden haben wir gezittert, und gegen diese

Damen haben wir damals nächtelang lustvoll Mordpläne geschmiedet. Vielleicht, dachte ich, gibt es ja auch heute noch vereinzelte Fossilien dieser Art. Nur sind die Schüler heute keine albernen Backfische aus behüteten Elternhäusern mehr, sondern leider allzu oft bis auf die Knochen deprivierte, von allen verlassene, für sich allein in der Welt umherirrende Wesen. Auffällig durch ihre Unauffälligkeit. So unauffällig, dass man von ihrer Existenz fast gar nicht mehr weiß. Bis es dann eines Tages laut knallt.

Ich schaue mir das Foto der toten Kollegin an und bin überrascht. Sie sieht nett aus, eine hübsche Frau, ein Typ wie unsere Ministerin. Womit mag sie diesen Schüler denn so gereizt haben? Ich lese, dass sie »anders war als alle anderen Lehrer«, einerseits »ein Kumpel«, andererseits »autoritär«. Sie »schimpfte«, wenn die Schüler nicht arbeiteten, sie war »streng« und eine »Verfechterin des Leistungsprinzips«, die Schüler haben bei ihr »viel gelernt«, und »Disziplinprobleme« habe sie keine gehabt, sagt ein Kollege. Auf der anderen Seite war sie »lebenslustig« und sehr »aufrichtig«. Ein Schüler sagt von ihr: »Die Leuteritz hatte das Herz auf der Zunge. Der rutschten schon mal Bemerkungen raus, die man in der Pubertät nicht so gut verkraftet.« Der Schulleiter sagt, sie sei eine »vorbildliche Pädagogin« gewesen.

Ein Opferprofil, das auf Tausende von Lehrern passt, glauben die Artikelschreiber aus dieser Beschreibung folgern zu dürfen. Aber da liegen sie leider völlig falsch. Diese Beschreibung passt auf kaum einen. Denn die meisten Lehrer sind *entweder* Kumpel *oder* Verfechter des Leistungsprinzips, sie sind nett und unverkrampft im Umgang mit den Schülern *oder* sie sind streng und schimpfen, wenn die Schüler nicht arbeiten oder im Unterricht stören. Beides zusammen findet man selten. Aber »viel lernen« tun die Schüler nur, wenn beides zusammenkommt, ein klarer Leistungsanspruch *und* ein sympathischer, akzeptabler Mensch dahinter. Insofern war die ermordete Lehrerin sicher eine Ausnahmeerscheinung, etwas Besonderes, *anders als alle anderen Lehrer* eben, wie die Schüler ja auch deutlich zum Ausdruck bringen.

Und der Junge, der sie getötet hat, dieser 15-jährige Andreas S., war der normal, ein Junge wie alle anderen? Die Zeitungsberichte legen es nahe. Er kam, so heißt es, aus »intakten bürgerlichen Verhältnissen«. Denn die Eltern besitzen angeblich ein Eigenheim, und sie sind beide berufstätig, der Vater bei der Bundeswehr. Andreas ist ein »netter, höflicher Junge«, der die Nachbarn grüßt und regelmäßig in die (neuapostolische) Kirche geht und »viel lernt«. Am liebsten aber ging er auf den Fußballplatz. Da durfte er aber nur hin, »solange er keine schlechten Zensuren nach Hause brachte. Sonst durfte er nicht zum Training«, das weiß sogar der Nachbar zu berichten. Dass er dann allein zu Hause rumsaß, den Waffenschrank des Vaters inspizierte und sich die massenhaft vorhandenen Gewaltvideos anschaute, scheint von den Eltern aus okay gewesen zu sein.

Ist das normal? Schon diese dürftigen Angaben zu seinem Leben reichen aus, meine ich, um deutlich zu machen, dass der Junge ein armes, unglückliches Kind gewesen sein muss. Wenn die genannten Indikatoren für »intakte Bürgerlichkeit«, nämlich Eigentum, Berufstätigkeit beider Eltern und abstrakter Leistungsterror, wirklich alles sind, was bürgerliche Elternhäuser heute ihren Kindern zu bieten haben, dann gute Nacht, armes Deutschland. Erschwerend kommt noch hinzu, wie einige Zeitungen schreiben, dass die Mitschüler ihn hänselten, »weil er keinen hoch bekam« und zu verklemmt zum Masturbieren war. Und dann gab ihm diese nette und attraktive, aber strenge und sicher manchmal auch spöttische Lehrerin auch noch schlechte Noten und versaute ihm damit das einzig Schöne, das kleine bisschen Restleben, nämlich das Fußballtraining am Nachmittag.

Da ist sicher viel zusammengekommen. Ein allein gelassenes Kind und verletzte Männlichkeit. Da hat sich etwas lange vorbereitet. Da ist langsam ein Faß vollgelaufen. Und als es so weit war, hat der Andy es stolz angekündigt. Und weil es ihm natürlich wieder keiner zutraute, haben sie sogar gewettet. Um Geld. Und dann, eines Morgens, ist er mit zwei Küchenmessern, in jeder Hand eines, in die Klasse gestürmt und hat 22-mal auf die verhasste Lehrerin eingestochen. Danach muss er für einen kurzen Moment unendlich erleichtert, vielleicht sogar glücklich gewesen sein. Die Männerehre war wiederhergestellt, und ein heißes Gefühl des Triumphs muss ihn durchströmt haben. Dafür hatte es sich gelohnt.

Ich finde, an diesem Fall ist gar nichts *normal*. Die Lehrerin leider nicht und das Leben und Elternhaus des Jungen hoffentlich nicht.

Aber warum schaut denn keiner etwas genauer hin? Weil es ja bloß wieder um so was Langweiliges wie Schule und Kinder geht. Da braucht man nicht so gründlich zu recherchieren, da schickt man keine guten Leute hin, da kann man mal eben ein paar alte Klischees aufwärmen und doofe Fragen aneinander reihen. Wie zum Beispiel diese:

Ist es *nun so weit, dass Lehrer vor ihren Schülern Angst haben müssen*? *Werden Lehrer von nun an vor dem Druck von Schülern zurückweichen*? War der Mord *nur die Tat eines durchgedrehten Teenagers – durch nichts zu verhindern*?

Wäre das nicht passiert, *wenn man die Klasse beobachtet hätte*? *Gibt es in der Schule kein soziales Frühwarnsystem*?

Handelt es sich vielleicht um ein spezifisch ostdeutsches Phänomen? Weil dort die Lehrer mit den *Folgen der Freiheitsexplosion, der Erodierung der Autorität* nicht fertig werden?

Muss jetzt vielleicht doch wieder *der Erzieher im Lehrer gestärkt werden*? Müssen die Lehrer nicht doch wieder *Werte vermitteln*?

Sind Schüleraggressionen gegen die Lehrer *Protest gegen die zugemutete institutionelle bzw. strukturelle Gewalt der Schule? …*

Was denn nun? Soll das alles irgendwie gleichzeitig zutreffen? Oder hintereinander? Trifft überhaupt etwas zu? Fragen über Fragen. Jeder darf sagen, was er will. Jeder Unsinn wird dankbar zitiert. Ein großes und heilloses Durcheinander.

Der Anlass für die ganze Fragerei scheint schon vergessen. Ein Mord ist geschehen. Was waren die genauen Gründe und Motive? Lehrt uns dieser Einzelfall etwas über die menschliche Natur? Über die Lebensbedingungen von Kindern? Über das Innenleben von 14- bis 15-jährigen Jungs? Gibt es da etwas, das wir unbedingt wissen sollten? Als Eltern, als Lehrer, als Gesellschaft? Können wir aus diesem schlimmen Fall etwas lernen? Jeder gute Sonntagabendkrimi belehrt uns über diese Dinge und lässt uns ein bisschen schlauer zurück. Nicht aber dieses *ZEIT*-Dossier vom 18. November.

Fast noch trauriger aber, was sich dann in derselben Ausgabe zum selben Thema hinten im neuen Ressort *LEBEN* findet. Zur Beantwortung der Frage »*Der Tag danach. Worüber sprechen Eltern und Jugendliche, Reporter, Pädagogen und Erziehungsberater?*« war eine Reihe von Reportern ausgeschwärmt. Unter ihnen auch eine Frau Mia Eidlhuber, die einer Berliner Waldorfschule einen Besuch abstattete. Die Textspalte, die dabei herausgekommen ist, habe ich nicht verstanden. Unter der Überschrift »*Hat jemand ein Messer?*« liefert Frau Eidlhuber ungeordnete Impressionen und zusammenhanglose Einzelsätze aus einer 11. Klasse, dann aus der 10. Klasse, dann wieder aus der 11., dann wieder aus der 10., immer abwechselnd, ohne jeden sinnvollen Kontext. Falls die Gespräche mit den Lehrern und Schülern einen Funken Verstand enthielten, hier ist er jedenfalls nicht erkennbar. Woran liegt das? Übt sich hier vielleicht eine Anfängerin in einer flotten Schreibe? Oder war aus dem gedankenlosen Gerede der »Waldis« nicht mehr zu machen?

Die Frage hat mich eine ganze Weile beschäftigt. Bis ich dann in einer der nächsten Nummern den folgenden Leserbrief fand.

SEHR ENTTÄUSCHT

M. Eidlhuber: »Hat jemand ein Messer?«, Nr. 47

Ich war wirklich beeindruckt. Eine so gute Diskussion haben wir in der Klasse schon lange nicht mehr geführt. Am 10.11. kam eine Redakteurin der ZEIT *zu uns in die Klasse und fragte uns, was wir über den Schüler in Meißen dächten, welcher am Vortag seine Lehrerin erstach.*

Wir versuchten herauszufinden, was einen Menschen – und dazu noch einen so jungen – dazu veranlassen könnte, eine solche Tat zu begehen. Wir können uns nicht vorstellen, jemanden umzubringen. Trotzdem rastet man mal aus oder ist unsagbar wütend auf diesen oder jenen Lehrer.

In dem Artikel erschien es dann allerdings so, als ob uns derartige Gefühle dazu veranlassen würden, solch eine Tat selbst zu begehen.

Das, was in unserer Diskussion eigentlich für uns wichtig war, dass man nämlich als Außenstehender so eine Tat nicht einfach erklären kann, kam in dem Artikel nicht zur Sprache. Viele Sachen wurden verdreht und völlig aus dem Zusammenhang gerissen und damit unsere Klasse und Schule in ein falsches Licht gestellt.

Wir waren alle sehr enttäuscht.

Im Namen der 11. Klasse der Waldorfschule Märkisches Viertel

Therese Judith Brüggemann

Berlin

Ich finde den Vertrauensbruch und die Enttäuschung, die in diesem Brief zum Ausdruck kommen, in ihrer Auswirkung auf die Jugendlichen schlimmer als jede Staatskrise. Den Politikern glauben sie ohnehin kein Wort, die halten sie schon lange für korrupt. Aber dieser, wie ich vermute, jungen Journalistin, der haben sie geglaubt und vertraut. Ihr haben sie abgenommen, dass ihr Interesse an ihnen und der Sache echt und ihr Anliegen die Wahrheitsfindung war. Und dieses vermeintlich echte Interesse eines fremden und interessanten Erwachsenen hat in ihnen selbst die entsprechenden guten Kräfte mobilisiert. Sie haben sich angestrengt, sie haben ernsthaft nachgedacht, sie haben einander zugehört, und sie waren mit dem Ergebnis zufrieden (*tolle Diskussion* wie *schon lange nicht mehr*). Und über diese schöne Leistung haben sie sich, wie man deutlich spürt, gefreut. Da waren sie sogar ein bisschen stolz drauf.

Hat diese Eidlhuber das nicht gemerkt? Hat es sie nicht interessiert? Was war denn ihr Interesse? Was hat sie sich bei ihrem blöden Artikel gedacht?

Die Jugendlichen aber haben wieder etwas dazugelernt. Sie haben gelernt, dass überall, auch bei der ach so seriösen *ZEIT*, das Interesse an der Jugend nur ein seichtes, oberflächliches Tagesinteresse ist und dass sie wirklich keinem aus dieser Welt der Wichtigtuer vertrauen dürfen. Aus solchen kleinen Lerneinheiten setzt sich das Weltbild der Jugend zusammen. Über das wir dann bei der nächsten Shell-Studie wieder so fürchterlich überrascht und schockiert sind.

Ein Essen mit Theo

Gestern Abend habe ich mich nach langer Zeit noch einmal mit Theo getroffen. Wir hatten uns zum Essen verabredet. Auf das Wiedersehen mit ihm hatte ich mich sehr gefreut, aber insgeheim hatte ich mich auch davor gefürchtet. Denn immer noch möchte ich am liebsten nichts von Schule hören und nicht schon wieder Gedanken denken müssen, die mich danach nicht loslassen und von denen ich mich nur mit Mühe wieder befreien kann. Außerdem, fürchtete ich, würde er bestimmt wissen wollen, ob ich am Ende des Jahres zurückkäme. Die Frage kann ich ihm nicht ehrlich beantworten. Ich weiß es doch selbst nicht. Ich darf gar nicht dran denken.

Als er mir dann am Abend gegenübersitzt, mit seinen butterweichen Gesichtszügen und dem dichten weißen Haar, fallen alle Furcht und Sorge von mir ab. Wie kommt es nur, dass alle solche Angst vor ihm haben? Im Grunde will er doch nur das Beste, will er doch nur alles richtig machen, und zwar getreu dem Buchstaben des Gesetzes. Und das verlangt er auch von allen anderen, Lehrern wie Schülern. Vielleicht, habe ich schon manches Mal gedacht, wäre er doch besser Jurist geworden.

Nachdem wir an unserem Tisch Platz genommen haben, stelle ich ihm sofort ein paar Fragen, damit er keine Gelegenheit hat, mit seinen Fragen anzufangen. Und Theo erzählt gern. Hauptsächlich von seinen beruflichen Sorgen und Nöten. In der Schule sei die Hölle los, sagt er. Solch einen Krankenstand habe es noch nie gegeben. Nein, nicht nur die üblichen Novembergrippen. Die sowieso. Aber darüber hinaus gebe es noch zahlreiche langfristige Totalausfälle. Kollegen, die plötzlich zusammenbrechen und auf Nimmerwiedersehen in Kliniken verschwinden. In einem Fall wisse sogar der Ehemann nichts Genaueres zu sagen. Es ist die Rede von furchtbaren Krankheiten, von Verdacht auf Krebs, Depressionen und rätselhaften Angstzuständen bis hin zur Suizidgefährdung. Oje!, das kann ich nur schwer mit anhören, da war ich doch selbst vor kurzem noch so nah dran, an Krankheit, Todesgedanken und dem Gefühl absoluter Hoffnungslosigkeit. Woran liegt das denn, um Himmels willen, Theo?, möchte ich ihn fragen. Aber

Theo ist schon dabei zu erzählen, wie er das Problem gelöst hat, wie er die Löcher in der Unterrichtsversorgung gestopft und die größten Katastrophen verhindert hat, zum Beispiel den Unterrichtsausfall in der Stufe 13, jetzt, wo das Abitur bevorsteht und nach Weihnachten schon die Prüfungsaufgaben eingereicht werden müssen.

Ist es das, was die Kollegen ihm immer verübelt haben, dass er so wenig Gespür für »das Menschliche«, für Überlastung und Überforderung und so wenig Mitgefühl für Leid und Kummer seiner Leute zu haben scheint, stattdessen immer nur den funktionierenden Apparat im Auge? Früher habe ich es immer umgekehrt gesehen. Ich fand den Blick der Kollegen auf ihn als Schulleiter mitleidlos und ohne Verständnis für seine Rollenzwänge. Seine Aufgabe ist es nun mal, das Ganze im Auge zu behalten, den institutionellen Gesichtspunkt zu vertreten und das System am Laufen zu halten. Während die Kollegen hemmungslos Verständnis für ihre individuellen, persönlichen Belange forderten (*ein paar Tage frei, um in England zu heiraten; Stundenpläne ohne Springstunden; kein Nachmittagsunterricht; bitte einen Tag in der Woche frei; bitte keine Klassenleitung…*).

Dieses Verständnis hatte er, der allgemeinen Meinung zufolge, nicht, und dafür wurde er von vielen leidenschaftlich gehasst. Wie hältst du's mit dem Chef? war in unserem Kollegium die Gretchenfrage. Wer zu ihm hielt und um Verständnis für seinen Standpunkt warb oder ihn auch nur einmal in einem speziellen Fall unterstützte, der hatte kaum noch eine Chance, in das allgemeine Gespräch einbezogen zu werden, der konnte gucken, an welchem Tisch er in der Pause Platz fand. Wenn dagegen ein Neuer kam und, mit feinem Gespür für die Spiele der Macht, sich gleich am ersten Tag der richtigen Sprüche bediente, der wurde sofort und unbesehen in den Lehrerrat gewählt und zum Liebling der von ihrem Chef enttäuschten

Damen. Gegen den Chef sein, egal in welcher Frage oder Angelegenheit, einfach so, aus Prinzip, das war der erfolgversprechendste Weg, um in unser Kollegium integriert zu werden. Sonst blieb man draußen. Das war Gesetz. Und an dieses Gesetz passte sich über kurz oder lang jeder an.

Zum Schaden der Schule kam noch hinzu, dass der Chef scheinbar fraglos für den Fortschritt eintrat. Jede Neuerung, von der er auf einer Schulleiter-Fortbildung gehört hatte, wollte er anderentags bei uns »implementiert« sehen; wenn die Behörde einen Furz ließ, sah er »dringenden Handlungsbedarf«; las er sonntags etwas Neues in einem Fachblatt, mussten wir dem montags schon nacheifern. Die Folge war, dass sich das Kollegium systematisch und reflexartig gegen alles sperrte, was an neuen Ideen, Angeboten und Vorschlägen in den letzten Jahren ins Haus schneite. Je mehr der Theo zog, drängte und antrieb, desto stärker hielten die Kollegen dagegen. Beide Parteien mussten sich schließlich immer weiter aus dem gemeinsamen Boot hinauslehnen, bis am Ende sozusagen keiner mehr drinsaß. Und so habe ich unsere Schule auch oft empfunden, als ein riesengroßes, äußerlich attraktives Boot, in das immer mehr Schüler hineindrängen und das mannschaftslos, führerlos und richtungslos auf den Wellen treibt.

Da will ich auf gar keinen Fall mehr hin, lieber Gott. Schon allein bei dem Gedanken verlässt mich alle Kraft, und der Löffel fällt mir aus der Hand in die Suppe. Und als der Theo dann die gefürchtete Frage stellt, da sage ich es ihm.

Anscheinend hat er es nicht anders erwartet. Überrascht wirkt er jedenfalls nicht.

– Da musst du aber dringend einen Versetzungsantrag stellen, sagt er, bis Mitte Dezember spätestens muss der bei der Bezirksregierung vorliegen.

– Ja? Okay, mach ich.

Lange Pause. Wir essen und schweigen eine Weile.

– Hast du dir schon überlegt, wo du hinwillst?, fragt Theo endlich.

In letzter Zeit habe ich öfter an meine alte Schule denken müssen, an der ich selbst früher Schülerin war. Aber Theo findet, da sei nicht viel los. Die Direktorin sei im übrigen schwer erkrankt und werde wohl nicht mehr zurückkommen.

– Ich hab auch schon mal an eine ruhige kleine Landschule gedacht, sage ich, zum Beispiel ans Schiller-Gymnasium. Da war ich früher eine Zeit lang als Referendarin.

– Die wird auch zurzeit von der Vertreterin geleitet, sagt Theo. Der Schulleiter hat sich krank gemeldet und von allem zurückgezogen. Der kommt nicht mehr, der lässt seine Stellvertreterin schon seit Monaten allein wurschteln. Der ruft noch nicht mal an, um zu hören, wie's läuft in seinem Laden, sagt Theo.

Komisch.

– Weißt du, an was ich auch schon mal gedacht habe?, sage ich. An die Gesamtschule hier oben bei uns. Da soll es sehr nett sein. Oder ich gehe zum Albert. Das wäre ja auch noch 'ne Möglichkeit.

– Der Albert hört auf zum nächsten Schuljahr, sagt Theo. Der lässt sich zurückstufen. Mit dem Gedanken hat er ja schon lange gespielt. Aber jetzt ist es definitiv, soweit ich weiß.

Ich glaub, ich hör nicht recht. Was ist denn bloß an den Schulen los? Da bricht ja nicht nur die Basis zusammen, da brechen auch die Spitzen ab! Sind das denn alles Einzelfälle? Zufälle? Ausnahmen? Oder ist es bereits die Regel? Gibt es darüber irgendwo Statistiken? Und kann man denn, wenn alle entweder krank werden oder die Flucht ergreifen, noch von individuellen Ausfällen sprechen? Ist da nicht schon eher das ganze System gestört?

– Soll ich dir mal was sagen, Theo, sage ich, am liebsten will ich überhaupt nirgendwo mehr hin. Wenn es irgendwie ginge, würde ich am liebsten zu Hause bleiben. Der Theo lächelt.

– Das ist der Vorteil, den du als Frau hast, sagt er. Als Mann kann man sich solch einen Gedanken nicht erlauben.

– Und du?, frage ich. Ich weiß, dass auch er im letzten Jahr mit dem Gedanken an Rückstufung gespielt hat, wenn er von dem ganzen Frust und Ärger die Schnauze voll hatte. Aber im Moment scheint's ihm wieder besser zu gehen. Er erzählt von neuen Regelungen zur Altersteilzeit, die die Möglichkeit eröffnen, früher aufzuhören. Das scheint ihn zu interessieren.

– Außerdem gibt es jetzt endlich die Probezeit für Leitungsstelleninhaber, sagt er. Und zwar für alle, für den Schulleiter und für die Funktionsträger. Wenn's das schon früher gegeben hätte, dann sähe die Leitungsrunde bei uns heute anders aus.

Erst kürzlich habe er wieder »so einen Schussel«, der ständig wichtige Termine übersah oder vergaß, vor versammelter Mannschaft maßregeln müssen, erzählt er. Der Schule seien beträchtliche Gelder verloren gegangen, weil »dieser Schussel« versäumt habe, einen Antrag rechtzeitig zu stellen. Ich kann mir das Ganze lebhaft vorstellen. Wie Theo, mit vor Wut angeschwollenem Hals, den Ärmsten mit ein paar treffenden Sätzen zur Schnecke macht. Die anderen gehen in Deckung. Es ist schwer, ja fast unmöglich, dem Kollegen beizustehen, denn Theo hat leider immer Recht. Das ist das Blöde, dass er tatsächlich immer Recht hat. Er ist nicht nur einfach besserwisserisch, er weiß es wirklich immer besser. Das sieht er selber auch so. Und das sagt er auch so. *Rechthaberisch? Wieso? Wenn ich doch Recht habe!*, sagte er einmal ausgerechnet auf einer so genannten »Klimakonferenz«, auf der es um die Verbesserung des Betriebsklimas ging, und das war kein selbstironischer Kalauer, das meinte er durchaus ernst. Über so was können aber leider nur wenige lachen. Mit solchen Sätzen schafft er sich täglich neue Feinde. Das ist vom Standpunkt der Personalführung her nicht vernünftig. Wo er die Schule doch so gern wie ein modernes, effizientes Unternehmen lenken würde und Rationalität sein höchster Wert und Maßstab ist. Das will oder kann er aber nicht einsehen.

Ich hab nun genug von der Schule gehört und erkundige mich zur Abwechslung nach seiner Familie. Und während er von seinen Töchtern erzählt, wird der Theo zum anderen Menschen. Voll warmer väterlicher Liebe und Fürsorge. Und voller Stolz. So kennen ihn die Kollegen leider nicht, so weich und warmherzig und rührend. Die schönen und erfolgreichen Mädchen tun aber auch alles, um ihrem Papa zu gefallen. Studiengänge, Dissertationsthemen, Karrierepläne, Partnerwahl, alles ist nach seinem Geschmack. Aber auch das kann er wieder nicht sehen. Er sieht es einfach nicht, wie groß der Druck seiner Ansprüche ist.

Ich weiß es aber aus eigener Erfahrung, wenn es mir auch erst nachträglich bewusst geworden ist: Wie viel Anstrengung und Stress bei meiner Arbeit daher rührten, dass ich es dem Theo, diesem großen und strengen Übervater, immer und überall recht machen wollte.

Jetzt kommt er mir auf einmal so alt und so lieb vor. Aber da habe ich mich getäuscht. Irgendwann kommt er auf meine Schreiberei zu sprechen, denn er weiß, dass ich das Sabbatjahr für Schreibversuche nutzen will. Es beeindruckt ihn zu hören, dass ich – fleißig und diszipliniert – jeden Morgen ab halb acht da sitze und bis mittags durcharbeite, und er staunt, dass ich schon so gut mit dem Computer zurechtkomme. Aber von einer Kindergeschichte will er nichts wissen.

– Was macht dein Roman?, fragt er. Arbeitest du so richtig mit Synonymwörterbüchern?

– Nö, sage ich, Wörterbücher benutze ich kaum. Jetzt ist er sichtlich enttäuscht. Das ist ja gar nicht professionell!

– Aber das tun doch alle Schriftsteller, sagt er, die arbeiten alle mit Wörterbüchern. Auf der Stelle fühle ich mich klein und doof und auf meinem eigenen Gebiet inkompetent.

– Ich versuche so einfach wie möglich zu schreiben, sage ich. Nichts Überflüssiges. Ganz minimalistisch. Gott sei Dank, dass mir das eingefallen ist. Das klingt nach einer anerkannten Kunstrichtung. Der Theo lächelt.

Aber seine Worte beschäftigen mich noch tagelang. Hätte ich noch sagen sollen, mein stilistisches Vorbild sei Raymond Carver, von dem zurzeit alle Welt spricht? Das hätte ihn sicher beeindruckt. Werde ich eines Tages etwas bis in alle Details Ausgemaltes wie die *Deutschstunde* schreiben müssen, nur um dem Theo zu gefallen und ihm zu beweisen, dass ich auch dazu in der Lage wäre? Damit er zufrieden mit mir ist?

Es ist furchtbar. Mein Vater. Mein Chef. Wie lange Irrwege bin ich nicht schon für diese beiden dicken Männer gelaufen …

Lehrerelend

Als ich heute Mittag vom Einkaufen nach Hause komme, hat sich auf dem Anrufbeantworter Vera, eine liebe Freundin und Kollegin aus längst vergangenen Tagen, gemeldet. Sie hat morgen Geburtstag, und sie lädt mich zu einem Kaffeeklatsch »nur unter uns Frauen« ein. Ich habe Vera seit Jahren nicht mehr gesehen und freue mich sehr über ihre Einladung. Nur allzu gern würde ich hingehen und sie alle einmal wiedersehen, die alten Freundinnen aus meiner Früh- und Blütezeit.

Kennen gelernt haben wir uns Ende der siebziger Jahre; wir waren damals an derselben Schule, die erste für uns alle nach dem Referendariat. Wir waren jung und schön und liebten unseren Beruf über alles. Mehr noch: Die Schule war unser Leben. Wir ackerten rund um die Uhr und hatten nie das Gefühl von

Arbeit. Was wir morgens an Theorien und Papieren in die Schule schleppten, hatten uns die Schüler bis mittags schon aus der Hand gefressen. Wir waren bis in die Zehenspitzen von pädagogischem Eros erfüllt. Wir wollten die Welt verändern und wussten auch, wie. Und davon erzählten wir den Schülern mit der allergrößten Überzeugung und Leidenschaft. Und dafür liebten sie uns. Und wir liebten sie.

Alles schien damals möglich. Wir fühlten uns stark und vollkommen frei. Ich erinnere mich noch gut an einen bestimmten Frühlingstag, an dem ich im Gegenlicht der strahlenden Morgensonne in meinem ersten selbst gekauften Auto, einem schwarzen Golf, zur Schule fuhr und dachte: Wie ist es möglich, dass man für solch ein Glück auch noch bezahlt wird?

Wir jungen Lehrerinnen bildeten damals im Kollegium eine Fraktion. Dazu gehörten auch Bernd, Günther und Theo. Günther und Theo sind heute Schulleiter, und Theo wurde zufälligerweise später mein Chef.

Anfang der 80er Jahre war alles Glück dann schon zu Ende. Die Welt hatte sich verändert. Es hatte den *Deutschen Herbst* gegeben, die Jagd auf die so genannten *Verfassungsfeinde* und die Aktion *Linke raus!* (aus den Schulen), Vorgänge, die uns heute nahezu irrwitzig erscheinen, damals aber bedrückende Wirklichkeit waren. Von den entsprechenden Erlebnissen habe ich mich nur schwer und sehr langsam erholt. Meine Fächer (Pädagogik und Französisch) interessierten mich danach nicht mehr, ich wollte sie nicht mehr unterrichten. Inzwischen gab es auch den Numerus clausus; den Schülern ging es nun in erster Linie um die Noten, schwierige und arbeitsintensive Fächer wie Französisch wählten sie zu Beginn der Oberstufe ab. Der mühsame Sprachunterricht der Unter- und Mittelstufe lief ins Leere, zur Lektüre französischer Literatur im Original kam es nicht mehr. Und Pädagogik wollte ich auch nicht mehr unterrichten, denn der Glaube an die

Allmacht der Erziehung, an die quasi automatische Verbesserung der Welt durch neue und bessere Menschen war mir zwischenzeitlich abhanden gekommen. Wenn man jetzt die Schüler nach ihrem Berufswunsch fragte, dann sagten sie nicht mehr Arzt, sondern Chefarzt. Ich wurde häufiger krank, litt unter chronischer Blasenentzündung, und kein Arzt konnte mir helfen. Die Schmerzen überfielen mich oft schon wieder wenige Tage, nachdem die letzte Behandlung mit Antibiotika abgeschlossen war. Und nachts konnte ich vor Traurigkeit nicht schlafen. Ich dachte, wenn das alles war, wenn ich jetzt bis ans Ende meiner Tage morgens mit der Aktentasche aus dem Haus gehen muss, ohne Sinn und Ziel, dann will ich lieber sterben.

Da habe ich mir einen Job in einer Buchhandlung und noch einen in der Unibibliothek besorgt und mich für sechs Jahre beurlauben lassen. Und noch mal ganz von vorn angefangen. Mit Germanistik und Philosophie. Ich war ja noch jung, gerade mal Anfang Dreißig. Ich wollte einen neuen Beruf und auf keinen Fall mehr zurück an die Schule.

Aus dieser frühen Zeit kenne ich Vera. Aber zu ihrem Geburtstagskaffee morgen kann ich leider nicht gehen, denn morgen Nachmittag gibt's an der Waldorfschule ein Adventskonzert, auf das Sofie sich schon lange freut. Ich rufe Vera an.

– Ach, Marga, du hast es vielleicht gut!, ruft sie zur Begrüßung ins Telefon. Wenn du wüsstest, wie ich dich beneide! Ihr selbst gehe es nicht gut, sagt sie.

– Ich ertrinke hier in Klausuren und muss vor Weihnachten noch vier Klassenarbeiten schreiben. Hast du etwa diesen ganzen Vorweihnachtsstress schon vergessen? Auf die Ferien kann ich mich auch nicht freuen, da muss ich die Abithemen machen. Das liegt mir jetzt schon auf dem Magen. Dir hat das alles bestimmt nicht so viel ausgemacht. Du bist bestimmt lockerer damit umgegangen, so wie ich dich kenne ...

O nein, das bin ich nicht. Ich bin nicht lockerer damit umgegangen. Ich bin in dieser dunklen Jahreszeit fast immer untergegangen, habe nur am Schreibtisch gehockt, durfte nicht gestört werden, und wenn ich endlich, nach einigen Nachtschichten, mit den Korrekturen fertig war und aufatmen wollte, dann wurde ich krank, dann bekam ich die Grippe. Die Weihnachtstage habe ich fast immer mit Fieber auf dem Sofa verbracht. Und wenn die Festtage und die Grippe vorbei waren, nach Neujahr, dann saß ich wieder tage- und nächtelang an den Abituraufgaben. Und jedes Jahr musste ich um Terminverlängerung bitten. *Du solltest mal eine Fortbildung in Zeitmanagement machen,* sagte der Theo dann zu mir, *ich finde es immer wieder erstaunlich, wie unfähig Lehrer sind, mit ihren Zeitressourcen ökonomisch umzugehen.* Er selbst war in den Ferien bei seinen Töchtern in Berlin gewesen und hatte dort ein Kulturprogramm absolviert. Als Schulleiter unterrichtet er nur wenige Stunden und hat kaum etwas zu korrigieren. Und eine Mathearbeit schafft er vermutlich in fünf Minuten.

– Und wie geht's den anderen?, frage ich Vera. Wer kommt denn alles morgen?

– Die Helga kommt auf jeden Fall, sagt Vera, obwohl die wieder nicht sprechen kann. Das ist auch so was Komisches. In regelmäßigen Abständen verliert die ihre Stimme und kriegt kein Wort mehr raus.

Ich hab schon davon gehört. Helga ist aber keine von den Armen und Schwachen, sie ist eine energische Person, Mutter von drei Söhnen, die Ansprüche durchaus abzuwehren weiß. Und trotzdem.

– Alle sind dauernd krank, sagt Vera. Wenn du dich umschaust: Keiner macht es mehr gut, keiner macht es mehr gern, und manchmal denke ich auch, keiner macht es mehr lange. Alle haben was. Erinnerst du dich noch an die Moni Westermann? Die hat 'ne Kreidestauballergie. Die bekam plötzlich im Unterricht keine Luft mehr, und eines Tages hatte sie 'nen Asthmaanfall. Die wäre fast gestorben! Jetzt hat sie immer ihre Spezialkreide dabei. Die staubt nicht, geht aber schlecht von der Tafel ab. In gewisser Weise hat die Moni ihr Problem gelöst. Die betritt die Klasse erst, wenn die Tafel piccobello geputzt ist, das dauert 'ne Viertelstunde, und 'ne Viertelstunde vor Schluss lässt sie ihren eigenen Tafelanschrieb wieder ordentlich abputzen, weil sonst die Kollegen in der nächsten Stunde sauer sind. Die 15 Minuten dazwischen überlebt sie irgendwie, sagt sie.

Ich muss an mein Rheuma denken. Wie meine Füße morgens nach dem Aufwachen wie gelähmt waren und so fürchterlich schmerzten, dass ich keinen Schritt vorwärts tun konnte. Ich musste eine Stunde früher aufstehen und vorsichtig in den Schmerz hinein Gehübungen machen, bis ich es schaffte, die Treppe zum Bad runterzugehen. Auf jeder Stufe musste ich anhalten und mich am Treppengeländer festhalten, um nicht hinzufallen. Dabei war ich von der Krankheit überhaupt nicht überrascht oder groß beunruhigt, im Gegenteil, ich habe sie fast dankbar entgegengenommen. Und dabei immer an Kafka gedacht, der in seinem Tagebuch schreibt: *So geht es nicht mehr weiter, hat das Gehirn gesagt, und nach fünf Jahren hat sich die Lunge bereit erklärt zu helfen.*

Bei mir waren es die Beine und die Füße. Ich war heilfroh, dass es nichts Schlimmeres war. Jetzt ist das schon alles Vergangenheit und Erinnerung. Meinen Füßen geht es wieder gut. Ich kann sogar schon wieder die schwere Sofie, wenn sie mir morgens aus dem Hochbett in die Arme springt, die Treppe hinunter ins Bad tragen.

– Wahnsinn, sagt die Vera. Aber wenigstens schaffst du immer noch rechtzeitig den Absprung. Ich schaff das einfach nicht. Ich seh es auch gar nicht immer so klar. Es gibt ja Tage, da läuft alles ganz gut. Dann denk ich, es geht doch. Wenn man sich ein bisschen zusammenreißt. Aber dann braucht nur einer zu kommen und mich schief anzusehen, dann muss ich aufpassen, dass ich nicht zu heulen anfange. Ist mir alles schon passiert. Furchtbar. In solchen Momenten wird mir dann wieder der Druck bewusst, so als hätte ich vorher die ganze Zeit die Luft angehalten. Ich kann auch zu Hause gar nichts mehr vertragen … Ist dir das eigentlich auch so gegangen, Marga, dass du dich auf den Unterricht immer gründlicher und länger vorbereiten musstest? Sonst kann ich einfach vor den Schülern nicht bestehen. Früher bin ich das viel entspannter angegangen. Die Schüler wissen heute auch alle viel mehr. Aber richtig interessieren tun die sich für gar nichts. Ich glaub, das ist der Unterschied zu früher. Du gehst in die Stunden rein mit dem Gedanken »die oder ich«. Und als Lehrer kommst du eigentlich immer als Verlierer raus. Jedenfalls ist das bei mir so …

– Ach, Veralein, sage ich. Wie gern würde ich ihr etwas Tröstlicheres sagen. Aber es fällt mir nichts ein.

Es ist Samstagnachmittag, draußen scheint die Sonne, und Sofie wartet seit einer Stunde darauf, dass ich endlich mit dem Telefonieren aufhöre. Wir wollen noch zu meiner Schwester fahren. Ich teile es Vera mit und schlage ihr vor, dass wir es uns einmal in den Weihnachtsferien, wenn sie Lust und Zeit hat, bei mir gemütlich machen.

Sofort nachdem ich aufgelegt habe, klingelt wieder das Telefon. Es ist Matys.

– Mit wem führst du denn solche Dauergespräche?, fragt er belustigt.

– Mit der Schule, sage ich. Und dann erzähle ich ihm alles. Alles, was ich von Theo und von Vera gehört habe. Und da ist sogar er am Ende ratlos.

– Das kann doch nicht wahr sein, sagt er nach einer Pause, das ist doch nicht mehr normal. Du solltest das wirklich alles mal aufschreiben.

Am nächsten Tag, am Sonntagmorgen, sind wir zum Frühstück bei Karla und Dieter eingeladen. Ich hatte mir vorgestellt, wir gehen hin, frühstücken dort schön, gehen vielleicht danach alle zusammen noch eine Runde mit Wolfi spazieren, und dann wäre es bestimmt Zeit fürs Adventskonzert in Sofies Schule.

Aber dazu habe ich nun keine Lust mehr. Das Gespräch mit Vera liegt mir noch auf dem Magen, und ich würde den anderen davon erzählen müssen. Und Karla ist auch Lehrerin. Sie würde ihre eigenen Geschichten beisteuern, die ohnehin immer die schlimmsten sind. Sie handeln von misshandelten, missbrauchten und verlassenen Kindern. Von Kindern, die von ihren Eltern mit dem Gesicht in die heiße Suppe gestoßen werden, immer wieder, weil sie eine Antwort nicht wissen. Oder deren Väter die Zigaretten auf ihren Armen ausdrücken. Oder die immer wieder, von klein an, den Schwanz vom Vater oder vom Liebhaber der Mutter in den Mund nehmen mussten. Und immer weiß die Mutter davon und duldet es und ist Komplizin des Vaters oder Freundes und hilft ihrem Kind nicht ... Karla ist Beratungslehrerin an einer Berufsschule, und nachmittags nimmt sie die Anrufe von Kindern und Jugendlichen bei der Telefonseelsorge entgegen.

Mehr Beispiele von armen Kindern und kranken Lehrern aber kann ich heute nicht verkraften. Seit vier Monaten gehe ich nun nicht mehr zur Schule und bin doch fast täglich noch mit ihr beschäftigt. Muss das so sein, weil ich mir das Nachdenken über Schule und Lehrer doch selbst verordnet habe? Schon möglich. Aber heute nicht. Nicht heute schon wieder.

Heute werden wir mal schön zu Hause bleiben und uns selbst ein leckeres Sonntagsfrühstück machen. Danach werde ich an meiner Geschichte weiterschreiben, und Sofie kann noch ein bisschen Flöte spielen, wenn sie möchte, und heute Abend, nach dem Konzert, werden wir an unserem Adventskranz das erste Licht anzünden, eine schöne Adventsgeschichte lesen und *Lasst uns froh und munter sein* mit allen 25 Strophen singen.

Und danach gucke ich *Tatort*.

Vom Geld und vom Glück

Gestern habe ich, zusammen mit ein paar Freunden, meinen 50. Geburtstag gefeiert.

Schon am frühen Nachmittag haben wir angefangen, Ouzo und Retsina zu trinken, und uns, während wir auf den Sofas herumlagen, über die Frage gestritten, ob das Alter nun seine eigene Schönheit hat oder einfach nur eine Gemeinheit ist. Am Abend kam noch, zu meiner Überraschung, unsere ständig durch die Welt jettende Trudi für ein Stündchen angebraust. Sie ist Managerin in einer großen öffentlichen Einrichtung. Kaum zu glauben, dass sie früher einmal meine kleine Schülerin war. Heute hat sich unser Verhältnis umgekehrt. Jetzt bin ich meist die Rat- und Hilflose, und Trudi legt mir in zwei, drei Minuten gezielt und gekonnt mein Problem auseinander und setzt mich auf eine Lösungsspur. Da sie weiß, dass ich zur Zeit versuche, mich im Schreiben zu verwirklichen, bringt sie mir Unterlagen für einen Literaturwettbewerb mit. Der erste Preis ist mit 25 000 Mark dotiert.

Zuerst muss ich lachen. So weit bin ich doch noch nicht, Trudi! Tu doch nicht so, als würde ich das schon können! Als würde ich überhaupt je einen Preis bekommen! Das ist doch völlig unrealistisch!

Trudi sagt: Du redest, seit ich dich kenne, vom Schreiben. Das ist dein Traum. Und wenn ich das richtig sehe, brauchst du dringend eine Alternative zur Schule, bevor du in diesem Irrenhaus vor die Hunde gehst. Das ist die Realität. Selten lassen sich Traum und Wirklichkeit so gut zur Deckung bringen. Was du allerdings nicht hast, ist Zeit. Keine Zeit zum Jammern, keine Zeit für Selbstzweifel, keine Zeit für Experimente. Morgen fängst du an.

Und später, schon an der Haustür, als wir uns verabschieden, sagt sie:

– Margaschatz, du bist jetzt fünfzig. Das ist schlimm genug. *Aber du machst noch ein Fass auf,* hörst du? Versprichst du mir das?

Da tags drauf ein normaler Arbeitstag für die meisten ist, dauert die Feierei nicht mehr allzu lange, und als alle gegangen sind, hole ich mir Trudis Unterlagen und lese die Geschichte des Preisträgers vom vergangenen Jahr. Sie ist gar nicht mal so besonders gut, finde ich, viel zu angestrengt literarisch. Trudi hat auf die Rückseite der Kopie geschrieben: Das mag ja modern oder sogar avantgardistisch sein, aber solche Geschichten will keiner lesen. Mir gefällt sie nicht! Und auch sonst niemandem!

Heimlich denke ich schon: So was würde ich eventuell auch noch hinkriegen. Aber hätte ich denn überhaupt eine Chance? Zurzeit schwärmen in den Zeitungen alle vom literarischen Fräuleinwunder. Jetzt muss man auch schon zum Schreiben jung und schön sein. Und am besten in Berlin wohnen …

Stop! Genau solche blöden Gedanken hat Trudi mir doch ausdrücklich verboten. Außerdem, was soll's? Zur Not schicke ich meine Anna vor, die ist 30 und schön und außerdem Malerin, kommt also aus der Kreativbranche, alles beste Voraussetzungen für einen Debütantenpreis. Und Berliner Adressen kennen wir auch.

Also los. Viel Zeit habe ich nicht. Einsendeschluss ist der 31. Dezember. Aber die Geschichte soll ja auch nur kurz sein, nicht länger als sieben Seiten à 30 Zeilen. Leider ist das Kurze gerade das Schwere. Aber ich will es auf jeden Fall wenigstens versuchen. Das Geld könnte ich gut gebrauchen. Vielleicht ließe sich damit sogar an ein weiteres Jahr Beurlaubung denken …?

Und dann habe ich mich hingesetzt und am sehr späten Abend noch mit dem Schreiben angefangen. Den Inhalt hatte ich schon länger im Kopf. Und ein schöner Titel fiel mir auch schon bald ein: *Früher küsste er mich immer im Schlaf*.

Bis drei Uhr in der Nacht habe ich noch geschrieben. Es lief wie am Schnürchen. Dann fiel ich vor Müdigkeit vom Stuhl, konnte aber im Bett vor Glück kaum einschlafen. Um fünf Uhr kam Matys – ein kleines bisschen verspätet – aus Griechenland zurück. Und küsste mich, wie früher, im Schlaf.

Solche Tage gibt es manchmal. Da wird auf einmal das ganze Füllhorn über dir ausgegossen. Um sechs Uhr stehen wir auf und wecken unsere Sofie.

Lehrer der Zukunft

Heute habe ich mir die Dezembernummer der Zeitschrift, die den Literaturpreis alljährlich ausschreibt, gekauft. Trudis Unterlagen waren vom letzten Jahr, und ich wollte wissen, ob die alten Angaben auch dieses Jahr noch gelten.

Aber ich finde im ganzen Heft nicht den kleinsten Hinweis auf ein Preisausschreiben, obwohl ich es dreimal Seite für Seite durchblättere.

Da rufe ich bei der Kulturredaktion an. Nach vielem Hin und Her und langem Warten, das auch hier, wie überall, mit irgendeiner doofen Musik angefüllt wird, meldet sich eine Dame. Nein, sagt sie, in diesem Jahr gibt es keine Ausschreibung. Erst wieder Ende des nächsten Jahres.

Oh nein, wie blöd. Ich war doch schon so schön warmgelaufen, und jetzt wird alles abgeblasen …

Man konnte mir die Enttäuschung sicher anhören, denn die Kulturredakteurin sagte mehrmals, es tut mir Leid, es tut mir wirklich sehr Leid für Sie. Sie klang wie jemand, der die Fassung nicht so leicht verliert und sich mit veränderten Realitäten blitzschnell zu arrangieren weiß.

Alle Frauen, mit denen ich am Telefon kurz verbunden war, hatten im Übrigen diese schönen dunklen und ruhigen Stimmen. Sie sprachen wie Trudi, so als würden sie mit jedem Problem spielend fertig (*problems are our friends*), als würden sie nie ihren kühlen Kopf verlieren, als hätten sie das Leben, Männer, Kinder, Arbeit, einfach alles sicher und locker im Griff und wären dabei noch schön, gepflegt, ausgeschlafen, gut gelaunt, perfekt gekleidet und frisch frisiert. Während ich immer schon wegen Kleinigkeiten die Beherrschung und den Mut verliere und schon wieder diese alte labberige Trainingshose anhabe, weil die mir beim Sitzen den Bauch nicht so einschnürt. Zugenommen habe ich nämlich auch.

Nach dem Telefonat mit der freundlichen Redakteurin bin ich total frustriert. Es fühlt sich an, als hätte mir jemand bei Vollgas plötzlich den Gang rausgenommen. Schreiben kann ich in dieser Verfassung nicht. Die Geschichte werde ich aber trotzdem noch zu Ende erzählen. Aber nicht mehr heute. Ich mache mir einen Johanniskrauttee, setze mich damit ins Wohnzimmer aufs Sofa und nehme mir die *ZEIT* von letzter Woche. Von der Titelseite springt mir eine Ankündigung entgegen:

LEHRER DER ZUKUNFT
Pädagogen proben den Wandel:
Wie sich Schulen erneuern.
Was Lehrer lernen.
Was Schüler wissen müssen.
Ein Report.

Na, wer sagt's denn? Wieso muss ich Geschichten erfinden. Hier ist es ja wieder, mein Thema. Es lässt mich einfach nicht los. Ich mache es mir auf dem Sofa bequem und fange an zu lesen. Vier große Seiten, die ganze Rubrik *WISSEN* über nichts anderes als Schule, Unterricht und Lehrer.

Schon seit einiger Zeit finden bildungs- und schulpolitische Themen wieder öffentliches Interesse. Beiträge zur Schulreform und zum Leistungsstand deutscher Schüler werden nicht mehr nur in Lehrerzeitschriften gedruckt und gelesen. Auch die großen Blätter begleiten schon seit längerem die Reformdiskussion mit regelmäßigen Berichten und Kommentaren, die mittlerweile sogar auf der ersten Seite erscheinen. Ich habe alles immer wieder neugierig gelesen und dann in einem Ordner abgeheftet. Selten jedoch hatte ich bei diesen, von der gängigen Modernisierungseuphorie getragenen Artikeln den Eindruck, dass sie von Kennern der Lage oder gar von Betroffenen geschrieben waren oder dass sie der Öffentlichkeit auch nur ein annähernd zutreffendes Bild von Schule vermittelten. Im Gegenteil. Fast immer handelt es sich um hoffnungsfrohe, Optimismus verbreitende Lobeshymnen auf einzelne Reformschulen oder Reformgedanken, um Berichte über »aufregende Experimente« im In- und Ausland, die, gesponsert von der Wirtschaft und preisgekrönt von Bertelsmann, uns alle zur Nachahmung anfeuern sollen. Diese Texte klingen meist, als seien sie von Staatssekretären des Schulministeriums verfasst oder von ihnen in Auftrag gegeben, auf keinen Fall aber als wären sie von Leuten geschrieben, die sich schon einmal länger als fünf Minuten in einer Schule aufgehalten haben.

Trotzdem erweckt nun auch wieder dieser neue *ZEIT*-Report vom 2.12. mein Interesse. Denn diesmal soll vom *Ernstfall Unterricht*, von *verbrannten Seelen* und der allgemeinen *Misere* die Rede sein. Aber dann stellt sich heraus: Es ist leider doch wieder nur die alte Leier, ein endloses Abspulen der modernen Innovationsprosa, die wir schon bis zum Erbrechen über haben. Sie klingt zum Beispiel so:

Der Lehrer der Zukunft wird vom Stoffvermittler zum Manager, Lerntrainer, Sozialarbeiter und Jobberater.

Ja, darf es nicht noch etwas mehr sein? Wurden nicht versehentlich ein paar wichtige Berufe vergessen? Zum Beispiel Seelsorger, Krankenpfleger, Therapeut, Dompteur, Polizist, Heimleiter, Gefängniswärter, Bewährungshelfer ... In diesen Berufsfeldern sind ja die *Lehrer der Gegenwart* schon längst feste tätig. Und wird die Gesellschaft der Zukunft nicht womöglich so aussehen, dass vom Lehrerberuf nur die Rolle des Aufsehers übrig bleibt? Was soll da das verlogene Gerede vom *Manager* und *Jobberater*? Welche Jobs, wenn man mal fragen darf?

Und warum, bitte, soll der Lehrer der Zukunft nicht mehr *Stoffvermittler* sein? Was soll er denn sonst um Himmels willen vermitteln? Jobs? Ich habe in der Stoffvermittlung immer meine Hauptaufgabe und den Sinn meiner Arbeit gesehen und meinen Stoff, wenn es ging, immer sehr gern vermittelt.

Oft sah das so aus, dass wir nur einen einzigen Satz an die Tafel schrieben und uns diesen Satz zwei Stunden lang von allen Seiten anschauten. Bis wir das Gefühl hatten, jetzt haben wir seinen Sinn und den Autor ein bisschen besser verstanden. Das waren immer die besten Stunden. Ganz wenig Text und ganz viel Denkanstrengung und die gegenseitige Beflügelung und Beglückung durch das Gespräch. Am Ende solcher Stunden wollten die Schüler nie gehen.

Manchmal war die Stoffvermittlung aber auch ein Parforceritt durch die Geschichte. Wenn den Schülern wieder alle historischen Grundlagen fehlten. Wenn sie nicht mal wussten, was ein Bürger ist und wie, woraus und warum das Bürgertum entstanden ist. Oder wenn sie keine einzige Geschichtsepoche richtig einordnen konnten. Dann mussten sie zwei Stunden lang zuhören und von der Tafel Stichwortkolonnen abschreiben und eng beschriebenes Papier mit nach Hause nehmen. Nach solchen Stunden haben sie immer gestöhnt. Musste aber sein.

Was soll denn schlecht sein an dieser Stoffvermittlung? Soll das nicht mehr die Aufgabe von Lehrern sein, die Vermittlung des Wissens an die nächste Generation, das Weitererzählen? Was denn dann? Manager, Lerntrainer, Jobberater will ich nicht sein. Schon allein die Wörter gefallen mir nicht.

Aber schauen wir mal weiter. Vielleicht kommt ja noch etwas Schönes oder wenigstens Wahres. Der nächste Satz jedoch lässt uns schon wieder aufjaulen. Da steht:

Diese Aufgaben kann man nur im Team bewältigen. Die Zeit der Einzelkämpfer ist vorbei.

Mein Gott, das wissen wir! Das haben wir schon circa sieben Milliarden Mal gehört! Der dämliche Spruch hängt uns kilometerweit zum Hals raus! Unsere Meinung dazu lautet: Verschont uns bitte mit diesen stockdoofen, pseudomodernen Nullwertparolen! Jeder von uns und auch von euch weiß doch längst: Diese Aufgaben sind überhaupt nicht zu bewältigen! Und am allerwenigsten im Team!

Wer soll denn überhaupt dieser viel zitierte *Einzelkämpfer* sein? Gemeint ist wahrscheinlich der Gymnasiallehrer der alten Schule, der so genannte *Philologe*. Von ihm wurde anno dazumal erwartet, dass er in *Einsamkeit und Freiheit* (Humboldt) seinen Unterricht gestaltet und seine erzieherische Verantwortung wahrnimmt. Nach dem Mittagessen saß er in seinem Arbeitszimmer am Schreibtisch und schaute gewissenhaft die Schülerhefte nach. Am Abend saß er in seinem Sessel, rauchte vielleicht ein Pfeifchen und las tief befriedigt die Werke der Klassiker. Er war das, was man heute *autonom* zu nennen pflegt. Nämlich selbstbestimmt und selbstverantwortlich in seinem Tun und Wirken. Natürlich gab es den verbindlichen Lektürekanon und die Loyalität des Beamten gegenüber seinem Staat. Insofern konnte er nicht machen, was er wollte. Und vollkommen einsam war er auch nicht. Es gab ja das *kollegiale Gespräch*. Und er arbeitete, so wie das ganze Kollegium, an der Fortführung der geistigen Tradition seiner Schule, die den Namen eines vorbildlichen Menschen, meist eines Gelehrten, trug.

Diesen Typus, liebe Freunde, gibt es schon lange nicht mehr. Es gab ihn noch vereinzelt bis zum Ende der 60er Jahre. Ich selbst habe noch ein paar solcher Lehrer und Lehrerinnen erlebt.

Einer, der allein für etwas die Verantwortung trägt oder sogar einzeln kämpft, muss körperlich und seelisch robust sein, muss Willens- und Tatkraft haben. Er muss andere Menschen überzeugen und sich, wenn es sein muss, durchsetzen können. Der Lehrer alten Schlags hatte manchmal diese persönliche Kraft. Er war eine *Persönlichkeit*, nicht selten auch ein (schrulliges) *Original*.

Das gibt es heute nicht mehr. An meiner Schule sind die letzten Exemplare dieser Art vor zehn Jahren pensioniert worden und mittlerweile verstorben. Die Zeit der Einzelkämpfer ist also tatsächlich seit ungefähr 30 Jahren vorbei, und zwar deshalb, weil es diese Einzelkämpfer nicht mehr gibt, und nicht etwa, weil wir sie nicht mehr bräuchten. Wir bräuchten sie, wie ich meine, sogar dringend.

Und nun zum Team. *Teamarbeit* gilt zurzeit als die moderne und ultimative Arbeitsform schlechthin, und das Konzept stammt wie alles, was heute ernst genommen werden will, aus der Welt der Wirtschaft. Viele sehen mehr als einer, das Ganze ist mehr als die Summe seiner Teile, wenn alle an einem Strang ziehen, entsteht eine schöne Synergie, flache Hierarchien, und kleine autonome Arbeitsgruppen bewirken mehr als die so genannten Top-down-Verfahren usw. usf. Alle diese Sprüche aus der Autoindustrie und der Systemtheorie sollen nun, koste es, was es wolle, auch in die Köpfe der Lehrer hinein.

Entgegenstehende Erfahrungen zählen nicht. Zum Beispiel die, dass es an den Gesamtschulen des Landes seit eh und je gut funktionierende Teams auf allen Ebenen gibt, ohne dass dadurch dort ein einziges Problem gelöst oder eine einzige Aufgabe bewältigt worden wäre. Im Gegenteil. Die Probleme sind dort in der Regel noch größer, die Aufgaben noch unlösbarer, die Kollegen noch erheblich gestresster und frustrierter als anderswo.

Oder, ein weiteres Beispiel, die Erfahrung, daß in (Lehrer)Arbeitsgruppen, ebenso wie in Schulklassen, häufig die Langsamsten (um nicht zu sagen: die Dümmsten) das Niveau der Veranstaltung sowie das Tempo des Fortkommens bestimmen. An meiner Schule wurde unter anderem die Deutschfachkonferenz jahrelang in ihrer Arbeit behindert durch das übellaunige Gerede einer komplexbeladenen Realschulkollegin (*Wir sind auch Akademiker!*), die es immer wieder schaffte, Absprachen und gemeinsame Vorhaben zu blockieren und für dieses Vorgehen eine Mehrheit hinter sich zu versammeln.

Oder, nicht zu vergessen, das bekannte und sogar gut erforschte Phänomen, dass sich in einer Gruppe die persönliche Verantwortung sehr leicht verflüchtigt (*Verantwortungsdiffusion*). Jeder wälzt sie gern ab auf die Schultern der anderen. *Keine Ahnung. Weiß ich nicht. Dafür bin ich nicht zuständig. Das darf ich leider nicht* sind wohl die häufigsten Sätze, die Schüler in großen Schulsystemen von Lehrern zu hören bekommen, wenn sie eine Frage oder Bitte an sie richten. Erziehung zur Mündigkeit? Müssten Lehrer nicht wenigstens annähernd das Muster für die Tugenden sein, zu denen sie erziehen sollen?

Heute jedoch scheint nicht mehr der autonome Lehrer das angestrebte Ideal, sondern das *autonome System*. Der Schule als *lernendem System* soll Autonomie und Gestaltungsfreiheit gewährt werden. Sie soll im Wettbewerb mit anderen Systemen ein eigenes Profil und *corporate identity* entwickeln, zum Beispiel durch die Wahl eines Wertorientierung bietenden Namens, nach dem wir heute vornehmlich in der Welt von Industrie und Wirtschaft suchen.

Für diese Art von Wandel kann das System in der Tat keine sperrigen Einzelkämpfer brauchen. Für diese Arbeit braucht es vielmehr viele verunsicherte, orientierungslos dahintreibende, anpassungswillige und sich nach ständiger Kommunikation sehnende Vereinzelte, die sich liebend gern ein bisschen unter der dicken Teamdecke aneinander reiben und wärmen. Und die durch ihr Vorbild die jungen Heranwachsenden auf ihr künftiges Funktionieren in ihren *Jobs* im nächstgrößeren *System* vorbereiten.

Pause. Ich muss mir noch einen Tee machen. Und dann stelle ich mir einen großen Teller mit Nüssen und Schokoprinten auf den Tisch, als Gegengewicht gegen diese Frustlektüre.

Mal gespannt, wie's weitergeht. Aha. Auf der nächsten Seite zur Abwechslung mal etwas Zutreffendes. Eine knappe Zusammenfassung der derzeitigen *Lage der Lehrer:*

Politiker beschimpfen sie, Eltern ärgern sich über sie, die Wirtschaft beklagt sich, Kinder fangen an zu morden, und die Lehrer werden für alles verantwortlich gemacht.

Doch die *ZEIT* findet wieder Grund zur Freude. Sie schreibt: *Viele Lehrer reagieren darauf mit Trotz und Resignation. Doch zugleich wächst der Wille zur Reform.*

Der erste Satz stimmt, der zweite nicht. Jedenfalls nicht das, was er suggerieren möchte. Denn der Reformwille ist zwar da, aber er wächst nicht in den Lehrerkollegien, und er kommt nicht aus den Schulen. Der Reformwille kommt vielmehr, seitdem es ihn wieder gibt, ausschließlich von oben, aus den vorgesetzten Behörden. Aus den Ministerien, aus den Bezirksregierungen und aus den beigeordneten Denkfabriken, wie zum Beispiel bei uns aus dem Landesinstitut für Schule und Weiterbildung. Und dieser Reformwille ist nur allzu eindeutig nicht pädagogisch motiviert.

Und von den geschmähten Lehrern wird er nicht getragen, sondern im Gegenteil, so gut es geht, gebremst und bekämpft. Menschen, die jeder öffentlich unter allgemeiner Zustimmung beleidigen darf (*Faule Säcke! Ab in die Betriebe!*), werden davon nicht reformwillig, selbstbewusst und stark, sondern schwach, ängstlich und unsicher und vor allem böse. So geht es auch den Lehrern. Sie wären von Herzen gern etwas anderes, Besseres, Geachteteres, wie zum Beispiel Arzt oder Anwalt oder Ingenieur, und sie schämen sich schon, wenn sie irgendwo ihren Beruf angeben müssen. Und gleichzeitig sammelt sich in ihnen eine ungeheure Wut. Gegen alles und jeden. Gegen die unverschämten Kinder, gegen die arroganten Eltern, gegen diese Scheißbehörde, die ihrer »Fürsorgepflicht« nicht nachkommt, sondern den öffentlichen Druck ungefiltert in Form täglich wechselnder Neuerungen und Drohungen nach unten weitergibt. Und gegen jeden im Kollegium, sei er nun Schulleiter oder Kollege, der mit den feindlichen Mächten paktiert. Der Unterricht wird abgehalten, und dann kracht die Tür des Lehrerzimmers hinter ihnen zu. Jetzt sind sie für niemanden mehr zu sprechen. Anklopfende Schüler werden verjagt oder einfach ignoriert. Eltern wird kein Sprechtermin gewährt, die privaten Telefonnummern werden geheim gehalten. Ist es den Eltern gelungen, über die Schulleitung einen Termin zu bekommen, dann lässt man sie stundenlang draußen auf den Fluren herumstehen und warten, bis man sich, kurz vor Ende der Freistunde, schließlich fluchend und stöhnend vom Stuhl erhebt. So war es jedenfalls bei uns. Und wer nicht dauernd über die Schüler schimpfte, wer schon nach dem ersten Klingeln aufstand, um in den Unterricht zu gehen, wer in der Konferenz etwas sagte, anstatt störrisch zu schweigen, wer den Schulleiter freundlich grüßte, der war ein Wichtigtuer und Karrierist und zog die frei flottierende Hasswut auf sich.

Immer wieder habe ich mich dafür interessiert zu erfahren, welche Voraussetzungen erfüllt sein müssen, damit ein Schulleiter in seinem Kollegium anerkannt und beliebt ist und allgemein ein gutes Betriebsklima herrscht. Und immer war es derselbe Grund. Der Schulleiter muss sich in jedem vorliegenden Fall väterlich schützend und Gefahren abwehrend vor sein Kollegium stellen, egal, worum es geht. O-Ton eines beliebten Schulleiters zur Eröffnung der Konferenz: »Es gibt, wie Sie vielleicht schon gehört haben, neue Richtlinien. Ich sehe keine Veranlassung, dass wir uns damit jetzt beschäftigen. Ich gehe davon aus, Sie sind einverstanden, wenn wir das Ganze bis auf weiteres in die Schublade legen, zu dem anderen Papier.« Allgemeiner Beifall, Lachen und Wohlgefallen.

Ja, und mit dieser (selbst-)herrlichen Arbeits- und Gemütsruhe ist es nun schon seit einiger Zeit vorbei. Sie wurde in den letzten zehn Jahren auf das Empfindlichste gestört und vielerorts (leider oder Gott sei Dank) auch zerstört.

Wie es zu dieser Veränderung kam, erzähle ich morgen.

Schulreform

Alles begann kurz nach der Wende, und zwar zunächst mit einem völlig neuen Denken und Sprechen im ganzen Land. Bei uns hieß das Stichwort damals *Kienbaum.* 1991 hatte die Landesregierung die renommierte Unternehmensberatung Kienbaum mit einer Untersuchung beauftragt. Die Frage lautete: *Wie lassen sich die in den kommenden Jahren zu erwar-*

tenden Schülerberge ohne Steigerung der Bildungsausgaben versorgen?

Wie im richtigen Leben bestimmte auch hier die Wahl des Ratgebers die Antwort auf die gestellte Frage. Die millionenteure Antwort in Form eines tonnenschweren Gutachtens war nicht pädagogisch orientiert, sondern betriebswirtschaftlich, sie handelte von der *Optimierung eines Systems*.

Zum ersten Mal in ihrer Geschichte wurde die Institution Schule in diesem Gutachten wirtschaftlichen Effektivitätskriterien unterworfen. So als seien Schulen Unternehmen, Eltern bzw. die Öffentlichkeit potentielle Kunden und die Schüler Produkte oder Waren, für deren Qualität das Unternehmen Schule geradezustehen habe. Die neue Sichtweise sorgte in Lehrerkreisen für allgemeine Empörung. Denn hier wurden sie nicht nur wie bisher pauschal für das Ergebnis ihrer Arbeit verantwortlich gemacht, sondern hier wurde die Lehrertätigkeit zum ersten Mal einer detailgenauen und erbarmungslosen Kosten-Nutzen-Analyse unterworfen. Das war neu und ungewohnt. Und das war in vieler Hinsicht auch Unsinn, denn Schulen sind keine Wirtschaftsunternehmen, die eine genau dosierte Masse (Bildung) in Gefäße (Schüler) abfüllen und für die Haltbarkeit, Brauchbarkeit und Stabilität dieser Dosen auf dem freien Arbeitsmarkt garantieren. Die Verstimmung und das Getöse in Lehrerkreisen war so groß, dass man die guten Nachrichten fast überhörte. Zum erstenmal wurde nämlich in diesem Kontext auch die Forderung nach mehr Selbständigkeit für die Einzelschule in pädagogischen, finanziellen und organisatorischen Fragen erhoben.

Dezentralisation und *Deregulation* wurden von nun an Schlagworte und Ziele auch in der Verwaltung und im Bildungswesen. Auch hier – wie überall – versprach man sich eine deutliche Steigerung der Effizienz durch selbstverantwortliche und aktive Beteiligung der Mitarbeiter.

Aber diese neuen Ideen stammten wohlgemerkt nicht aus Lehrerköpfen, sie kamen nicht als Reformdruck »von unten«. Sie kamen aus der Organisationslehre und der Betriebswirtschaft, hatten sich in Industriebetrieben weltweit bewährt und beherrschten schon seit einiger Zeit den Trend in der Schulentwicklungsforschung. Und nun drangen sie plötzlich auch in die Behörden ein. Diese Ideen entsprachen dem Zeitgeist der 90er Jahre, und sie füllten die Leere in den Köpfen ehemals linker Regierungsbeamter. Und der neue Zeitgeist hieß, wie inzwischen jeder weiß: *ÖKONOMIE.*

Die lange links liegen gelassene *Wirtschaft* kam nach Jahrzehnten der Missachtung aus ihrer Schmuddelecke hervor und betrat mit ihren Maßstäben und Begriffen triumphierend die Weltbühne. Inzwischen ist ihre Denkweise die unangefochten herrschende Ideologie, das neue *Herrschaftswissen,* dessen Parolen auch die federführenden Intellektuellen täglich ehrfürchtig nachbeten.

Einen kleinen Versuch gab es aber noch zur Rettung der geistigen Autonomie in Erziehungs- und Bildungsfragen. Das war Hartmut von Hentigs Streitschrift *Die Schule neu denken* aus dem Jahre 1993. Von Hentigs Buch fand wie alle seine Bücher Beachtung in der Presse, aber nicht bei seiner wichtigsten Zielgruppe, den Lehrern. Ich kenne keinen Lehrer, der das Buch gelesen und kaum einen, der auch nur den Titel gekannt hätte.

Und dann erschien 1995 schon wieder etwas Gewichtiges. Ein dickes Buch für nur 14,80 Mark, das sich aber trotzdem wieder keiner kaufte und das daher in den Schulen ebenfalls nicht ankam. Gemeint ist die weit über die Landesgrenzen hinaus bekannt gewordene Denkschrift der Bildungskommission NRW mit dem Titel *Zukunft der Bildung – Schule der Zukunft.*

Drei Jahre lang hatten »unabhängige Persönlichkeiten« darüber nachgedacht, welche Ansprüche an Bildung und Erziehung heute gestellt werden müssen und mit welchen inneren

Reformen das Bildungssystem der neuen Zeit begegnen soll. In dieser Denkschrift spürt man noch an vielen Stellen ein ernsthaftes Bemühen sowohl um den Bildungsgedanken als auch um die nachwachsenden Generationen. Sämtliche Reformgedanken und die entsprechenden neuen Begriffe, die durch die Öffentlichkeit und die Schulen geisterten, findet man hier einmal im schönen Zusammenhang dargestellt. Und das Ganze ist eingebettet in das pädagogische Konzept von der *Schule als Lern- und Lebensraum*, den wir uns als ein *Haus des Lernens* vorstellen sollen.

In diesem Haus soll Platz sein für alle, hier ist es warm und gemütlich, aber es wird auch viel gelernt und fleißig gearbeitet. Und in diesem Haus ist was los, hier kann man was erleben, und es wird nicht auf die Uhr geschaut.

Ich glaube, dieses schöne Bild wäre in der Lage gewesen, noch einmal die Herzen auch von alten Pädagogen zu erwärmen und zu erobern. Aber zu ihnen drang die Nachricht leider nicht durch. Zwar erschienen in den großen Zeitungen und den Zeitschriften der Lehrerverbände Stellungnahmen und Kommentare. Aber in den Lehrerzimmern wurde darüber nicht gesprochen. Die Lehrerzimmer sind ja fest verschlossen. Was in der Welt draußen passiert, ist hier kein Thema. Hier ist man mit dem Überleben beschäftigt. Wenn einer käme und fragte, habt ihr das zufällig auch gestern gelesen, dem würde ein anderer antworten, ich hab gestern Nacht bis ein Uhr korrigiert, ich hab schon seit Wochen keine Zeitung mehr gelesen. Und der Frager müsste sich schämen. Und niemals käme hier einer auf die Idee zu sagen: Erzähl mal. Worum geht's denn?

Vielleicht wäre alles anders gekommen, wenn man die Lehrer ausdrücklich aufgefordert oder besser noch verpflichtet hätte, diesen Bildungsbericht zu lesen und in den nächsten Monaten zum ausschließlichen Thema aller Arbeitsgruppen und Konferenzen zu machen. Und anschließend hätten sie ihre

Stellungnahmen einschicken müssen. Immerhin ging es ja in dieser Denkschrift unter anderem um eine erhebliche Umgestaltung ihres eigenen Arbeitsplatzes und um ein völlig neues berufliches Leitbild.

So ähnlich hatten sich die Mitglieder der Kommission das wohl auch vorgestellt. Ihre »Analysen, Leitvorstellungen und Empfehlungen« sollten einen »offenen Diskurs« bzw. einen »offenen Dialog mit allen am Schulleben Beteiligten« auslösen und »Diskussionsanstöße für eine breite öffentliche Debatte« liefern. Auf keinen Fall wollte die Kommission, dass ihre Vorschläge »von oben verordnet werden« (so der Ministerpräsident in seinem Geleitwort). Vielmehr sollte von staatlicher Seite eine *Politik der Ermöglichung* stattfinden. Und immer wieder wurde betont, dass das Konzept »Schule der Zukunft« einen Zusammenhang darstellt, der nur als Ganzes Sinn ergibt. Die »Herausnahme von Einzelvorschlägen und ihre isolierte Verwirklichung« würde – wie sich das in der Vergangenheit gezeigt habe – nur wenig wirken und nützen. Und – ganz wichtig! – das Reformkonzept wollte (anders als das Kienbaum-Gutachten) ausdrücklich kein verdecktes Sparkonzept sein. Für den Erfolg und die Glaubwürdigkeit der Reform sei es vielmehr entscheidende Voraussetzung, heißt es da, dass »keine Verschlechterungen in der Finanzierung des Bildungswesens stattfinden« und »dass der Bildungsetat als Ganzes wenigstens nicht geschwächt wird«.

Aber leider kam es ganz anders.

Die im Schulwesen Beschäftigten beachteten den Bildungsbericht nicht. Entsprechend fehlte es vor Ort an der Kenntnis der Zusammenhänge des Konzepts. Ein Bedürfnis nach Veränderung bestand ohnehin nicht und daher auch kein Interesse an solcher Lektüre.

Und dann regnete es auf einmal aus heiterem Himmel täglich neue »isolierte Verwirklichungen«, die keiner wollte oder verlangt hatte und die vor allem keiner verstand. *Freiheits- und Gestaltungsspielräume,* um die niemand gebeten hatte, wurden plötzlich »von oben« gewährt. Die Lehrer (und ihre Verbandsvertreter) rieben sich die Augen. Was steckte dahinter?

Manche ließen sich von der neuen, Abwechslung und Bewegung versprechenden Terminologie sofort begeistern und rannten auf Fortbildungen, um mehr zu erfahren, andere blieben skeptisch und witterten sachfremde und lehrerfeindliche Absichten. Und Letztere schienen auf Dauer Recht zu behalten. Denn zeitgleich mit den Freiheitsangeboten wurden die Arbeitsbedingungen der Lehrer spürbar verschlechtert (Erhöhung der Pflichtstundenzahl, Erhöhung der Richtzahlen für die Klassenstärken). Auf den verständlichen Protest der Lehrer reagierte die Öffentlichkeit mit Hohn und Spott. Und von eben diesen Menschen, über deren Arbeit jeder lachen darf und die im Durchschnitt alle um die Fünfzig sind, wurde nun gleichzeitig Großes erwartet. Sie sollten mit frischem Schwung wieder einmal die Reformierung des Schulwesens in die Hand nehmen, sich für Neues begeistern und ihre alten, vertrauten Arbeitsweisen schleunigst aufgeben. Denn die waren nicht mehr zeitgemäß, sondern reif für den Müll. Genau so kam das rüber in den Kollegien, und genau so war es auch gemeint. Die Haltung *Denen werden wir es jetzt mal zeigen!* war hinter vielen Äußerungen von Regierungs- und Ministerialbeamten nur allzu deutlich spürbar, die ihre eigene Haut dadurch zu retten versuchten, dass sie selbst in die allgemeine öffentliche Beschimpfung einstimmten.

Ja, und dann kam zu allem Überfluss Anfang 1997 noch der TIMSS-Schock über das Land. Eine internationale Vergleichsstudie (Third International Mathematics and Science Study) hatte ergeben, dass deutsche Achtklässler sich im Fach Mathematik lediglich auf einem Grundniveau bewegen, auf dem mathematische Routineverfahren einigermaßen sicher ausgeführt werden können. Mit dieser Fähigkeitsstufe lagen sie aber international nur im Mittelfeld, genauer gesagt, an 23. Stelle unter 45 Nationen.

Diese Meldung schlug ein wie eine Bombe. Der Wirtschaftsstandort Deutschland schien gefährdet, die internationale Wettbewerbsfähigkeit für die Zukunft in Frage gestellt. Hier ging es nun nicht mehr um *peanuts*, hier ging es um die *essentials* unseres Gemeinwesens. Und plötzlich standen die Schulministerien und Schulverwaltungen als verantwortliche Behörden selbst im Mittelpunkt der Kritik. Und sie reagierten darauf kopflos wie aus dem Schlaf aufgeschreckte Tiere. Durch blinde Unterwerfung unter die zum Teil undifferenzierte, aber übermächtige öffentliche Interpretation der Daten und durch irrationale plötzliche Kurswechsel.

Das schöne Konzept vom *Haus des Lernens* und von der selbstverantwortlichen inneren Entwicklung der einzelnen Schule verschwand von einem Tag auf den anderen in der Versenkung. Stattdessen wurde der gute alte *Unterricht* nun wieder zum *Kern der schulischen Arbeit*. Und in diesem Unterricht kam es entschieden auf *Leistung* an. Und zwar ganz entschieden auf solche Leistungen, die sich in internationalen Vergleichstests messen lassen.

Diejenigen, die an die Idee von Schule als Lebensraum geglaubt hatten, in der sehr wohl überprüfbares Wissen vermittelt, aber auch so etwas wie Menschenbildung stattfinden sollte, sahen sich getäuscht. Das war auf einmal nicht mehr so wichtig. Jetzt ging es ums Wesentliche. Und das waren (eben doch) die (verwertbaren) *Produkte* und nicht, wie gerade noch propagiert, die (lebenswichtigen) *Prozesse*. Denn Prozesse brauchen Zeit. Und die war plötzlich nicht mehr vorhanden.

Die *Schulprogramme*, Kern und Motor der inneren Schulentwicklung, in denen Lehrer, Eltern und Schüler gemeinsam

»das Konzept ihrer Zielvorstellungen in curricularen, pädagogischen, organisatorischen, personellen und finanziellen Fragen dokumentieren« und gleichzeitig »Verfahren aufzeigen, wie diese Ziele zu erreichen, zu überprüfen und zu bewerten sind« (Originalton unserer Ministerin), hatten nun »bis zum Jahr 2000« fertig und zur Kontrolle bei der Schulaufsicht eingereicht zu sein.

In den Schulen brach Panik aus. Manche Schulen mit netten Schulleitern oder in ruhigen, ländlichen Lagen hatten von Schulprogrammen noch nie etwas gehört. Andere betrachteten die neue Reformrhetorik, die in Bruchstücken wie von einem fernen Stern immer wieder mal bei ihnen landete, mit größtem Befremden. In fortschrittlichen Schulen dagegen hatten sich einzelne neugierige Leute schon zu Schulentwicklungsmoderatoren ausbilden lassen und ihr Kollegium in mühsamer Kleinarbeit gerade davon überzeugt, dass die Arbeit an einem Schulprogramm eine echte und ernst gemeinte Chance sei, etwas »für uns« und »für unsere Schule« zu tun. Ein Angebot, das man unbedingt wahrnehmen müsse, eine nie da gewesene Möglichkeit, die eigene Schule nach eigenen Vorstellungen zu gestalten und zu verändern. Dafür konnten wir uns so viel Zeit nehmen, wie wir brauchten, wir betraten ja völliges Neuland.

Ein gemeinsames pädagogisches Grundkonzept, das nicht auf dem gewöhnlichen Abstimmungsterror in den Gremien, sondern auf dem Konsens aller Beteiligten beruhen sollte, hat man ja bei Hunderten von Beteiligten nicht von heute auf morgen erstellt. Das kostet viel Zeit und bedeutet viel zusätzliche Arbeit. Dafür musste ein Kollegium erst mal gewonnen und auch geschult werden. Den meisten Kollegen gefiel die Vorstellung von einem prinzipiell zukunfts- und ergebnisoffenen Entwicklungsprozess, in dessen Verlauf man miteinander ins Gespräch kommen, sich besser kennen lernen und um gemeinsame Leit- und Wertvorstellungen ringen würde (*Der Weg ist das Ziel*).

Am Anfang hatte daher in den meisten Kollegien das Bedürfnis nach mentalen und handfest konkreten Säuberungs- und Aufräumarbeiten gestanden. Fast überall wurden zuerst einmal Anstrengungen zur Verbesserung des Betriebsklimas unternommen, und danach machte man sich an eine *Bestandsaufnahme*. Dabei stellte so mancher überrascht fest, wie reichhaltig doch insgesamt das Angebot an seiner Schule schon war und wie wenig er von den Aktivitäten der anderen Kollegen und von seiner Schule insgesamt wusste. Und manches Alte, das sich längst überlebt hatte, aber immer noch mitgeschleppt wurde, sprang ins Auge. Und auch die Lücken fielen auf. Wo ein Angebot fehlte oder eine Verbesserung oder Erneuerung dringend vonnöten war. So war mancherorts langsam etwas Wichtiges in Bewegung gekommen.

Aber dann kamen TIMSS und die Folgen.

Die politische Öffentlichkeit reagierte alarmiert und unverhältnismäßig heftig. Schließlich ging es ja nur um eine Stichprobe von Achtklässlern, die in ihren Mathematikleistungen international im breiten mittleren Leistungsbereich lagen. Das war alles. Das war die einzige schlechte Nachricht aus einer komplexen Datenfülle mit vielen anderen, für uns Deutsche durchaus positiven und interessanten Ergebnissen.

Aber in der Mitte wollen wir nicht liegen, und zwar in keinem Fall. Auch nicht mit anderen zusammen. In dem breiten Mittelfeld lagen noch neun andere nette Länder, darunter gute Freunde wie England und die USA. Aber egal, wir müssen immer und überall vorn sein. Sonst wird's ungemütlich.

So auch jetzt. Die bildungspolitische Stimmung im Land schlug um 180 Grad um. Die Kultusminister der Länder (*KMK*) trafen sich im Juni 1997 eilig zu einer Anhörung. In der abschließenden Pressemitteilung heißt es:

In diesem Zusammenhang wurde von allen Beteiligten die Entwicklung einer ***neuen Kultur der Anstrengung*** *in Deutschland gefordert. Hierzu sind Lehrkräfte, Schüler, Eltern sowie alle gesellschaftlichen Kräfte im Bildungsbereich aufgefordert. Übereinstimmend stellen die Vertreterinnen und Vertreter der Kultusministerkonferenz, der Fachverbände und der Lehrerverbände fest, dass eine* ***intensive Qualitätsdebatte*** *notwendig sei.*

Im November 1997 meldete sich sogar der damalige Bundespräsident Herzog mit einer Rede an die Nation (*Aufbruch in der Bildungspolitik*) zu Wort. *Es gibt* ***keine Bildung ohne Anstrengung***, sagte er, *wer die Noten aus den Schulen verbannt, schafft* ***Kuschelecken****, aber keine Bildungseinrichtungen, die auf das nächste Jahrtausend vorbereiten.* Am Vortag der Rede hatte er in einem Interview bereits das Ziel der ganzen Anstrengung vorgegeben: *Wir müssen wieder das beste Bildungssystem in der Welt bekommen.*

Unverzüglich reagierten die Schulministerien der einzelnen Bundesländer mit einem Katalog von Maßnahmen. Nur widersprachen diese Maßnahmen leider völlig dem Geist des soeben noch propagierten »Haus des Lernens«.

Verschärfte Versetzungsordnungen, verschärfte Prüfungsordnungen, Verschärfung der Einbringungs- und Belegungsvorschriften in der Oberstufe, Verstärkung der schulaufsichtlichen Kontrolle, Stärkung der Schulleitungen nach innen. Alles mit dem Ziel, das Gewicht der alten »Kernfächer« Deutsch, Mathematik und Fremdsprachen deutlich zu erhöhen und die vielfältigen Bemühungen um Veränderung und Verbesserung von Schule auf den Aspekt *Qualitätssicherung*, also auf die Effektivität und die Ergebnisse von Unterricht, zu reduzieren. Auf der ganzen Linie also eine Rückkehr zum guten Alten, zu den alten »Hauptfächern«, zur alten Leistungsschule und zu den alten zentralistischen Steuerungsmethoden.

Das wäre ja alles an sich gar nicht so schlimm gewesen. Auf manche dieser Veränderungen hatten kluge Leute schon lange gewartet. Nur hätte man es dann auch so verkaufen müssen. Man hätte den irritierten Lehrern sagen müssen: Leute, tut uns Leid, wir haben uns vertan. Die These von der Gleichwertigkeit aller Fächer und damit der Grundgedanke der ganzen Oberstufenreform hat sich als großer Mist erwiesen. Und das mit der Deregulation, das lassen wir mal lieber. Es kommt ja ohnehin nichts raus bei euren autonomen Entwicklungsprozessen, das geht uns alles viel zu langsam, und time is nun mal money. Und was die »Schulqualität« angeht, da habt ihr wohl was missverstanden, oder wir haben uns nicht klar genug ausgedrückt. Hier geht es nämlich nicht um selbst gebastelte Tugendkataloge, hier geht es um *TQM* (*Total Quality Management*). Schon mal was davon gehört? Das sind so internationale Einheitsstandards für externe Qualitätsevaluationssysteme. An die neuen Wörter und das moderne Qualitätsverständnis werdet ihr euch gewöhnen müssen, Leute, das mussten wir ja auch. Denn was ihr vielleicht in eurer Trutzburg noch nicht mitgekriegt habt: *Die Zeiten haben sich geändert!* Und zwar gewaltig. Paradigmenwechsel nennt man so was. Was etwas kostet, muss auch was bringen. Und in euch und euer Unternehmen wird jede zehnte deutsche Mark investiert. Und was dabei rauskommt, ist Scheiße. Das muss mal so klar gesagt werden. Damit kann man auf dem freien Markt nichts anfangen, die Kunden beklagen sich. Wenn das so weitergeht, Leute, werden wir den ganzen Laden verkaufen, dann werden wir euch dem freien Spiel der Kräfte überlassen, in dem sich bekanntlich alles von selbst reguliert. Wir sehen, offen gesagt, kaum noch andere Möglichkeiten für euch ...

Das hätte gewirkt. Das wäre verstanden worden und hätte sofort überzeugt. Und es wäre ehrlich gewesen.

Aber so wurde es nicht gesagt. Es wurde überhaupt nichts gesagt. Es wurde nur von einem auf den anderen Tag anders gesprochen.

Die Verwirrung in den Schulen war groß. Bei vielen auch die Enttäuschung. In den Kollegien drehte sich der Wind. Die notorischen Skeptiker und Bremser (aus Prinzip immer gegen alles), die Technokraten (in der Verwaltung hinter ihren Computern) und die Ergebnisfetischisten (*Und was soll das bringen? Und was hat das jetzt gebracht?*), diese Leute hatten also Recht behalten und lachten sich schadenfroh ins Fäustchen. Die Blöden, die sich engagiert hatten, und das zum Teil schon jahrelang, die das Entwicklungskonzept immer wieder erklärt und vertreten hatten, standen als Naivlinge da und waren nicht mehr glaubwürdig.

Was hätten sie denn sagen sollen?

Klar, folgender Diskurs stand zur Verfügung:

– Habt ihr denn vergessen, liebe Kollegen, dass alles im Leben zwei Seiten hat? Und dass jede Setzung (*Position*) ihr Gegenteil (*Negation*) nach sich zieht, wie uns der große Hegel schon lehrte? Selbstverständlich war immer *beides* gemeint, Freiheit *und* Kontrolle, Autonomie *und* Rechenschaftspflicht. Jedes Mehr an Freiheit bedeutet ja auch ein Mehr an Verantwortung, nicht wahr? Und wenn jetzt der Aspekt Ergebnissicherung wieder stärker betont wird, dann nur, weil diese innere Zusammengehörigkeit der Dinge vielerorts aus dem Blick zu geraten drohte …

So sprach ein übers andere Mal unsere Frau Ministerin. Und obwohl die Sätze richtig waren, waren sie doch nicht wahr. Und darum sprach sie in den Schulen auch keiner nach. Und darum erlosch das kleine Flämmchen der Reformbegeisterung auch bei den wenigen. Von nun an wurde wieder alles stur nach Vorschrift erledigt, *weil die da oben das eben so haben wollen.*

So viel für heute zum »Reformwillen« in der Lehrerschaft, den die vom allgemeinen Zweckoptimismus angesteckte *ZEIT* glaubt diagnostiziert zu haben.

Der Reformwille der Behörden hingegen scheint nach wie vor ungebrochen. Beispiel Nordrhein-Westfalen: Im Amtsblatt vom 15. August 2001 wurde vom Schulministerium das Projekt *Selbständige Schule* ausgeschrieben. Bis November sollen die Schulen in einen »innerschulischen Dialog« treten und über die Frage der Teilnahme an diesem Modellversuch »qualifizierte Beschlüsse herbeiführen«. Vorgesehen ist die Teilnahme von zunächst 300 Schulen. Gefördert und unterstützt wird das Projekt durch einen »Innovationsfonds« in Höhe von rund drei Millionen Mark (Landesmittel und Bertelsmann-Stiftung), durch einen Personalzuschlag von durchschnittlich einer halben Stelle pro Versuchsschule und durch regionale Projektbüros. Versprochen werden den Schulen weitreichende Freiheiten: Entscheidung über Sachmittel, über die Einstellung von Personal und über die Gestaltung des Unterrichts. Strukturelle Veränderungen: Die Mitbestimmungsrechte der Lehrerkonferenz werden beschnitten, dafür erhalten die Lehrerräte die Mitbestimmungsrechte der bisherigen Personalräte, die Schulleiter werden zu Dienstvorgesetzten.

Wie immer gibt es auch jetzt wieder begeisterte und kritische Stimmen. Friedrich Mahlmann, Vorsitzender der Schulleitervereinigung NRW, ist begeistert. Er sagt: *Kommt das Projekt durch, würde sich Nordrhein-Westfalen an die Spitze der Bundesländer setzen, die ihre Schulen aus der Unmündigkeit entlassen. Hätten alle Schulen solche Bedingungen – jede Wette, dass Deutschland bei den internationalen Vergleichsstudien in Zukunft auf einem der vorderen Ränge läge.*

Die Kritiker beklagen den Abbau demokratischer Mitwirkungsrechte (der Lehrerkonferenz) und die innere Hierarchisierung durch die herausgehobene Stellung der Schulleiter. Können Schulleiter die Kompetenzen, die ihnen hier zugeschrieben werden – Betriebswirt, Jurist, Verwaltungsfachkraft, Schulbauexperte, Dienstvorgesetzter, Experte für Datenverarbeitung etc. – überhaupt in sich vereinen? Wo bleibt bei dieser Aufgabenfülle ihr eigentlicher Auftrag, die pädagogische Leitung der Schule? Sollen, können in Zukunft überhaupt noch Pädagogen die Leitung des Schulbetriebs übernehmen? Darüber müsste in der Tat nachgedacht werden.

Die Frage aber, die am meisten die Gemüter bewegt, ist die: Werden die Schulen absichtsvoll gerade jetzt in die Selbständigkeit und Eigenverantwortung entlassen, wo die staatlichen Ausgaben für den Bildungsbereich drastisch zurückgefahren werden? Liegt das Hauptmotiv der Reform darin, die öffentlichen Kassen zu entlasten und den Schulen selbst die Verantwortung für die *Verwaltung des Mangels* in die Schuhe zu schieben? Fürwahr ein hässlicher Verdacht.

Wer hat diesmal Recht? Die Optimisten oder die Skeptiker? Es wird sich zeigen. Bis Anfang 2002 werden die Bewerbungen der Schulen gesichtet und die endgültigen Teilnehmer ausgewählt sein. (Kolportiertes Zitat aus dem Ministerium: *Schlafmützen wollen wir nicht dabei haben.*) Am 1. August 2002 startet der Modellversuch. Versuchsdauer: sechs Jahre. Auf die Erfahrungen und das Ergebnis sind wir gespannt.

Mit noch größerer Anspannung aber schaut ganz Deutschland seit Ende 2001 auf die niederschmetternden ersten Ergebnisse der bislang größten weltweiten Leistungsvergleichsstudie PISA. Schon wieder haben die deutschen Schüler miserabel abgeschnitten (diesmal in der Schlüsselqualifikation *Reading Literacy*), schon wieder läuft eine Schockwelle durch das Land. Jetzt reicht es aber!, tönt es von allen Seiten. Wir brauchen dringend eine Reform unseres Bildungssystems! Ja, aber wir machen doch nichts anderes! Wir befinden uns doch seit Jahren unnterbrochen in der Schulreform … Aber jetzt ist ein Kurswechsel fällig! Schon wieder ein Kurswechsel? In welche Richtung soll's denn diesmal gehen? Besserer Unterricht! rufen alle. Richtig, aber was heißt das? Neue Richtlinien und Lehrpläne? Neue didaktische Konzepte? Höhere Anforderungen? Mehr Leistungskontrollen? Oder: eine ganz neue Lernkultur?

Wird aus all den Fragen und Forderungen, aus der Polyphonie der Stimmen, die wir seit der PISA-Katastrophe hören, am Ende etwas Gutes kommen? Wird sich endlich in unserem Land ein neues *pädagogisches* Denken einstellen, ein neues Nachdenken über Kinder und Schulen und über das, was wir in Zukunft unter *Bildung* verstehen wollen? Und wie sie zu ermöglichen wäre? Oder wird wieder alles in eilig verabschiedeten *Maßnahmen* enden? Um ganz schnell zu einer Steigerung der *Effizienz* und zu besseren Testergebnissen zu kommen? Wird am Ende der Bildungsgedanke oder wird der erfolgsorientierte Pragmatismus siegen?

»Am meisten fürchte ich mich«, sagt Jürgen Baumert, der wissenschaftliche Leiter der PISA-Studie Deutschland, »am meisten fürchte ich mich vor den Personen, die jetzt genau wissen, was zu tun ist.« Vor denen fürchten sich wohl auch die Lehrer am meisten.

Effektiver Unterricht

Über die Wirksamkeit *(Effektivität)* von Unterricht habe ich in all den Lehrerjahren eigentlich ständig nachgedacht. Vor allem darüber, wie ich meinen eigenen Unterricht, und zwar den Deutschunterricht in der Oberstufe, effektiver gestalten könnte. Nach jeder Überprüfung der Ergebnisse (*Evaluation*) in Form von schriftlichen Hausaufgaben und Klausuren stellte ich mir diese Frage aufs Neue. Aber alle Korrekturen am

Unterricht – Wechsel der Methoden, der Sozialformen oder der Inhalte – haben kein einziges Mal eine Verbesserung der Ergebnisse bewirkt. Die nächste *Evaluation* zeigte mir immer wieder nur eins:

Mein Unterricht bringt überhaupt nichts. Man könnte ihn genauso gut einstellen.

Nach drei Jahren Deutschunterricht entließ ich die Schüler genauso, wie ich sie in Stufe 11 bekommen hatte. Wer »gut« war, blieb es, wer »schlecht« war, blieb es auch. Nie gelang es einem schwachen Schüler, sich nennenswert zu verbessern, oder mir, ihm zu besseren Leistungen zu verhelfen oder auch nur seine Einstellung ein ganz klein wenig zu verändern. Wer mir in der ersten Stunde sagte, dass er Kafka Scheiße fände, fand das auch noch nach meiner Unterrichtsreihe oder vielleicht sogar jetzt erst recht (*Der ist doch krank, der Typ!*). Gedichte, egal welcher Art und Epoche, waren und blieben *total hirnrissig*. Ein Gefühl oder ein Kriterium für einen ästhetisch schönen oder logisch klaren oder ethisch überzeugenden Text habe ich keinem meiner Schüler, der es nicht schon mitbrachte, vermitteln können. Vor allem nicht in Bezug auf ihre eigenen Texte. Sie verstanden nie, was sie falsch gemacht hatten, wieso ein Ausdruck unpassend, eine Argumentation nicht stringent oder eine Haltung verantwortungslos genannt werden konnte. *Das sehe ich eben anders*, sagten sie, *da haben wir eben 'ne verschiedene Meinung*.

Sie schrieben Verben und Adjektive groß und Substantive klein (Grundschulstoff), setzten widersinnige Kommata, zum Beispiel nach dem Satzsubjekt (*Der Hund, lief über die Straße*) und konnten *das* und *dass* prinzipiell nicht unterscheiden (*Er sagte das sein Vater gestorben war*). Da halfen keine Wiederholungsstunden, keine systematischen Gegenüberstellungen, keine Übungen im Unterricht und zu Hause, keine Korrektur der Fehler und keine Berichtigungen. Es war, als wäre die entscheidende Prägezeit ein für allemal vorbei. Dieselben Fehler wurden von denselben Schülern drei Jahre lang bis in die Abiturklausur hinein immer wieder gemacht.

Und dabei mochten wir uns ganz gern. Ich mochte sie, diese Jungs mit ihren verkehrt herum aufgesetzten Baseballkappen, die am liebsten Kfz-Mechaniker oder Koch geworden wären, und die Mädchen, die *was mit Kindern oder Behinderten* werden wollten, aber meinten, sie bräuchten dafür unbedingt das Abi (*Sonst krieg ich doch noch nicht mal 'ne Lehrstelle*). Ich mochte sie, und sie taten mir Leid. Ich hätte sie liebend gern mit deutscher Grammatik und vor allem mit der schöngeistigen Literatur verschont.

Einer meiner Schüler sagte einmal zum Abschied zu mir die aus einem ehrlichen Herzen kommenden Worte: *Nee, tut mir Leid, interessant fand ich das echt nicht, was wir hier die ganze Zeit gemacht haben. Aber ich muss sagen, es hat mir imponiert, wie Sie sich für so was Sinnloses so tierisch begeistern können.*

Ja, ich hätte sie gern mit der Literatur verschont, aber noch mehr wollte ich auf Dauer die Literatur vor diesen netten Barbaren beschützen. Und da ich nicht gern Vorstellungsgespräche und Bewerbungsschreiben übe, weil ich so was selber gar nicht kann, und da in den Deutsch-Grundkursen nur ganz selten mal ein begabter oder interessierter Schüler sitzt (denn die wählen den Leistungskurs), habe ich diese Freude am Sinnlosen so langsam verloren. Ich wollte es einfach nicht mehr machen. Lieber hätte ich das Klo geputzt.

Wenn nun jemand gekommen wäre und hätte den *Input*, den *Prozess* und den *Output* meines Unterrichts nach *Merkmalen, Indikatoren und Standards* gemessen, der hätte wahrscheinlich in quantifizierter Form dasselbe herausgefunden wie ich, nämlich dass mein Unterricht nichts bringt. Und wenn demnächst am Ende der Sekundarstufe I schulformübergreifende Parallelarbeiten geschrieben werden und dabei festgestellt wird, dass die Schüler nach sechs Jahren Englischunterricht nichts können? *Was dann?* Dann gehen wir Lehrer auf Fortbildung und studieren die Handlungsforschung (*action research*). Die lehrt uns, im Team darüber *Hypothesen zu formulieren, warum ein vereinbartes Ziel nicht von allen Schüler/innen erreicht wurde und wie man dieser Tendenz begegnen kann durch geeignete Interventionen oder Änderungen in der Unterrichtspraxis*.

Ich habe keine Ahnung von der Handlungsforschung, aber ich wage trotzdem mal eine – allerdings nicht durch Teamarbeit abgesicherte – Hypothese: Das *vereinbarte Ziel* wird deshalb nicht von allen Schülern erreicht, weil es den Schülern an der nötigen Begabung fehlt *oder* weil der Stoff zu schwer ist. Eins von beiden. Dieser Tendenz kann man durch folgende Interventionen begegnen: Senkung der Anforderungen *oder* Senkung der Schülerzahlen, die in unserem Land Abitur machen sollen. So wie es nämlich Dinge gibt, die man *nur gleichzeitig* haben kann, wie etwa Freiheit und Selbstverantwortung, so gibt es auch einige Dinge, die man *nie gleichzeitig* haben kann, wie zum Beispiel ein allgemeines Grundrecht aller Kinder auf das Abitur und zugleich das Abitur als Zugangsberechtigung zum Hochschulstudium. Genau das wird aber erwartet.

Und an diesem Dilemma leiden und scheitern ausnahmslos *alle*. Die schwachen Schüler, die gar nicht studieren wollen, scheitern an den nach wie vor wissenschaftspropädeutisch angelegten Fachcurricula, die begabten Schüler dagegen leiden neun Jahre lang an Unterforderung und Langeweile. Die Lehrer leiden und scheitern an der Aufgabe, einerseits den gymnasialen Anspruch aufrechterhalten zu müssen, und dem gleichzeitigen Anspruch, ihren Unterricht an der Motivationslage und den Interessen der Schüler zu orientieren. Eine Lage, in der man eben immer nur grausam sein und alles falsch machen *kann*, entweder den Schülern oder den Inhalten und Maßstäben gegenüber. Und die Schulen als Institutionen stecken in demselben Dilemma. Einerseits werben sie um alle Schüler, denn nur wenn viele Schüler kommen und bleiben (!), können sie ihren Personalstand halten und für ein differenziertes Kurs- und Fächerangebot in der Oberstufe sorgen, andererseits verhilft ihnen genau diese unüberschaubare Größe zu einem schlechten Image (Anonymität, Gewaltpotenzial, »Proletenschule«) und verhindert den notwendigen Schülerzulauf.

So wie ein einzelner Mensch unter dem Druck gleichzeitiger und gleich starker gegensätzlicher Erwartungen seelisch zerbricht (*double-bind*), so sind auch unsere Schulen unter dem jahrzehntelangen Druck dieser Verhältnisse innerlich längst zerbrochen und zerstört. Es stehen zwar die zum Teil recht ansehnlichen Gebäude. Aber im Innern ist die Trostlosigkeit der Zustände unbeschreiblich. Und wenn dann draußen wieder eine neue Sau durch den Schulgarten gejagt wird, dann heben die meisten noch nicht einmal mehr die Köpfe.

Gute Schulen

Heute habe ich mich endlich an meinen Schulschreibtisch herangewagt. Seit letztem August, seit vier Monaten also, habe ich ihn nicht mehr angeschaut oder angerührt, ja, ich bin noch nicht mal in seine Nähe gegangen. Auch heute kostet es mich die größte Überwindung, alles sträubt sich immer noch dagegen. Aber über die Weihnachtstage werden ein paar Gäste kommen, die im Arbeitszimmer übernachten sollen. Ich muss also dort dringend ein bisschen aufräumen.

Als Erstes nehme ich mir vor, die zahllosen Papiere zum Thema *Schulprogramm und Schulentwicklung* beiseite zu schaffen. Meine Brille habe ich absichtlich nicht aufgesetzt.

Ich will auf keinen Fall auch nur einen Satz lesen. Unten im Wohnzimmer habe ich die neue CD, die ich zum Geburtstag bekommen habe, eingelegt und auf volle Lautstärke gedreht.

Aber ohne Brille komme ich nicht weiter. Entweder nehme ich jetzt den ganzen Stapel Papier und werfe ihn unbesehen in den Müll oder ich ordne alles und behalte es.

Und schon nach fünf Minuten mit Brille lese ich wieder mehr als nur das Datum und die Überschrift, und zwar als mir ein alter Arbeitsbericht zur Schulforschung in die Hände fällt.

Der Bericht enthält eine Auflistung von empirisch gewonnenen Merkmalen, mit denen sich die Qualität einer Schule beschreiben lässt. Dieser für die deutsche Tradition typische, eher pädagogisch orientierte Forschungsansatz gilt mittlerweile als antiquiert und überholt und wurde von den großen, international und extern operierenden Systemvergleichen abgelöst. Mir haben aber gerade immer die Schlichtheit, relative Unaufwendigkeit und Allgemeinverständlichkeit dieses alten Ansatzes und vor allem die schlagende Evidenz seiner Ergebnisse gefallen.

In dem Bericht werden für *gute Schulen* die folgenden Qualitätsmerkmale genannt:

– Vertrauen in das Leistungsvermögen der Schülerinnen und Schüler

– Atmosphäre frei von Druck und Drohungen

– Behagliche Lernumgebung und Arbeitsbedingungen

– Gemeinsam erarbeiteter Konsens in pädagogischen Fragen

– Klare Ziele und deutlicher Leistungsanspruch

– Effektive Lehr- und Lernstrategien im Unterricht

– Gemeinsame Fortbildung des ganzen Kollegiums

– Einbeziehung des schulischen Umfelds

– Leitung mit pädagogischer Führungs- und Beratungskompetenz

Ich kenne weit und breit keine Schule, die auch nur einige

dieser Kriterien erfüllen würde. Und meine eigene Schule, die doch in unserer Stadt einen sehr guten Ruf hat, erfüllt kein einziges.

Und dann fällt mir noch ein anderes kleines Papier in die Hände. Es stammt aus unserem leider nicht kleiner, sondern täglich größer werdenden Schatz an schulinternen bürokratischen Reglementierungen.

Und hier zeigt sich, dass schon das Einfachste, die *Einbeziehung des schulischen Umfelds,* die ach so dringend geforderte *Öffnung der Schule* zur Welt, zur Stadt, zur Natur, zur Kunstwelt oder zur Welt der Arbeit, keineswegs so einfach zu bewerkstelligen ist. Man kommt da nicht so einfach raus. Vor dem Ausgang türmen sich meterhohe, schier unüberwindliche Hindernisse. Von denen unser kleiner *Antrag auf Genehmigung* mal ein paar aufzählt.

[redacted]-Gymnasium [redacted], den

Name:______________________

An [redacted]

Antrag auf Genehmigung einer Exkursion, eines Wandertages u.ä.

(Dieser Antrag muß wenigstens eine Woche vor dem geplanten Termin bei [redacted] sein!)

Ich möchte mit Klasse/Kurs______________ am ________ ein__ ______________ nach ______________________ durchführen.

Ich brauche eine zweite Begleitung, weil ______________________
____
(In der Regel ist von einer Begleitperson auszugehen.)

An diesem Tag
- wird keine Arbeit/Klausur geschrieben
- gibt es in der Stufe keine Kooperation
- liegt keine Franz./Latein-Komb.(ZFSpr) im Plan
- gibt es keinen Diff.-Kurs (Dif1, Dif2)
- gibt es keinen Religionsunterricht

Falls einer dieser Punkte nicht erfüllt ist, ist eine rechtzeitige Rücksprache oder kurze schriftl. Begründung für den Termin erforderlich.

____
(Paraphe)

Fühlen wir uns hier nicht ein ganz klein wenig an Kafkas absurde Welt erinnert?

Burn-out

Ich weiß, Lehrer sind schrecklich. Immer am Jammern und Klagen. Sie bevölkern Arztpraxen und Wochenend-Workshops, sie sind die mit Abstand stärkste Patientengruppe sämtlicher Therapeuten und Quacksalber, sie verbringen ihre Ferien in sechswöchigen Selbstfindungsseminaren. In geselligen Runden sind sie gefürchtet, denn sie können *nichts anderes als über Schule reden*.

Und nun haben sie auch noch eine Krankheit entwickelt, die fast nur ihnen gehört, keine andere Berufsgruppe wird so stark davon befallen: das *Burn-out-Syndrom*. Das Endstadium oder die Endstation des Weges vom brennenden pädagogischen Enthusiasmus zur ausgebrannten Menschenruine. Erzeugt wird das Krankheitssyndrom durch *zu hohe Energieabgabe für zu geringe Wirkung über einen zu langen Zeitraum*, was praktisch einer Definition des Lehrerberufs gleichkommt.

Die Hälfte aller Fortbildungsangebote für Lehrer dreht sich um dieses Krankheitsbild. Auf *Anti-Stress-Tagen* lernen Lehrer, ihr *Energiegleichgewich*t wiederherzustellen, indem sie mit der *Selbstbeschimpfung* aufhören und einen *freundlichen Umgang mit sich selbst* pflegen lernen. Sie lernen dort, dass *vielleicht das Wichtigste am Unterricht die Pausen* sind (was sie schon wussten) und dass sie sich gegen *unliebsame Eindringlinge mit Nachdruck abgrenzen* müssen und *Sperrzeiten, die niemand stören darf*, einrichten sollen (was sie schon immer tun).

Die Kurse, die man ihnen zur Selbstrettung anbietet, heißen *Mehr Zeit für das Wesentliche* (Eine Einführung in das Selbstmanagement), *Wenn ich an Marvin denke, kriege ich Schweißausbrüche* (Sich selbst in Situationen von Gewalt und Aggression besser verstehen lernen) und *Effektives Konfliktmanagement*. Sie absolvieren ein *Atem- und Stimmtraining* (zur Stärkung kommunikativer Kompetenzen), sie lernen *Erfolgreich lehren mit emotionaler Intelligenz* oder *Überzeugend reden und auftreten mit Neurolinguistischem Programmieren* oder *Cool bleiben, auch wenn's schwer fällt. Die NLP-Tricks für ein effektives Stress-Management.* Dazu gehört, die »Stressoren« zu erkennen und sich *von stressigen Erfahrungen schnell zu distanzieren und belastende Gefühle rasch zu verändern.*

Aber all das und noch vieles mehr wird den armen Lehrern nicht helfen. Denn nichts von alledem verändert die Bedingungen, unter denen sie arbeiten müssen. Und diese Bedingungen werden nicht besser, sondern mit jedem Tag schlechter.

Denn obwohl es – um nur ein Beispiel zu nennen – bibliothekenfüllende Untersuchungen über die so genannten *neuen Kinder* gibt, die unter Wohlstandsverwahrlosung und Erziehungsdefiziten leiden, die sich in *Teilleistungsstörungen, Konzentrationsschwäche oder Aufmerksamkeitsstörungen mit oder ohne Hyperaktivität* äußern, obwohl diese Kinder *Probleme mit Wortbildern und Zahlenmengen, mit der Motorik, dem Sozialverhalten und der Regeleinhaltung haben,* also mit allem, was als Voraussetzung fürs Schulehalten angesehen werden darf, und obwohl diese Kinder nur ein einziges Bedürfnis zu kennen scheinen, nämlich einmal einen Erwachsenen zu berühren und ihn einmal eine Minute lang ganz für sich allein zu haben, seine ganze, ungeteilte Aufmerksamkeit, und wenn sie ihren Tischnachbarn dafür erschlagen müssten … obwohl man all dies also seit langem weiß, werden die Klassenstärken aus Kostengründen ständig erhöht und die Verfügungsstunden (eine Wochenstunde, in der der Klassenlehrer nicht unterrichtet, sondern sich den Kindern und den Klassengeschäften widmen darf) gestrichen.

Das sind die Tatsachen. So sehen die Prioritäten aus. Und darum haben viele Lehrer für all die Kurse in »sozialer Handlungskompetenz« und ähnlichem Quatsch nur ein müdes Achselzucken oder ein zynisches Grinsen übrig. Und die, die diese Kurse besuchen und auf Hilfe in ihrer Not hoffen, fühlen sich danach nicht besser, sondern noch schlechter und unfähiger, weil alles wieder nichts geholfen hat und sie sich selbst dafür die Schuld geben. Aber immerhin war man mal wieder für ein paar Tage fort und unter Leuten, denen es ebenso beschissen geht. Das tut immer gut. Und darum wird man bei der nächsten Gelegenheit auf jeden Fall wieder fahren.

In dem *ZEIT*-Dossier vom 2. Dezember nimmt sich ein Herr Blech dieses traurigen Themas an. Unter der Überschrift *Verbrannte Seelen* berichtet er von den vielfältigen Symptomen der psychischen Erschöpfung bei *Paukern*, wie er sie nennt, und darüber, dass *aus wissenschaftlicher Sicht die exakten Ursachen des Ausbrennens so gut wie nicht bekannt sind*. Er führt Statistiken an, die belegen, dass die wenigsten Lehrer in Deutschland bis zum regulären Pensionsalter durchhalten (in Baden-Württemberg nur 18 Prozent); die meisten können oder wollen nicht mehr und lassen sich wegen Dienstunfähigkeit vorzeitig in den Ruhestand versetzen (in Hamburg neun von zehn Lehrern). Und über zwei solcher Fälle berichtet uns Herr Blech Näheres.

Jede Nacht um drei Uhr hält er das Pfeifen, Klingeln und Fiepen in seinem Kopf nicht mehr aus. Vom Bett aus tastet er nach dem tragbaren CD-Spieler, setzt den Kopfhörer auf und drückt auf Start. Auf einmal zwitschern um ihn herum Vögel, Blätter rascheln im Wind, in der Ferne rauscht ein Wasserfall. Harald Meffert war einmal Musiklehrer an einem Hamburger Gymnasium. Doch sein Gehör ist ruiniert. Durch den Musikunterricht, wie er meint. Dem Toben, Schreien und Stören der Schüler fühlte sich der zierliche, etwas schreckhaft wirkende Mann nicht mehr gewachsen. Vor acht Jahren wurde Meffert auf eigenen Wunsch vorzeitig pensioniert. Es war eine schlimme

Zeit, erinnert sich der heute 65-Jährige. Dass er den Tinnitus bekam, erschien ihm damals wie eine Befreiung. »Endlich war die Last vom Buckel!«, sagt er. Dabei hatte er anfangs seinen Beruf »zauberhaft« gefunden.

Aber die *notorischen Störer* in der Mittelstufe, die mal wie verrückt auf den Keyboards herumhämmerten, mal schlicht jede Mitarbeit verweigerten, das war *zu viel.* An diesen Stresssituationen sei er damals krank geworden, sagt der alte Mann.

Ich kann es mir nur zu gut vorstellen. Den schmächtigen, höchstwahrscheinlich kleinen Mann mit dem empfindlichen Gehör und der Liebe zur klassischen Musik. Wie sie ihn verachteten und quälten, diese 14- bis 16-jährigen Jungen, die sich in diesem Alter für nichts anderes zu interessieren scheinen als für den Aufbau ihrer Muskeln und den Inhalt ihrer Hodensäcke. Wie sie ihn vollkommen ignorierten da vorn, wie sie die teuren Instrumente demolierten, wie sie alles, alles, jedes Wort und jedes Musikstück, durch lautes Gebrüll, Herumgerenne und höhnisches Gelächter erstickten …

Es muss die Hölle gewesen sein.

Aber Herr Blech findet die beschriebene Unterrichtssituation noch vergleichsweise *harmlos.* Was ihn wundert, ist, *dass die Krankgeschriebenen, kaum aus dem Schuldienst entlassen, oft plötzlich wieder erstaunlich aufblühen.* Und *jene vorzeitig verrentete Grundschullehrerin, die plötzlich Kraft für Sprachkurse und Studienreisen findet,* gibt ihm zu denken.

Ich möchte Sie einmal bitten, sich etwas vorzustellen, Herr Blech. Stellen Sie sich vor, in dem Gebäude des *ZEIT*-Verlags in Hamburg, in dem sie sich sechs Stunden am Vormittag aufzuhalten hätten, würde jeder, der ihnen begegnete, im Treppenhaus und in den Redaktionsstuben, von der Putzfrau bis hinauf zur Gräfin, im Vorbeigehen und im Gespräch statt »Guten Tag« immer wieder nur »Da kommt das Arschloch« sagen (oder denken)… Wie lange, glauben Sie, würden Sie das aushalten? Eine Woche? Einen Monat? 25 Dienstjahre? 40 Dienstjahre? Ohne wirklich ein Arschloch zu werden? Und wenn Sie sich aus dieser Lage befreien könnten, glauben Sie nicht, es würde Ihnen nach einer Weile wieder besser gehen?

So wie der Hauptschullehrerin aus Hannover, die Sie als zweiten Fall beschreiben. Ihr riefen die Siebtklässler Ausdrücke wie *blöde Fotze* und *Nutte* hinterher. *Mache ich einem Schüler deswegen Vorhaltungen, werde ich als ausländerfeindlich beschimpft. Die meisten meiner Schüler sind aber Ausländer*, schreibt die Lehrerin für ihre Psychotherapie auf. Sie möchte gern etwas sagen, aber sie findet nicht mehr die richtigen Worte. Am Ende kann sie gar nicht mehr flüssig sprechen. Sie stottert nur noch … Jetzt ist sie im vorzeitigen Ruhestand. In regelmäßigen Abständen muss sie zum Amtsarzt, der ihr die weitere Dienstunfähigkeit attestieren muss. Sollte es ihr wieder besser gehen, muss sie zurück.

Was meinen Sie, Herr Blech? Würden Sie nicht auch eher aus dem Fenster springen? Oder glauben Sie wirklich, *Supervision* könne in solchen Fällen helfen? Oder eine *Ausbildung zum Beratungslehrer*, wie Sie vorschlagen? Gegen dreistes Benehmen und Dummheit, demonstratives Desinteresse und Bosheit, die einen Lehrer auf die Dauer in seiner Substanz auslaugen, helfen auch keine Kenntnis von *metakognitiven Lernstrategien* und keine *zielgenaue Evaluation*. Eher schon die Beantwortung der Frage: *Wie überstehe ich eine Stunde vor der Klasse*?

Wenn es solch eine Antwort nur irgendwo gäbe. Wenn die Lehrer sich so etwas nur zu fragen und zu fordern trauten. Wenn sie nur bereit wären, über die vielfältigen Formen ihrer beruflichen Misere zu sprechen. Das tut aber so gut wie keiner.

Und weil sie die Schüler, egal, wie sie sich benehmen, nicht nach Hause schicken dürfen, gehen sie eben selbst. Hoffentlich frühzeitig genug.

Arme Lehrer – Arme Schüler

Heute ist es mir wieder einmal passiert, dass ich durch Zufall auf ein Buch gestoßen bin, das mich mit ein paar guten Sätzen aus einem Stimmungstief herausgeholt hat.

Mittags war ich in die Stadt gefahren, um Weihnachtsgeschenke zu besorgen und ein bisschen in meiner Buchhandlung herumzustöbern. Denn ich brauchte dringend eine Denk- und Schreibpause. In den letzten vier Wochen habe ich jeden Tag von morgens bis abends in Papieren gewühlt und vor dem Computer gesessen und geschrieben, und zwar ausschließlich über Schule, und alles, was dabei heraus kam, war traurig und wütend und hoffnungslos. Gestern Abend vor dem Einschlafen überkamen mich dann plötzlich die größten Zweifel.

Entspricht meine Darstellung denn überhaupt der Wirklichkeit? Ist nicht alles, was ich sage, maßlos übertrieben? Darf ich meine persönlichen Erfahrungen derart verallgemeinern und als Wahrheit in die Welt hinausposaunen? Bilde ich mir das Ausmaß des allgemeinen Unglücks vielleicht nur ein, weil ich selbst so unglücklich war? Werden sich denn die Kollegen wenigstens insgeheim wiedererkennen oder nur ärgern und empören über die Nestbeschmutzung? Vielleicht sollte ich überhaupt mit dieser rückwärts gewandten Kritisiererei und Schimpferei aufhören und lieber ganz andere Sachen aufschreiben, zum Beispiel unsere komplizierte Familiengeschichte, damit meine Töchter einmal erfahren, aus welch heterogenen Stoffen sie zusammengesetzt sind. Oder mich wieder auf mein Kinderbuch konzentrieren.

Mit solchen Überlegungen bin ich gestern Nacht eingeschlafen und heute Morgen aufgewacht. Und auf dem Spaziergang mit dem Hund habe ich weiter ergebnislos darüber gegrübelt. Dann bin ich in die Stadt gefahren. Ich wollte auf andere Gedanken kommen und an dem teilnehmen, was alle

Welt zurzeit tut, nämlich sich auf Weihnachten vorbereiten. Und dann lag plötzlich dieses dicke Buch da. Mit diesem Titel! Dietrich Schwanitz, *Bildung – Alles, was man wissen muss.*

Mir gefiel sofort, wie sich allein schon in diesem Titel ein maßloser Anspruch mit Selbstironie paart, und sofort will ich wissen, wovon dieser Schinken handelt. Ich nehme mir ein Exemplar, setze mich irgendwohin und fange an zu blättern. Nach einer halben Stunde habe ich den Eindruck, ein gutes Weihnachtsgeschenk für den einen oder anderen meiner Freunde gefunden zu haben. Die europäische Geistesgeschichte, in ihren Zusammenhängen dargestellt, knapp und auf das Wesentliche beschränkt, das Wissen, das uns (Europäern) helfen könnte, unsere Kultur und uns selbst besser zu verstehen, das uns Orientierung in der Vergangenheit, der Gegenwart und womöglich auch für die Zukunft bietet. Nach einem solchen Buch haben meine Philosophieschüler mich immer gefragt.

Mit zwei schweren Tüten beladen verlasse ich die Buchhandlung und fahre wieder nach Hause, denn mein Weihnachtseinkaufsbummel ist für heute zu Ende, und ich freue mich schon aufs Lesen.

Zu Hause mache ich mir einen schönen Milchkaffee und lege mich mit einer Decke und dem dicken Buch aufs Sofa. Ach, wie wunderbar! Sich mit einem Buch in eine Ecke verkriechen und unendlich Zeit haben, das ist für mich immer noch der größte denkbare Luxus. Ein schöneres Leben kann ich mir überhaupt nicht vorstellen …

Und dann fange ich an zu lesen. Und nach wenigen Minuten finde ich in der Einleitung, von der es zu Unrecht heißt, dass »man sie ohne weiteres überspringen kann«, in der allerschönsten Knappheit alles, was man *über den Zustand der Schulen und des Bildungssystems* wissen muss. Unter anderem auch ein kurzes Kapitel über die Lage der Lehrer, das Beste, das ich in den letzten 20 Jahren, vielleicht sogar seit Adornos

Tabus über dem Lehrberuf (1965), zum Thema gelesen habe. Diese zwei Seiten sollte niemand überspringen. Hier sind sie:

Lehrer haben es sowieso schon schwer. Zunächst einmal werden sie von anderen sozialen Gruppen unterschwellig verachtet. Das liegt daran, dass sie nie das Bildungssystem verlassen haben, um sich im Leben außerhalb zu bewähren. Nach der Schulzeit wechseln sie zum Studium an die Universität und gehen von da aus zurück an die Schule, um Beamte zu werden. So etwas kann als Lebensangst und Untüchtigkeit interpretiert werden. Außerdem erinnert sich jeder Mensch besonders deutlich an diejenigen Lehrer aus seiner eigenen Schulzeit, die dort eine kärgliche Figur abgegeben haben. Das erhöht die Verachtung. Dazu kommt, dass Lehrer tatsächlich eine ganz bestimmte Berufskrankheit haben: Sie schlagen sich Tag für Tag mit Jugendlichen und Kindern herum; da bleibt es nicht aus, dass sie leicht infantil werden. Ein ständiger Umgang färbt immer auf den Kommunikationsstil der Gegenseite ab: das ist ein soziales Gesetz …

Aber diese Verachtung ist ungerecht gegenüber einem Job, den selbst ein gewiefter Manager oder ein nervenstarker Unternehmer kaum einen Morgen lang durchstehen würde, ohne an Flucht zu denken: Nämlich eine Horde lernunwilliger, ungezogener, an Fernsehunterhaltung gewöhnter Bestien für die Erhabenheit des deutschen Idealismus zu interessieren, während diese nichts anderes im Sinne haben, als Attacken auf die Würde des Lehrers zu organisieren. Von diesem täglichen Kampf gegen die schiere Unverschämtheit, die sadistische Bösartigkeit und die seelische Roheit macht sich außerhalb der Schule niemand eine Vorstellung. Und das Abgefeimteste ist: Der Lehrer muss sich die Ungezogenheit und Ruppigkeit seiner Schüler auch noch selber zurechnen lassen: er ist selbst daran schuld; er hat seine Klasse nicht im Griff, sein Unterricht törnt die Kids nicht an, im Gegenteil, sie fühlen sich angeödet. Man möchte mal sehen, wie man mit Goethes »Iphigenie« die Kids antörnen soll: Ein Mindestmaß an Zivilisiertheit der Kinder wird als selbstverständliche Mitgift des Elternhauses gar nicht mehr erwartet. Ihr Verhalten wird allein aus dem Unterricht erklärt, während sie in Wirklichkeit an Konzentrationsschwäche und Erziehungsdefiziten aus dem Elternhaus leiden.

In dieser Situation haben die Kultusminister und die Schulbehörden, deren Vertreter wohl die Situation in den Schulen kaum aus eigener Anschauung kennen dürften, den Lehrern die meisten Sanktionsmittel aus den Händen genommen, so dass jetzt absolute Waffenungleichheit besteht. Strafen wie Verweise, Abmahnungen, Benachrichtigungen der Eltern und – bei schweren Vergehen – Androhung des Ausschlusses oder Ausschluss aus der Schule sind so von Vorschriften, Anträgen, Abstimmungen und Schulkonferenzen umstellt, dass jeder Lehrer lieber darauf verzichtet: Er würde sich mit dem Aufwand selbst am meisten bestrafen. Da die Schüler das wissen, verhöhnen sie ihn mit dieser Möglichkeit.

Weil die Lehrer also offiziell an ihren Problemen selbst schuld sind, werden sie auf den Pfad der Lüge gedrängt; sie verheimlichen ihre eigenen Schwierigkeiten. Einen öffentlichen Diskurs, in dem sich ihre Probleme beschreiben ließen, gibt es nicht. Auf diese Weise werden Lehrer entsolidarisiert und konkurrieren untereinander mit verlogenem Imagemanagement. Sie fingieren ihren Erfolg und tun so, als hätten sie keine Probleme. In Wirklichkeit sind viele von ihnen tief demoralisiert …

Derweil sind die Schulen fast vollständig zur Beute der politischen Parteien geworden … Die jeweils herrschende Landespartei hält sich an der Schulpolitik schadlos, um im nächsten Wahlkampf etwas vorweisen zu können: eine neue Maßnahme, eine aufregende neue Konzeption, ein interessantes neues Etikett. So wird die Schule, die langfristige Planungssicherheit braucht, durch ständige Phantomerfindungen in Unruhe gehalten: Fächerübergreifender Unterricht, Projekte, neue Schulverfassungen, Mitbestimmungsmodelle … lösen einander ab und verbrauchen die dünne Luft der Hoffnung durch ihre eigene Windigkeit.

Kurzum, die Schulen sind in einem so jämmerlichen Zustand, dass das Elend völlig unbekannt bleibt, weil sein Ausmaß unglaublich ist.

Das tut gut. Weil es in aller Kürze die ungeschminkte, ungeschönte und ganze Wahrheit ist, die uns befreit und erleichtert und keinem schadet.

Im Nachhinein habe ich mich dann aber doch gewundert, woher der Herr Schwanitz das alles so genau weiß. Er ist ja kein Lehrer. Und trotzdem weiß er so gut Bescheid, besser als die Lehrer selbst. Wie ist er zu diesem Einblick und zu diesen Einsichten gekommen? Es kümmert doch sonst niemanden, was in den Schulen geschieht. Ist er vielleicht Vater und dazu noch einer, der sich dafür interessiert, wohin seine Kinder morgens gehen, wenn sie das Haus verlassen, ein Vater, der wissen möchte, wie es dort zugeht, wo sie ihr halbes Leben verbringen. Mit welchen Menschen sie täglich und über Jahre hinweg Umgang haben. Und was sie dort wirklich lernen.

Ich habe nicht viele solcher Väter oder Mütter kennen gelernt. Die meisten Eltern interessiert es herzlich wenig, was mit ihren Kindern am Vormittag geschieht. Wird schon in Ordnung sein. Gehen ja alle hin. Schließlich müssen sie selbst zur Arbeit und haben keine Zeit. Man kann sich ja nicht um alles kümmern. Wird schon nicht so schlimm sein. Wird sich schon wieder einrenken. Hauptsache, sie hängen nicht auf der Straße rum. Wir waren früher auch nicht besser …

Und auf den Elternsprechtagen sprechen sie nicht über ihre Kinder, sondern fragen nach den Noten. Wie schafft er es, von der Fünf wieder runterzukommen? Sie hätte so gern die Zwei, lässt sich da was machen? Wenn Sie ihm die Vier nicht geben, dann bleibt er unter Garantie sitzen. Jetzt ist sie ja bei Ihnen leider auf die Drei abgerutscht, früher bei der Frau Menneken hat sie immer Eins gestanden, ich versteh das nicht! Ich hab ihm ganz klar gesagt, so lange du nur so 'ne wackelige Vier nach Hause bringst, kannste das Rennrad vergessen, Junge!

In den meisten Fällen fühlte ich mich gedrängt, für die Kinder und gegen ihre Eltern Partei zu ergreifen. Einmal habe ich mich getraut, zu einem Vater zu sagen:

– Es fehlt Ihrer Tochter nicht an gutem Willen, Herr Schmitz, im Gegenteil, sie ist ein sehr fleißiges Mädchen und sie strengt sich sehr an, aber trotz aller Anstrengung sind die Ergebnisse leider immer wieder enttäuschend, vor allem für Ihr Kind selbst …

Der Vater hat mich angesehen und gefragt:

– Wollen Sie damit sagen, dass es keinen Zweck hat, dass es unserer Birte an der nötigen Intelligenz fehlt?

– Erscheint Ihnen dieser Gedanke so ganz abwegig?

Da ist er zum Direktor gegangen und hat sich über mich beschwert.

An einem der nächsten Tage finde ich in der Zeitung die passende Annonce. In wenigen Worten das ganze Elend.

Unterricht

Suche Lehrkraft (höheres Lehramt) zur tägl. Hausaufgabenbetreuung inkl. aller Nebenfächer f. Schüler Kl. 7 (2. Fremdsprache Französisch) im Hause in Alsdorf. Tel. [redacted]

Das Erdiente

Anfang Januar kommt ein Brief, den ich erwartet und vor dem ich mich schon gefürchtet habe. Es ist ein Brief von der Bezirksregierung, der mich daran erinnert, dass mein *Freistellungsjahr* bald zu Ende geht. Ich werde aufgefordert, mich zu entscheiden, wie's danach weitergehen soll. Mit Teilzeit? Oder will ich *den Dienst mit voller Stundenzahl aufnehmen*? Die Antwort muss ich *auf dem Dienstweg* bis Ende Januar einreichen. Dazu zwei Anlagen. Ein Formular und ein Merkblatt mit *Hinweisen zur Teilzeitbeschäftigung und Beurlaubung für Beamte (Anlage zu VV 66)*.

Ich bin sehr aufgeregt. Meine Hände zittern, und das Herz schlägt mir bis zum Hals. Vor Aufregung fange ich an, das Merkblatt zu lesen. Dort stehen Sätze, die ich kaum verstehe: *Vorsorglich weise ich vorbehaltlich einer gesetzlichen Neuregelung auf Folgendes hin: ... Liegt wegen Teilzeit oder Beurlaubung das erdiente Ruhegehalt unter der Mindestversorgung, wird nur das* ***Erdiente*** *gezahlt. Dies entfällt bei Zurruhesetzung wegen Dienstunfähigkeit ...*

Oh Gott, was ist das für eine Sprache? *Das Erdiente! Das erdiente Ruhegehalt!* Darf es denn wahr sein, dass wir Lehrer uns im dritten Jahrtausend immer noch nicht wie andere Leute unsere Rente *erarbeiten*? Dass wir immer noch *Staatsdiener* sind, die als Gegenleistung für ihr lebenslanges *Dienen* vom Staat *alimentiert* werden? Und die ihren *Vater Staat* – auch und gerade in gewerkschaftlichen Kreisen – ständig an seine *Fürsorgepflicht* erinnern müssen?

Dass Lehrer immer noch Beamte sind, die – wenn sie keine Lust haben – stur auf *Dienst nach Vorschrift* schalten können, die nicht im selben Maße wie andere Bürger für ihre Interessen und Belange kämpfen und streiten müssen, sondern ein Recht auf *Versorgung* haben und denen daher das Prinzip Leistung von ihrer eigenen Lebenslage her ganz fremd ist … – das ist geradezu himmelschreiend anachronistisch und so kontraproduktiv für das *System Schule* wie nur irgendetwas.

Solange dieser Missstand nicht angetastet und beseitigt wird, solange wird sich im Berufsethos, in der Haltung und Mentalität der Lehrer nichts Entscheidendes ändern, sie werden, wie bisher, jeder Herausforderung durch beleidigtes Aussitzen auf ihren unkündbaren, wenn auch harten und unbequemen Stühlen begegnen. Und es werden bis in alle Ewigkeit immer wieder die falschen Leute in diesen Beruf hineindrängen. Das erscheint mir noch als das Schlimmste: dass es von unten her – auch wenn eingestellt wird – nur selten wirkliche Erneuerung und Erfrischung gibt. Die Referendare, die ich in den letzten Jahren erlebt habe, waren leider nur allzu oft ängstliche Spießer und intellektuelle Langweiler.

Ich verstehe selbst nicht, wie ein blöder Ausdruck aus dem Beamtendeutsch es nun wieder geschafft hat, mich so in Rage zu bringen. Denn für solch eine Wut habe ich im Augenblick doch gar keine Kraft. Schon seit Tagen, seit der Ankunft dieses Briefes, im Grunde schon, seit ich diesen Brief im Stillen erwartete, fühle ich mich wieder so kraft- und mutlos, so niedergeschlagen und zurückgestoßen in ein dunkles Nichts wie in meinen schlimmsten Zeiten.

Dabei hatte ich doch schon angefangen, dieses schreckliche Gefühl von absoluter Trostlosigkeit langsam zu vergessen. Zwar war die Erinnerung noch da, ich wusste noch gut, wie furchtbar dieser Zustand gewesen war und dass ich ihn auf keinen Fall noch einmal erleben wollte. Aber ähnlich wie bei Zahnweh und Geburtsschmerzen war die Erinnerung nur noch ein dürres, abstraktes Wissen. Es wirklich fühlen und mir richtig vorstellen, das konnte ich schon nicht mehr. Und manchmal ertappte ich mich sogar bei dem Gedanken: Na ja, so schlimm war es nun auch wieder nicht.

Und dann, von einem Tag auf den anderen, war alles wieder da. Und zwar mit voller Wucht.

Ich wachte morgens auf und weinte. Ich wollte gar nicht mehr aufstehen. Wozu auch? Das Gefühl schwärzester, absolut schwärzester Nacht kann vielleicht nur jemand verstehen, der es am eigenen Leib erfahren hat. Ich selbst habe früher, als ich so etwas noch nicht kannte, immer große Lust gehabt, all diesen depressiv verstimmten Jammerlappen einmal kräftig in den Hintern zu treten. Und auch jetzt verachte ich mich selbst zutiefst dafür und werde von tonnenschweren Schuldgefühlen niedergewalzt (*Du hast doch alles, was sich ein Mensch nur wünschen kann. Zwei nette Töchter, einen lieben Mann, ein Häuschen im Grünen, eine schöne Bibliothek, eine große Familie, liebe Freunde … Wer das alles hat und immer noch meint, er dürfe unglücklich sein, der hat das Leben einfach nicht verdient … der wäre besser tot … bevor er alle anderen mit ins Unglück reißt …).*

Und in dieser Ausweglosigkeit meldete sich dann eines Tages meine gute alte Freundin wieder, die ich ebenfalls im letzten halben Jahr fast vergessen hatte, meine *Spondarthritis,* mein gutes altes Rheuma. Jetzt war ich von einem Tag auf den anderen so gelähmt vor Schmerzen, dass ich nicht mehr aufstehen *konnte,* jetzt war ich *wirklich* krank. Und aufgehört hat dieses Elend erst, als ich endlich hörte und verstand, was Matys mir schon zwei Wochen lang mitzuteilen versuchte, was aber zwei Wochen lang nicht durch die Schallmauer drang: dass ich nicht zurück in die Schule muss, dass ich mich doch für ein weiteres Schuljahr beurlauben lassen kann, dass wir auf das Geld verzichten können, dass wir es auch so schaffen werden … Das hatte ich nicht gewusst oder nicht geglaubt oder nicht für möglich gehalten.

Plötzlich konnte ich über die Vorstellung, dass uns ein Einkommen fehlen würde, dass wir ein Auto abschaffen, überflüssige Versicherungen und Abos kündigen würden und dass ich mir auch nicht mehr jedes Buch so einfach würde kaufen können, vor Freude lachen. Ich machte die Schränke auf und sah: Hier liegt genug herum für die nächsten zehn Jahre, interessiert mich sowieso nicht wirklich. Ein unbeschreibliches Gefühl der Erleichterung und Befreiung machte sich breit. Auf einmal fühlte ich mich wieder so leicht und frei wie früher, als wir aus Überzeugung auf Konsum verzichteten und auf unser freiwillig gewähltes bescheidenes Leben auch noch stolz waren. Auf einmal erschien die Zukunft wieder offen und voller Möglichkeiten, gab es wieder ein echtes, spannendes Leben. So als hätten wir allen Ballast abgeworfen und als käme unser kleiner Familienballon nun so richtig in Fahrt.

Sofie saß tagelang in ihrem Zimmer und räumte die Regale aus. Sie füllte einen ganzen Wäschekorb mit schönen Sachen, die sie nicht mehr brauchte und die sie im Mai auf dem Historischen Jahrmarkt verkaufen wollte. Ein bisschen weinen musste ich erst wieder Anfang Februar, als sie zu mir kam und mit dünnem Stimmchen, aber tapfer sagte:

– Mama, ich hab mir was überlegt, ich muss ja nicht unbedingt *reiten*, es reicht ja auch, wenn ich die Ponys einfach nur *pflegen* kann ...

Was dieser Satz sie wohl gekostet haben mag. Vor Weihnachten noch hatte sie, im siebten Himmel auf dem Ponyrücken dahintrabend, mir von dort oben zugerufen: *Mamiii, das kannst du dir gar nicht vorstellen, das ist das Schönste, was es gibt auf der Welt!* Nein, an ihrem Glück wird nicht gespart. Eher setz ich mich, wenn's nötig werden sollte, beim Aldi an die Kasse. Was wär schon dabei.

Warum, habe ich mich da wieder einmal gefragt, warum ist eigentlich immer so viel von der Liebe der Eltern zu ihren Kindern die Rede, die sich doch oft genug in engen Grenzen hält, und warum spricht so selten jemand von der grenzenlosen, fast unerträglichen Liebe der Kinder zu ihren Eltern? Das gehört nämlich auch zu meinen traurigen Berufs- und Lebenserfahrungen: dass Kinder für ihre Eltern immer alles tun, immer zu jedem Opfer bereit sind, und dass sie, wenn es sein muss, sogar sich selbst opfern, während Eltern, Väter wie Mütter, sich nicht selten auf dem Absatz umdrehen und ihre Kinder mitten auf der Straße allein im Regen stehen lassen, wenn sie jemand Neuen zum Vögeln gefunden haben.

Ende Januar stelle ich einen Antrag auf *Beurlaubung ohne Dienstbezüge und ohne Beihilfeanspruch* und sicher auch mit negativen Auswirkungen auf mein späteres *Ruhegehalt*. Aber damit will ich mich jetzt nicht beschäftigen. Dazu bin ich viel zu glücklich.

Und meine Freundin, die böse *Spondarthritis,* ist dann auch wieder gegangen. Nach ein paar Tagen, als sie sah, dass es mir wieder besser ging, da ging sie auch. Wie es sich für eine gute Freundin gehört: Sie geht, wenn man sie nicht mehr braucht.

Zu glücklich war ich in diesen Tagen wohl auch für (selbst-)kritische Betrachtungen. Denn sonst hätte mir auffallen müssen, dass ich gerade dankbar von einer Regelung Gebrauch gemacht hatte, die es nur im öffentlichen Dienstrecht für Beamte gibt: der Möglichkeit nämlich, sich *aus familienpolitischen Gründen,* zum Beispiel zur Betreuung minderjähriger Kinder, für (maximal zwölf) Jahre vom Dienst freistellen zu lassen. Und falls man während dieser Zeit in Not gerät, darf man das Ganze auch abbrechen und vorzeitig zurückkehren an den Arbeitsplatz (wenn auch nicht an die alte Schule). Jetzt bin ich heilfroh, dass es solche menschenfreundlichen Regelungen gibt, und habe gar keine Lust mehr, den Beamtenstatus der Lehrer zu kritisieren.

Nothing takes the past away
like the future.
Madonna

Auf zu neuen Ufern?

Hausputz

Die Aussicht auf ein weiteres freies Jahr hat alles von Grund auf verändert. Die Lebensgeister sind wieder da, der Spannungsbogen, der sich schon nach unten, dem Ende entgegen neigen wollte, verläuft wieder schön gerade nach oben.

Mein erster Gedanke: Jetzt wird aber mal gründlich die Wohnung geputzt!

Die Lust auf Hausputz passt zwar überhaupt nicht in die Jahreszeit, dafür umso besser zu meiner eigenen Stimmung. Der ganze Dreck muss weg, der Tränenmief, der Frustgeruch, das Krankenbett, der Schmutz auf den Fensterscheiben, die Schokolade auf den Lichtschaltern, der Staub auf den Lampen …

Ich fange oben im ersten Stock an und gehe alle Zimmer eins nach dem anderen durch. Also nicht überall gleichzeitig anfangen und zum Beispiel alle Fenster im ganzen Haus putzen und dann alle Betten frisch beziehen, sondern ich nehme mir immer erst mal nur ein Zimmer vor, und das wird ganz fertig gemacht, und dann erst kommt das nächste. So entstehen schöne kleine Inseln der Sauberkeit, die einen sofort froh machen und die auf den noch aufzuräumenden restlichen Mist ausstrahlen.

Putzen heißt seine Seele säubern, hörte ich kürzlich die buddhistisch inspirierte Doris Dörrie in einer Talkshow sagen. Stimmt. Ich glaube auch an die Korrespondenz von innen und außen, oben und unten, groß und klein, weil man sie, wenn man die Augen aufmacht, fast jeden Tag erleben kann. Eigentlich nur ein einfaches empirisches Alltagswissen, das aber vielen Leuten anscheinend immer noch esoterisch vorkommt.

Übrigens weiß ich auch einen guten Spruch aus dem Zen-Kontext:

Nichts ist wichtig.

Aber tue das, was du tust, so gut wie möglich.

Über solche Sätze haben wir früher in Philosophie stundenlang nachgedacht und diskutiert, bis die Schüler so langsam anfingen, den großen Unterschied zwischen östlichem und westlichem Denken zu begreifen.

Jetzt ist mein Zimmer an der Reihe. Ich mache den Kleiderschrank auf und nehme mit vollen Armen alles raus und werfe die Sachen aufs Bett. Dann fange ich mit dem Aussortieren an.

Die Hälfte meiner Kleidungsstücke stammt noch aus meiner Jugendzeit, Stücke, von denen ich mich nicht trennen konnte, weil sie mich an mein vergangenes Leben erinnerten und weil ich dachte, irgendwann würde ich sie vielleicht noch einmal tragen. Ich nehme jedes einzelne Teil in die Hand und überlege, ob es mir wirklich noch gefällt und ob es überhaupt noch zu mir passt. Von all diesen winzigen Röcken und schmalen Kleidchen werde ich mich heute endgültig trennen und damit auch von dem unsinnigen Gedanken, dass ich da irgendwann noch mal reinpassen werde.

Mit dieser Arbeit bin ich stundenlang beschäftigt, ich ziehe mich vor dem Spiegel an und aus, verteile alles auf verschiedene Haufen, einen fürs Rote Kreuz, einen für meine Tochter Anna, einen für meine Nichte, einen für Sofies Verkleidungskiste. Als ich damit fertig bin, ist mein Schrank nur noch halb voll, die überquellende Fülle ist leider verschwunden, dafür weiß ich aber jetzt, was ich an wirklich brauchbaren und passenden Sachen noch habe.

Nach dieser Aufräumaktion fühle ich mich wie erlöst. *Alle angehäuften Dinge ziehen einen auf die Seite des Todes* habe ich einmal irgendwo gelesen, und ich meine zu spüren, dass das stimmt.

So, jetzt beziehe ich noch schnell unser Bett frisch, und dann hör ich auf für heute. Ich nehme die warmen Biberbetttücher ab und lege ein kühles Satinlaken auf. Als Bezug für die Decke nehme ich den mit den großen Blumen in Rot, Orange, Lila und Grün, die aussehen wie die Blüten Fleisch fressender Pflanzen. Heute Abend soll Matys die Veränderung im ganzen Haus spüren (wenn er auch nicht sagen könnte, woran es liegt), und dann kann auch er, hoffentlich, aufatmen.

Als ich später im Schaumbad in der Wanne liege, denke ich: Wenn es mir im kommenden Jahr gelingt, so nach und nach alles Alte, Mitgeschleppte, Verstaubte und Abgelebte loszulassen und abzustoßen, könnte das neue Jahr für mich vielleicht noch zum *Jahr der Erlösung* werden.

Werte

– Wisst ihr, was ich komisch finde, sagt Sofie beim Abendbrot, nachdem sie uns schon eine Weile mit Anekdoten aus der Schule unterhalten hat, wenn man sich über die Lehrer ärgert und dann so was Harmloses sagt wie blöde Kuh oder Blödmann, dann regen die sich tierisch auf und halten uns stundenlange Strafpredigten, aber wenn einer mal was Schlimmes sagt wie Wichser oder blöde Sau, dann tun sie so, als hätten sie nichts gehört.

Oje!, denke ich, die Lehrer können einem wirklich nur noch Leid tun.

– Wenn bei uns einer so was zu einem Lehrer gesagt hätte, sagt Matys, wäre die Hölle los gewesen. Wir hätten auf der

Stelle nach Hause gehen können und die Schule nie mehr betreten dürfen. Ich verstehe nicht, warum sie sich das gefallen lassen. So ein Bürschchen müsste man sich doch mal gehörig vorknöpfen.

– Wieso Bürschchen?, sagt Sofie, die Mädchen sind viel frecher als die Jungen. Die Jungen toben die ganze Zeit nur so blöd wild rum, aber die Mädchen trauen sich wenigstens auch mal was zu sagen zu den Lehrern.

– Mal was zu sagen ist ja wohl was anderes als einem Lehrer solche Ausdrücke an den Kopf zu werfen, sagt Matys. Ich würde die Eltern kommen lassen.

– Die halten das aber häufig nicht für ihr Problem, sage ich, der Lehrer hat in ihren Augen eben nicht genug Autorität. Oder sie finden das unmögliche Benehmen ihrer Sprösslinge insgeheim sogar toll. Oder sie werden selbst mit ihnen nicht fertig. Oder sie haben keine Zeit für ein Gespräch, dann musst du alles am Telefon mit ihnen bereden.

Ich sehe, wie Matys heimlich auf die Uhr schaut. Es ist schon acht. Sofie muss ins Bett, und er möchte jetzt die Nachrichten hören. Also brechen wir das Thema ab. Eine Lösung war ja sowieso nicht in Sicht.

Ein paar Tage später bringt mir Matys den *Spiegel* mit.

– Hier, sagt er, was für dich. Und während er sich am Abend ein Fußballspiel anschaut, lese ich die Titelgeschichte. Sie heißt: *Die Entmachtung der Eltern.*

In dem Artikel werden die heutigen Kinder und Jugendlichen als verwöhnt, egozentrisch, oberflächlich, moralisch indifferent, politisch desinteressiert und heillos dem Konsum verfallen dargestellt. Sie seien der Macht und dem Anpassungsdruck von *Peer groups* unterworfen, in denen nicht soziales Engagement, sondern ein schöner Körper (*aesthetic correctness*) zähle, was dazu führe, dass immer mehr junge Mädchen sich exzessiven Hungerkuren und Schönheitsoperationen an Nase, Bauch, Po, Beinen und Busen unterzögen und sich nicht einmal mehr trauten, ungestylt zum Briefkasten zu gehen. Aussagen von Jugendlichen bestätigen den Terror um gutes Aussehen. *Ich wollte, ich könnte mal ohne Gel in den Haaren zur Schule gehen*, sagt ein 14-jähriger Lukas. Und Daniela, 15, sagt: *Gucci und Ralph Lauren sind angesagt. Schuhe von Deichmann oder Klamotten von Tchibo sind assig. »Du siehst aus wie 'ne Mülltonne«, sagen die anderen dann.* Eine 16-jährige Barbara hat ihre Ziele klar vor Augen: *Ich will erfolgreich sein, gut aussehen und später viel Geld haben*, sagt sie.

Viele Jugendliche leiden unter dem Erfolgsdruck und unter dem Gefühl, so wie sie sind, nicht in Ordnung zu sein. Und sie haben Angst vor der Zukunft. Manche so sehr, dass sie nicht mehr weiterleben wollen und in Internetforen nach Gleichgesinnten suchen *(Ich gehe. Wer geht mit?)*. Jeder zehnte Jugendliche zwischen zwölf und 17 Jahren soll sich, einer Bremer Studie zufolge, mit Selbstmordgedanken tragen.

Und das, während sie gleichzeitig alles haben, was man sich heute nur wünschen kann: Kinder und Jugendliche zwischen sechs und 17 Jahren haben (laut Kids VA2000) einen Fernsehapparat (39 %), einen CD-Player (34 %), eine Hi-Fi-Anlage (33 %), einen Computer (21 %), einen Videorecorder (17 %), ein Handy (7 %). Und sie wünschen sich: einen Fernsehapparat (38 %), einen Videorecorder (35 %), ein Handy (34 %), einen Computer (32 %), eine Hi-Fi-Anlage (22 %), einen CD-Player (17 %).

All diese Erhebungen und Beschreibungen, die jeder Lehrer sofort bestätigen würde, beruhen auf Fakten und tatsächlichen Beobachtungen. Nur: Welche Welt wird denn hier beschrieben? Ist es die verrückte Welt der Jugend? Der *süße Horror Pubertät,* wie der *Spiegel* titelt? Was würden denn Erwachsene antworten, wenn man sie nach ihren Ansprüchen und Ängsten, nach ihren Wertmaßstäben und Lebenszielen fragen würde? Käme dabei etwas anderes heraus als Erfolg und viel Geld, Anpassungsdruck und Versagensängste, Körperstyling und Designerklamotten und ein ständiges Irrlichtern zwischen Fit for Fun und Depressionen? Würden der Auffassung, dass *man nicht weit damit kommt, wenn man nach moralischen Grundsätzen lebt,* der Jugendliche in Baden-Württemberg und Sachsen zu 38 bzw. zu 44 Prozent zustimmten, würden die Eltern dieser Kinder der Aussage nicht womöglich zu 100 Prozent zustimmen?

Wenn ausgerechnet eine Politikergattin wie Frau Schröder-Köpf fordert, dass *wir die Kinder wieder mehr erziehen und ihnen Werte vermitteln müssen* wie *Aufrichtigkeit, Hilfsbereitschaft, Verlässlichkeit, Anstand,* dann fragt man sich verwundert, wen sie mit diesem *wir* wohl gemeint haben könnte. Uns Erwachsene? Sind wir denn glaubwürdige Vorbilder dieser Tugenden? Während Frau Köpf vor der Flut von Konsumreizen warnt und dafür plädiert, die Kinder kurz zu halten *(Unsere Tochter bekommt fünf Mark die Woche Taschengeld ... Zwölfjährige brauchen kein Handy),* sitzt ihr Gatte zur Fotosession bei einem italienischen Edelschneider. Während TV-Moderatorin Petra Gerster ihren eigenen Gelüsten augenzwinkernd nachgibt *(Manchmal muss es eben die Gucci-Sonnenbrille sein),* verkündet sie im selben Atemzug den allgemeinen *Erziehungsnotstand* und verlangt von den Eltern mehr *Strenge* und *Konsequenz* und von den Schulen *Charakterbildung* und die Erziehung zur *Kritikfähigkeit.* Das sollen die Schulen mal eben nebenbei erledigen, während sich die Eltern der Kinder auf einem Motivationstraining *(Denke nach und werde reich)* oder in einer Anti-Aging-Klinik befinden, um sich dort stromlinienförmig zurechtmachen zu lassen.

In der kollektiven freudigen Erregung darüber, von der First Lady persönlich zurück zur guten alten deutschen Erziehungstradition geführt zu werden, zurück zu einer Pädagogik der Strenge und der Unnachgiebigkeit (der ohnehin 62 Prozent aller Deutschen zustimmen), wurde eine leise kritische Stimme überhört, die Stimme des Kinderschutzbundes, der in unserem Land notorisch weniger zählt als der Tierschutz. Der Präsident des Deutschen Kinderschutzbundes, Heinz Hilgers, warf der Frau des Bundeskanzlers vor, sie *bediene* mit ihren Forderungen *Vorurteile in der Bevölkerung*, auch *vermisse* er *bei dieser Aufzählung die Tugenden Einfühlungsvermögen und Empfindsamkeit*. In der Bundesrepublik seien weniger falsche Werte in der Erziehung problematisch, sondern Vernachlässigung und konstant bestehende Gewalt gegenüber Kindern. *Über eine Million Kinder werden in Deutschland regelmäßig mit Stöcken oder anderen Gegenständen geschlagen*, sagte er. Kinder sollten vor allem dadurch erzogen werden, dass man ihnen gute Werte vorlebe und ihnen zeige, dass sie gemocht und ernst genommen werden. *Kinder brauchen Liebe*, sagte er, ein Satz, den in unserem Land keiner hören will und keiner ertragen kann.

Woher denn nehmen? Davon haben wir doch selbst zu wenig. Der Liebe rennen wir doch selbst in immer neuen Anläufen verzweifelt hinterher. Und wenn wir sie einmal verspüren, bleibt noch die Frage: Wie zeigt man sie? Das fällt uns ungeheuer schwer. Wie verwöhnt man einen (kleinen) Menschen mit Liebe? Wir wissen es nicht, haben es selbst zu wenig erfahren. Gefühle gelten in unserem Land eher als gefährlich, sie stehen immer noch unter dem Verdacht der Verweichlichung oder unter Kitschverdacht. Wenn sich im *Spiegel* eine Mutter einmal traut, eine gefühlvolle Äußerung von sich zu geben *(Ich habe mit meinen Kindern immer gebetet, abends im Bettchen oder in der Natur)*, dann muss das auf der Stelle ironisiert und abgewertet werden (*angestaubte Rezepte wie Gebete zur guten Nacht*). Und wenn der 41-jährige Philosophieprofessor Dieter Thomä in einem Interview über die Brüchigkeit familiärer Bindungen davon erzählt, wie er es bei sich zu Hause macht, wie sie zusammen mit den Kindern überlegen, welchen Film man am Abend mal anschauen könnte, und dass sie hinterher gemeinsam über den Film sprechen, dann sagt der *Spiegel*-Mann herablassend: *Schöne heile Welt. Sie widmen Ihren Kindern offenbar viel Zeit.* Und weiter geht's. Mit routiniertem Blabla über die Desorientierung der Jugend und den schädlichen Einfluss der Medien.

Dass es einen Unterschied macht, ob die Kinder zu Hause stundenlang allein vor ihren PCs oder vor unsäglichen Talkshows und billigen Trickfilmen hocken oder ob man es sich mit ihnen auf dem Sofa gemütlich macht und zusammen *Ronja Räubertochter* (oder *Pulp fiction*) guckt, wird dabei nicht mehr in den Blick genommen. Gehört solch ein Gedanke denn schon in den Bereich der Utopie? Entspringt er einer weltfremden Heile-Welt-Ideologie? Macht man sich damit bereits lächerlich? Kann sein. Unter Erwachsenen vielleicht. Aber nicht bei den Kindern. Sie warten darauf, dass wir etwas sagen. Sie schauen auf ihre Eltern (und Lehrer) und warten auf eine Stellungnahme, einen Meinungsbeitrag, ein Urteil. Auf Orientierung eben. Aber viele Eltern zucken nur mit den Achseln und denken: *So ist es nun mal. Die Welt ist, wie sie ist. Dagegen kommen wir nicht an. Da sind wir machtlos. Oder sollen wir durch Bevormundung oder gar Verbote unser Kind zum Außenseiter machen?*

Und diese, aus Verunsicherung und Bequemlichkeit geborene Haltung finden sie in den Zeitungen bestätigt. *Kaum ein Vater und kaum eine Mutter ahnt, in welche Schwierigkeiten ihre Kinder geraten, wenn sie den gegenläufigen Normen von Schule, Clique, Jugendkultur und Elternhaus genügen sollen,* schreibt der *Spiegel* und behauptet: *Die ethisch-politische Dauerreflexion hat bei den Jugendlichen ausgedient... Der*

Stylinggesellschaft kann sich niemand entziehen, dem Zwang zum Erfolg ebenso wenig... So einfach, mit einem guten Jugendbuch, Geigenunterricht, elterlichen Rügen und knapp bemessenem Taschengeld, bringt man seine Kinder nicht über diese gefahrenreiche Passage, in der die Weichen für das spätere Leben gestellt werden.

In welcher Absicht, fragt man sich, werden solche Sätze von Journalisten geschrieben? Was wollen sie bezwecken mit diesem Gemisch aus unterschwelligen Drohungen und trostlosem Defätismus? Wollen sie die Angst und Überforderung der Eltern noch verschlimmern? Merken sie nicht, dass sie mit ihrem angepassten Gerede dazu beitragen, genau die Missstände zu zementieren, die in ihrem Artikel anzuprangern sie angeblich angetreten sind?

Nach der Lektüre solcher Texte, die uns aufklären wollen über den Zustand der Welt, fühlen sich die besorgten und ratlosen Eltern noch besorgter und ratloser, und die vielen gleichgültigen und nur mit sich selbst beschäftigten Eltern können sich noch weiter zurücklehnen und auf ihre angebliche *Entmachtung* verweisen. Die, das müsste einmal an jeder Straßenecke plakatiert werden, in Wirklichkeit nichts anderes ist als eine aus Zeitmangel, Bequemlichkeit und Lieblosigkeit betriebene freiwillige *Selbstentmachtung*.

Unterdessen aber sehnen sich die Kinder nach ihren Eltern, nach ihrer Anwesenheit und Aufmerksamkeit, nach einem Gespräch und einem Halt. Aber das, was ihnen fehlt, bekommen sie nicht, sie bekommen immer nur *Sachen,* immer nur Ersatz: Geld, Spielzeug, technische Geräte, Kleidung. Und nie sind sie zufrieden, immer wollen sie davon noch mehr haben, die verwöhnten, egozentrischen, kleinen Biester.

Den Warenherstellern gefällt das. Ihnen gefällt eine Konsumgesellschaft, *die auf Verführung statt Verpflichtung* (Ronald Hitzler) beruht. Und sollten sich an den Arbeitsplätzen noch

Mütter und Väter befinden, die nicht hundertprozentig präsent sind, weil sie immer noch ab und zu mit schlechtem Gewissen an ihre Kinder denken, weil sie sich dunkel an Theorien erinnern über die Bedeutung von häuslicher Geborgenheit und festen Bindungen, dann müssen diese störenden Gedanken eben weg, dann müssen eben neue Theorien her, Experten gibt's ja genug.

Und zu ihrer großen Erleichterung können die Eltern dann eines Abends zum Beispiel in der *Fernsehwoche* von brandneuen wissenschaftlichen Studien lesen, die ihr Gewissen vollkommen entlasten und sie von eingebildeten Erziehungspflichten und überflüssiger elterlicher Sorge befreien: *Neue Studien räumen auf mit der überschätzten Macht der Kindheit und dem Mythos von der Macht der Eltern!* Denn: *Eine schwere Kindheit und eine harte Jugend machen unglaublich stark. Ja, eine schwierige Kindheit kann sogar ein großes Geschenk sein. Erwachsene, die als Kind verletzt wurden, zeigen zwangsläufig eine besondere Stärke, eine tiefe innere Weisheit und eine bemerkenswerte Kreativität und Feinfühligkeit, die Menschen in behüteten Elternhäusern meist nicht erlernen, erkannte der amerikanische Psychotherapeut Wayne Muller.*

Und die Intellektuellen unter ihnen können dasselbe, etwas elaborierter formuliert, bei dem bekannten amerikanischen Politologen Francis Fukuyama nachlesen, der in seinem Buch *Der große Aufbruch* an die vielen starken und berühmten Persönlichkeiten seines Landes erinnert, die in zerstörten Verhältnissen heranwuchsen. Sein Fazit: *Sind genügend Lehrer, gute Schulen und die richtigen Freunde vorhanden, erweisen sich häusliche Situationen nur als unbedeutende Hindernisse und können sich später sogar als nützlich für die Charakterbildung des Kindes herausstellen.*

Was soll man dazu noch sagen? Kann man die Verleugnung der kindlichen Bedürfnisse, ihre Zurichtung und Anpassung an die Bedürfnislage von *Marktteilnehmern* noch weitertreiben?

Es ist zum Verzweifeln. Zum Verzweifeln aber sind nicht die Kinder und Jugendlichen (wenn sie uns Lehrer auch oft genug zur Verzweiflung bringen). Zum Verzweifeln sind die innere Armut unseres durchökonomisierten Landes und der Anblick, den wir Erwachsene den Kindern bieten.

Wenn man mit dem Finger die Wunden berührt, verdammt man sich zu einer unsympathischen Rolle, sagt der Franzose Michel Houellebecq in seinem Buch *Die Welt als Supermarkt.* Und er fährt fort: *Wenn es heute jemandem gelingen sollte, einen sowohl ehrlichen als auch positiven Diskurs zu entwickeln, wird er den Lauf der Welt verändern.*

Auf den warten wir.

Check-up

– Du liest zu viel und denkst zu viel nach, sagt meine Schwester Elli, genau wie früher meine Mutter. Geh doch mal an die frische Luft. Oder räum die Bude auf.

Hab ich doch. Das ganze Haus ist geputzt und gewienert und die Seele entsprechend aufgeräumt. Nun ist der Körper an der Reihe. Nach dem Hausputz hatte ich mir vorgenommen, mich endlich auch einmal wieder um meine Gesundheit zu kümmern und alle überfälligen medizinischen Check-ups schnell hintereinander über mich ergehen zu lassen.

Den Besuch beim Augenarzt habe ich schon hinter mir und eine neue und stärkere Lesebrille bekommen, beim Frauenarzt bin ich auch schon gewesen und habe mich über die Wechseljahre belehren lassen. Man kann sie mit oder ohne synthetische Östrogengaben überstehen, höre ich, die Entscheidung liegt ganz bei der Frau selbst, erwiesen ist aber angeblich, dass die *Hormonsubstitution* das Herzinfarktrisiko senkt, Alzheimer, Osteoporose und Zahnausfall verhindert ebenso wie Depressionen und Angstzustände, Hitze- und Kältewellen, Haarausfall, die Austrocknung der Haut und der Schleimhäute und das typische Auseinandergehen der Figur. Einziger kleiner Nachteil: erhöhte Brustkrebsgefahr. Daher immer schön vorsorglich zur Mammographie gehen, rät mir der Frauenarzt.

Das Dumme ist nur, dass ich zu Ärzten überhaupt kein Vertrauen habe. Wenn Ärzte über Gesundheit reden oder Militärs über den Frieden, Politiker über den mündigen Bürger, Unternehmer über soziale Verantwortung, Päpste über Gott und so weiter, also wenn Leute über Dinge reden, von deren Abwesenheit sie so offensichtlich profitieren, schalte ich immer sofort auf Durchzug.

Ich entscheide mich deshalb auch diesmal lieber gefühlsmäßig und trotz der schlechten Aussichten gegen ein Medikament und für den natürlichen Lauf der Dinge. Mal sehen, wie's kommt.

Heute Morgen um 9.00 Uhr habe ich wieder einen Termin, und zwar bei meinem Zahnarzt. Ich ziehe meinen schönen Kaschmir-Angora-Mantel an und fühle mich sofort wie ein anderer Mensch. Das teure Stück habe ich mir vor Jahren einmal in einem Anfall von totaler Frustration gekauft und nie getragen, weil ich mich darin immer ein bisschen schämte. Aber jetzt, wo alle in solchen edlen weichen Mänteln herumlaufen, trage ich ihn auch manchmal. Ich fühle mich darin dem Leben besser gewachsen und auch den Arzthelferinnen.

Mein Zahnarzt und ich kennen uns schon ein Leben lang und wissen alles Nötige voneinander, sodass wir schnell ins Gespräch kommen. Zunächst sprechen wir über das Leben in der Lebensmitte. Er arbeite nur noch wenig, sagt er. Die meiste Zeit verbringe er in seinem Atelier mit Malen und Bildhauern und mit der Organisation seiner Ausstellungen.

– Ich arbeite hier gerade noch so viel, sagt er, dass ich die zu Hause alle am Kacken halten kann.

Unwillkürlich zucke ich ein bisschen zusammen unter der unerwarteten Vulgarität dieses Ausdrucks, aber ihm gefällt er, er wiederholt ihn noch ein paar Mal, stolz wie ein kleiner Junge, der mutig fünf-, sechsmal hintereinander ein schlimmes Wort sagt.

– Ich muss ja zwei Familien am Kacken halten, sagt er. Insgesamt muss ich vier Kinder am Kacken halten.

So jammert mein Zahnarzt vor sich hin, insgeheim begeistert von seiner eigenen Ausdrucksweise. Dann spricht er über den Kleinen, den Neuen, den zweijährigen Sohn und wie sehr er dieses späte Vaterglück ganz bewusst erlebt und genießt. Und wie er die Kinder aus erster Ehe im Grunde leider, leider verpasst habe und dass ihn nichts, aber auch gar nichts im Leben so reue wie dieses Versäumnis. Aber das werde ihm nicht noch einmal passieren, sagt er. Was kann es denn Wichtigeres im Leben geben, als ein Kind aufzuziehen und ihm ein guter Vater zu sein.

Mit solchen Sätzen rennt er bei mir zurzeit natürlich offene Türen ein. Ich würde gern auch was dazu sagen, habe aber im Moment zu viele Sachen im Mund und kann nicht sprechen. Und so lässt sich mein Zahnarzt von seinen eigenen Gedanken weitertragen.

Er kenne viele, sagt er, im Patienten- und Bekanntenkreis, die bis zum Umfallen, buchstäblich bis zur letzten Minute besinnungslos malocht haben. Und wozu? Man geht und ist vergessen. Ich kenne Banker, Bankdirektoren, sagt er, deren Stuhl schon besetzt war, da hatten die noch nicht richtig die Tür hinter sich zugemacht. Besetzt mit jungen, dynamischen Leuten. Und nach denen, die gingen und die gerade noch das Sagen hatten, hat sich keiner auch nur umgedreht. Und alle redeten sie ständig davon, dass sie mit der Plackerei endlich aufhören wollten. Und alle dachten sie, es kommt noch was, die hatten alle noch vor zu leben, sagt er.

Dazu fällt mir auch ein Beispiel ein. Wie unsere Unterstufenkoordinatorin, die sich in der Schule tagaus, tagein doppelt schlug und die jeder für unentbehrlich hielt, einmal für ein Jahr an eine Auslandsschule ging. Sie hatte noch nicht richtig Auf Wiedersehen gesagt, da war sie schon vergessen. Keiner interessierte sich dafür, wie es ihr im Ausland erging, keiner erkundigte sich nach ihrer Rückkehr, sie wurde überhaupt nicht mehr erwähnt, und sei es auch nur beiläufig. Es war, als hätte es sie nie gegeben. Ihre Vertreterin machte es nach kurzer Zeit genauso gut und bald schon besser, hieß es.

Und dann fällt mir noch der Kollege Peters ein, wie er einmal in der Pause seinen Kopf wie ein kleines Kind auf den Tisch legte und nach einer Weile einen tiefen Seufzer ausstieß und sagte: *So eine Scheiße! Und das noch 15 Jahre.*

Was für ein Elend. Was hab ich nur für ein Glück gehabt, dass ich da entkommen konnte. Keine zehn Pferde brächten mich dorthin zurück.

– Und was macht die Schule?, fragt mein Zahnarzt, als könne er meine Gedanken lesen, macht Ihnen der Beruf noch Freude? Stelle ich mir ziemlich anstrengend vor. Ich möchte in der heutigen Zeit kein Lehrer sein.

– Die Lehrer auch nicht, sage ich. Ich erzähle ihm von meiner Krankheit und Krise im letzten Jahr und dass ich mich zurzeit in einem wunderbar stressfreien Sabbatjahr befinde.

– Gute Sache, sagt er. Warum machen nicht mehr Lehrer davon Gebrauch?

– Weiß ich nicht. Vermutlich, weil es erhebliche finanzielle Einbußen bedeutet. In der Ansparphase muss man ja, je nachdem, auf einen guten Teil des Gehalts verzichten.

– Geld, Geld, Geld, sagt er, alles Gute und Sinnvolle scheitert immer und überall am Geld.

– Viele brauchen einfach das Geld, sage ich. Ich hatte Glück, weil ich mich von meinem Mann aushalten lassen kann. Aber häufig reicht ein Einkommen heute nicht mehr aus, um eine Familie zu ernähren.

– Jetzt bitte einmal fest zubeißen und nicht locker lassen, sagt er. Und während ich zubeiße und nicht locker lasse, kehrt mein Zahnarzt zu seinem Lieblingsthema zurück. Er spricht wieder über den Arbeits- und Karrierestress, dem sich die Menschen heute freiwillig oder unfreiwillig aussetzen, und über dessen schädliche Folgen, indem er mir im Einzelnen die physiologischen Abläufe bei einer Stressreaktion erläutert.

– Ein kurzer Stress, sagt er zum Schluss, den wir mit einer kurzen Aktion, Kampf oder Flucht, beenden, schadet nicht. Aber anhaltender Stress, der sich durch kein eigenes Verhalten beenden lässt, richtet gesundheitliche Schäden an. Vor allem schädigt er das Immunsystem. Unbeherrschbarer Dauerstress demoliert mit der Zeit das Immunsystem völlig, sagt er. Das Bewusstsein registriere diesen Zustand als »Verzweiflung«.

Nur selten hat sich einmal ein Arzt herabgelassen, mir etwas so ausführlich zu erklären, und nur selten habe ich etwas gehört, was meinen Zustand in den letzten fünf Jahren vor dem Sabbatjahr treffender beschrieben hätte. Warum hat mir das denn vorher keiner gesagt? Oder habe ich es nicht wahrhaben wollen?

– Jetzt, wo es mir so viel besser geht, hat sich mein Immunsystem anscheinend auch erholt, erzähle ich ihm, als ich wieder sprechen darf. Die Blutwerte haben sich normalisiert, und ich habe nur noch ganz selten so starke Schmerzen, dass ich Tabletten nehmen muss. Liegt das daran, dass ich im Augenblick ein so schönes Leben habe?

– Mit Sicherheit, sagt er. Geist, Bewusstsein, seelische Zustände sind Gehirnfunktionen, die ihre materiellen Substrate haben. Auch »Hoffnung« hat ihre neurophysiologische Signatur.

Auch Hoffnung hat ihre neurophysiologische Signatur. Wie einleuchtend! Seele und Körper sind eins, Geist und Materie dasselbe. Haben wir es nicht immer schon geahnt?

Nach der gelungenen Zahnbehandlung trete ich in meinem Kaschmirmantel auf die Straße. Vielleicht ist ja heute der richtige Tag für einen Besuch im prächtigen neuen Luxuscafé Roncalli. Da wollte ich schon immer mal reinschauen, hab mich aber bisher nie so richtig getraut.

Drinnen ist es ziemlich voll. Alle Fensterplätze sind besetzt. Frühstückende Bankangestellte, die sich hier zwischen all dem Blattgold wie Wallstreet-Broker fühlen, und blondierte ältere Damen in langen schwarzen Persianern mit kleinen weißen Hündchen. Ich lege ab, bestelle mir einen Café au lait und zwei Croissants und beobachte eine Weile die Leute ringsum. Dann nehme ich mein Schreibzeug heraus und komme mir auf der Stelle wie eine blasierte Kaffeehausliteratin vor. Es ist elf Uhr. In zwei Stunden muss ich Sofie von der Schule abholen.

Religionsunterricht

Nachdem ich gestern Abend noch lange darüber nachgedacht habe, ob es wirklich stimmt, dass ich nicht mehr zurück an die Schule will, oder ob mir der Kontakt mit jungen Menschen nicht doch allmählich fehlt, bekomme ich heute Morgen einen Brief von einem ehemaligen Schüler. Er schreibt, dass er demnächst mit der Ausbildung an einer Journalistenschule beginnen will und dass er im ersten Auswahlverfahren einen Kommentar schreiben soll zu dem Thema:

Ist die Religionsfreiheit der nichtchristlichen Schüler an unseren Schulen gefährdet? Brauchen wir ein neues Fach »Islamunterricht«?

Darüber haben wir doch im Unterricht mal gesprochen, schreibt er. Er könne aber leider die Unterlagen nicht mehr finden. Aber erinnern könne er sich noch gut, dass ich gegen die Einführung eines solchen Fachs war. Nicht erinnern könne er sich hingegen an die Begründung. Wären Sie so nett, fragt er freundlich, mir noch mal auf die Sprünge zu helfen? Der Junge war früher Mitglied der Schülerunion und hält sich anscheinend auch heute noch im Dunstkreis dieser Partei auf, denn er unterschreibt mit *Ihr schwarzer Fan.*

Zuerst denke ich: Wie kann man denn nur eine Begründung, die man einmal verstanden hat, vergessen? Dann: Kann er denn immer noch nicht selber denken? Andererseits: Einen Fan möchte man nicht gern enttäuschen. Außerdem ist dieser Fragenkomplex für mich ein ausgesprochenes Reizthema. Und im Geiste bin ich schon dabei, die Argumente für ihn zu ordnen …

Konfessionen gehören – ähnlich wie die Liebe – zu den privaten und wohl persönlichsten Dingen im Leben eines Menschen. Denn sich zu einem bestimmten Glauben bekennen (lat. *confessio*: Geständnis, Bekenntnis) heißt: sich entscheiden für eine ganz bestimmte Gottesvorstellung und ein ganz bestimmtes Welt- und Menschenbild. Diese Entscheidung ist immer eine Entscheidung des Gefühls, die sich argumentativ nur schwer begründen lässt und die uns wohl gerade deshalb mit so tiefer Überzeugung erfüllt.

Aus demselben Grund empfinden wir heute Staatsreligionen, wie sie im Mittelalter üblich waren (*cuius regio, eius religio*) und wie sie in islamischen Staaten noch heute üblich sind, als einen Anachronismus. Nicht zufällig haben sich die Menschen im alten Europa im Zuge der Aufklärung als erstes Bürgerrecht das Recht auf Religionsfreiheit erkämpft, eine Bewegung, die am Ende zur Trennung von Staat und Kirche führte und den weltanschaulich neutralen Staat zur Folge hatte. Die freie Ausübung und die Verbreitung des religiösen Glaubens wurde den Kirchen vom Staat garantiert, aber auch überlassen.

Während aus diesen historischen Gründen in Frankreich und den USA zum Beispiel konfessioneller Unterricht an öffentlichen Schulen ganz undenkbar wäre, haben wir in Deutschland noch einen Grundgesetzartikel (GG, Artikel 7, Absatz 3), der den Religionsunterricht in den Schulen ausdrücklich zum *ordentlichen Lehrfach* erklärt. Die religiöse Unterweisung in einem bestimmten Glauben wird daher in unseren Schulen als reguläres Fach behandelt, in dem versetzungs- und prüfungsrelevantes »Wissen« vermittelt und die »Leistungen« der Schüler benotet werden.

Man nehme sich einmal die Zeit, über diesen Tatbestand eine Minute in Ruhe nachzudenken.

Wie kommt es nur, fragt man sich, dass niemand Einspruch erhebt? Dass niemand dagegen protestiert? Liegt der Grund vielleicht darin, dass sich aus dieser Regelung so viel praktischer Nutzen ziehen lässt?

Man kann als Schüler, wenn man kein Interesse mehr hat, das »ordentliche Lehrfach« einfach abwählen. Und die, die dabei bleiben, wissen oft sehr gut, warum: Es ist kein Fall bekannt, dass jemals irgendwo ein Schüler wegen unzureichender Leistungen in Religion sitzengeblieben wäre, wohl aber hat schon so manchem die gute Note in diesem Fach den »Ausgleich« (schlechter Noten in anderen Fächern) und damit die Versetzung gebracht. Warum sollte man da protestieren?

Die Väter des Grundgesetzes haben damals, nach dem Zweiten Weltkrieg, sicher nur an den christlichen Religionsunterricht gedacht. Aber die Welt hat sich seitdem verändert. Und nun kommen auf einmal die Muslime, die stärkste religiöse Minderheit in unserem Land, und wollen auch von dieser schönen Regelung profitieren.

Können wir das zulassen? Müssen wir es sogar zulassen? Besteht denn nicht die Gefahr, dass damit allerlei Obskures, ja womöglich der reine Obskurantismus Einzug in unsere Schulen hält? Haben nicht Ende 2000 erst die Zeugen Jehovas ihre Anerkennung als Religionsgemeinschaft vor dem Verfassungsgericht erstritten? Für die der weltliche Staat erklärtermaßen das *Werkzeug des Satans* ist?

Sollen solche Vorstellungen allen Ernstes rein in unsere öffentlichen Schulen?

So wie die Dinge rechtlich liegen, wird uns wohl kaum etwas anderes übrig bleiben. In einer zukünftigen multireligiösen Einwanderungsgesellschaft werden wir auf die Dauer nicht daran vorbeikommen, für alle anerkannten Konfessionen die Schultore zu öffnen. Denn hier kommt nichts Neues, nur etwas bisher Ungewohntes auf uns zu. Auch der Islamunterricht an deutschen Schulen ist keine neue Herausforderung, wie viele immer meinen, denn was da auf uns zukommt, ist ja prinzipiell nichts anderes als das, was wir schon haben, es wäre lediglich rein quantitativ mehr desselben althergebrachten Unsinns. Gegen den Islamunterricht kann deshalb nur der glaubwürdig argumentieren, der überhaupt keinen konfessionellen Unterricht an öffentlichen Schulen mehr zulassen will, auch den christlichen nicht.

Das alles schreibe ich nun einmal schön ordentlich auf für meinen schwarzen Fan. Als ich damit fertig bin, fällt mir noch etwas zu seiner ersten Frage ein. Ich hänge es als Postscriptum an.

P. S. Die *Religionsfreiheit* der Schüler wird hier übrigens gar nicht tangiert, auch dann nicht, wenn man den Religionsunterricht an den Schulen generell abschaffen würde. Denn Religionsfreiheit bedeutet: Recht auf freie Wahl und freie, ungehinderte Ausübung einer Religion. Und nicht: Recht auf staatlich organisierten und finanzierten Unterricht.

Innerhalb der Bürgerrechte gehört die Religionsfreiheit zur Gruppe der *Freiheits-* oder *Abwehrrechte*, das heißt: Hier wehrt der Bürger die staatliche Einmischung ausdrücklich ab, hier stellt er keinen Anspruch an den Staat (wie etwa beim »Recht auf Bildung« oder beim »Recht auf Arbeit«), sondern hier will er, dass der Staat sich ganz heraushält und ihn in seiner freien persönlichen Entfaltung nicht behindert.

So viel zur Fanpost. Die Beantwortung der Fragen hat mir Spaß gemacht, den Gefallen habe ich dem Jungen gern getan. Erst jetzt, als der Brief schon längst auf der Post ist, merke ich, dass seine Fragen bei mir einen alten Ärgerknoten berührt haben, der mich nun wieder eine Weile beschäftigt. Was hab ich mich nicht jahrelang über die Religionsregelung innerhalb der differenzierten Oberstufe geärgert! In der Oberstufe war nämlich irgendwann Philosophie zum *Ersatzfach* für Religion erklärt worden. Für alle Schüler, die nicht am christlichen Religionsunterricht teilnahmen, wurde damit Philosophie automatisch zum Pflichtfach.

Die Folge war, dass in Philosophie nun nicht mehr wie bisher nur die Schüler saßen, die das Fach freiwillig und aus Interesse gewählt hatten, sondern Massen von Schülern, die man dazu verdonnert hatte, darunter alle Nichtchristen. Hier saßen sie nun, die gläubigen Muslime, die Juden, Buddhisten, Adventisten und Baptisten, die russisch und griechisch Orthodoxen und viele andere mehr, und mussten sich drei Jahre lang durch die oft schwierigen und nicht selten religionskritischen Texte der abendländischen Philosophie quälen, während opportunistisch denkende christliche Schüler plötzlich ihr Interesse an der Religion wiederentdeckten und lieber den »leichten« Religionskurs belegten.

Mit 14 Jahren sind in unserem Land die Kinder bekanntlich religionsmündig. Dann melden sie sich scharenweise vom

Religionsunterricht ab, wenn sie sich nicht schon vorher durch ihre Eltern haben abmelden lassen. Aber wenn sie dann später in die Oberstufe kommen, wo jedes Fach gleich viel zählt, dann melden sie sich wieder beim Religionslehrer an. Und lassen – wie das in katholischer Religion an unserer Schule leider der Fall war – drei Jahre lang geduldig allen möglichen fundamentalistischen und intoleranten Mist über sich ergehen, weil sie für Sätze im Wert von »Jesus ist lieb« am Ende die Note Eins kassieren.

Diesen Zustand habe ich immer als geradezu unerträglich ungerecht empfunden. Sollte es bei dieser bestehenden Regelung bleiben, und alle Anzeichen sprechen dafür, dann haben selbstverständlich alle anderen christlichen und nichtchristlichen Bekenntnisse – und nicht nur der Islam – ein Recht auf Gleichbehandlung und damit auf einen Platz als »ordentliches Lehrfach« im Fächerkanon unserer Schulen.

An eine Abkehr von diesem Unfug wird noch nicht einmal gedacht. Von einer Lösung des Problems, wie es die generelle Abschaffung von konfessionellem Unterricht an öffentlichen Schulen wäre, sind wir Lichtjahre entfernt. Dazu fehlt es an politischem Mut.

Aber es fehlt auch an politischem Willen. Denn neuerdings werden in die religiöse Unterweisung wieder ganz erstaunliche Erwartungen gesetzt. In einer Welt, in der alle ethischen Schranken fallen, erhofft man sich vom Religionsunterricht nun wieder etwas mehr Erziehung zu Moral und Anstand. Genau das soll ausdrücklich auch das wie immer geartete *Ersatzfach* leisten. Alle Kinder und Jugendlichen, so heißt es, sollen wenigstens einmal in ihrem Schulleben mit Werten bekannt gemacht werden.

Dazu ist aber das Fach Philosophie nicht geeignet. Philosophie ist eher das Gegenteil von Religion. *Der erste Schritt zur Philosophie ist der Unglaube,* sagt Diderot. Zweifel und

Kritik sind ihre Methoden, ihre Geisteshaltung ist die Skepsis. Also ein analytisches, zersetzendes, als Religionsersatz ganz und gar untaugliches Fach.

Auch die Teilbereiche *Ethik* oder *Praktische Philosophie* werden die in sie gesetzten Erwartungen nicht erfüllen. Denn die Vorstellung überhaupt, man könne Kindern in der Schule in einem ›Fach‹ moralische Werte beibringen, während ihre Eltern draußen in der Welt, vom entfesselten Gewinnstreben angesteckt, ihren Geschäften nachjagen und Kollateralschäden achselzuckend in Kauf nehmen, diese Vorstellung ist »voll naiv«, wie die Schüler sagen würden. Denn Moral oder, besser gesagt, ein Gefühl für Gut und Böse vermittelt sich nicht in Fächern und nicht durch rationale Erklärungen oder Appelle. Moral vermittelt sich, seit Adam und Eva, immer noch auf ein und dieselbe Weise: durch ein glaubwürdiges, überzeugendes und still wirkendes anständiges (elterliches) Vorbild.

Wenn aber das Geld für ein neues Fach nun einmal da ist und wir gewillt sind, unseren Kindern geistige Schätze zu zeigen, dann sollten wir ihnen ein Fach *Mythologie* oder *Religionskunde* (Unter- und Mittelstufe) bzw. *Vergleichende Religionswissenschaft* (Oberstufe) schenken und sie dort mit den großen Weltreligionen und ihrem großen spirituellen Reichtum bekannt machen. Dort könnten sie die heiligen Texte der Menschen, angefangen von den frühen Schöpfungsmythen der Völker bis hin zu den nah- und fernöstlichen Heilsbotschaften, kennen lernen und die vielen, im Kern doch so ähnlichen Wege der Menschen zu Gott.

Hier fänden unsere Kinder reichlich Balsam für ihre vernachlässigten Seelen und feste Nahrung in Hülle und Fülle für ihren metaphysischen Hunger, es gäbe benotungsfähiges Wissen, und es gäbe Sprachbilder und Weltbilder, die einen wohltuenden Ausgleich zu unserer heillos digitalisierten Welt bieten könnten.

Denn, sagt Wittgenstein, *wir fühlen, daß selbst wenn alle möglichen wissenschaftlichen Fragen beantwortet sind, unser Problem noch gar nicht berührt ist.*

Schulleitung

– Hallo, Marga, hier ist Benno. Wie geht's dir denn so?

Das ist ja mal eine schöne Überraschung! Mein Kollege Benno! Der gute alte Benno!

– Gut geht's mir, sage ich, sehr gut sogar. Und dir, Benno? Noch alles beim Alten?

– Ach ja, da hat sich nicht viel verändert, sagt er. Es hat ja nicht jeder so ein Glück wie du. Ich hab gehört, du kommst gar nicht mehr, stimmt das?

– Ich weiß es noch nicht, Benno. Ich hab mich erst mal noch für ein weiteres Jahr beurlauben lassen, was danach sein wird, weiß ich noch nicht. Wie geht's denn der Schule? Was läuft denn da so zurzeit?

– Die Schule würdest du nicht mehr wiedererkennen, sagt Benno. Wir haben jede Menge neuer Kollegen, zum Teil ganz junge Hüpfer, von den meisten kenn ich noch nicht mal die Namen, das wechselt auch ständig. Im Lehrerzimmer komm ich mir manchmal richtig fremd vor, von den alten Kollegen ist kaum noch einer da, die sind alle so nach und nach verschwunden.

Und dann zählt Benno mir im Einzelnen auf, wer alles und aus welchen (Krankheits-)Gründen gegangen ist. Darunter auch schon wieder zwei aus der Schulleitung. Ich überschlage die Gesamtzahl mal schnell im Kopf und denke: Das sind ja fast 20 Prozent des alten Kollegiums!

– Die sind einfach gegangen, sagt Benno, einer nach dem anderen, und haben noch nicht mal Auf Wiedersehen gesagt.

Die haben sich an der Tür noch nicht mal mehr umgedreht. Das ist doch ein ziemlicher Unterschied zu früher, wo wir uns doch immer mal zusammengesetzt und ein bisschen gefeiert haben, wenn sich einer verabschiedete.

– Vielleicht wird ja durch die neuen Kollegen nun alles etwas leichter, sage ich. Wenn sie noch jung und unverbraucht sind, können sie den Laden ja jetzt mal übernehmen.

– Ja klar, sagt Benno, das tun sie auch. Aber die fangen auch schon an, sich über den Stress zu beschweren. Auf der letzten Fortbildung wollten alle unbedingt »Stressmanagement« als Thema haben und nicht den üblichen Strunks wie »Lernen lernen« oder solchen Käse. Aber weswegen ich dich eigentlich anrufe, Marga …

Und dann rückt Benno mit seinem Anliegen heraus. Es geht um seine Kinder. Der Älteste sei mittlerweile auf dem Gymnasium (eine Katastrophe!), sein Jüngster werde jetzt eingeschult, und er möchte gern wissen, ob wir mit der Waldorfschule immer noch zufrieden sind und ob wir uns in dem Milieu da wohl fühlen und wie viel das eigentlich koste. Die letzten beiden Fragen sind leicht zu beantworten: Die Beiträge seien einkommensabhängig, erkläre ich ihm, und in dem Milieu würde er sich sicher wie zu Hause fühlen, denn rund 30 Prozent aller Waldorfeltern seien Lehrer von staatlichen Schulen, die anderen zum großen Teil auch Akademiker, die sich für ihre Kinder, koste es, was es wolle, eine gute ganzheitliche Bildung in einer schönen Umgebung und engagierte Lehrer wünschen. Über alles andere, worüber wir uns immer wieder freuen, aber auch über das, was wir vermissen und worüber wir uns immer wieder ärgern, könne ich nur schlecht in zehn Minuten am Telefon sprechen. Ich würde ihm aber gern, wenn er ernsthaft interessiert sei, ausführlich davon erzählen. Vielleicht habe er ja Lust, einmal abends ein Stündchen mit seiner Frau vorbeizukommen, wir würden uns freuen.

– Das wäre uns natürlich am liebsten, sagt Benno. Wann wäre es euch denn recht?

Wir verabreden uns und legen auf. Gibt es das eigentlich auch in anderen Berufen, frage ich mich nun, dass man die eigenen Familienangehörigen vom eigenen Betrieb, der eigenen Klinik, der eigenen Praxis lieber fern halten möchte und stattdessen zur Konkurrenz schickt, weil man hofft, dass sie dort vielleicht etwas besser behandelt werden?

Noch mehr über die aktuelle Lage an der Schule bekomme ich ungefähr zwei Wochen später von Theo zu hören, den ich, zusammen mit seiner Frau, zufällig eines Abends an der Kinokasse treffe. Nach dem Film gehen wir drei noch ein Bier trinken. Theo wirkt gelöst und gut gelaunt, jedenfalls in besserer Verfassung, als ich ihn in Erinnerung habe. Nachdem wir ein paar Worte über den Film gewechselt haben, kommen wir auf die Schule zu sprechen. Zurzeit könne er sich nicht beklagen, sagt Theo, es sei der Schule gelungen, ein paar gute Leute an Land zu ziehen, motivierte und arbeitswillige, zum Teil sogar recht junge Leute, alle mit Ia-Examina. Die Zuteilung der Lehrer laufe nicht mehr über die Bezirksregierung, man könne sich nun per Stellenausschreibung im Internet die passenden Leute selbst suchen, sogar aus anderen Bundesländern.

– Das ist ja endlich mal eine gute Nachricht, sage ich.

– Du kannst dir allerdings nicht vorstellen, was das für eine zusätzliche Arbeit ist, sagt Theo, ich bin oft wochenlang mit nichts anderem als mit diesen Bewerbungen beschäftigt. Und an den Auswahlgesprächen sind ja auch Kollegen beteiligt. Für die sind das natürlich anstrengende und zeitraubende Sitzungen, die sich oft über Tage hinziehen.

– Und was macht die Schulleitungsrunde?, frage ich. Könnten die *Funktionsträger* denn nicht die Personalauswahl übernehmen?

– Um Gottes Willen, sagt Theo, dafür braucht man schon Leute mit Urteilsvermögen. Die alte Runde gibt es ohnehin nicht mehr. Wir treffen uns höchstens noch sporadisch für das Allernötigste, Koordination von Terminen und Ähnliches. Ansonsten läuft da gar nichts mehr.

Das kann ich ihm kaum glauben. Was für einen Anspruch hat er nicht früher mit diesem Leitungsteam verbunden! Dauernd ließ er uns zusammenrufen, dauernd gab es Besprechungsbedarf. Wie oft haben wir nachmittags bis abends dagesessen, uns belegte Brötchen kommen lassen und gemeinsam Konferenzen vorbereitet (*neue Konferenzkultur*), die aber dann genauso unbefriedigend verliefen wie eh und je, weil das Kollegium einfach keine Konferenzen wünschte, egal in welcher Form.

– Da ist mittlerweile völlig die Luft raus, sagt Theo, die Stellen von dir und Ulla sind immer noch nicht neu besetzt, und vor kurzem sind noch zwei gegangen. Vier freie Stellen, die wir nicht ausschreiben können, weil die uns nun schon seit Jahren keine A15-Stelle mehr zuweisen.

– Und wer macht die Arbeit?, frage ich.

– Ja, rate mal, sagt Theos Frau Sibylle.

– Die müssen eben andere mit übernehmen, sagt Theo. Die dafür natürlich nicht bezahlt werden.

– Und dementsprechend sauer sind, sagt Sibylle. Das Meiste machst du doch sowieso selbst. Zu Hause sehe ich den kaum noch. Ein Abend wie heute ist die absolute Ausnahme. Aber Gott sei Dank ist es ja nicht mehr für lange, dann hat er es endlich hinter sich. Wenn du mich fragst: Diese permanenten Reformen hören sich vielleicht viel versprechend an, sind aber zum Teil völlig unausgegoren und gehen zu Lasten der Lehrer. Ich seh es ja auch an meiner Schule.

– Ich weiß nicht, ob es dich noch interessiert, sagt Theo, aber das Schulprogramm ist fertig!

– Im Ernst? Wie habt ihr das denn geschafft? Hast du es selbst zusammengeschrieben?

– Nein, nein, sagt Theo, am Ende lief es sogar ganz gut, vor allem durch die Beteiligung der Schüler und einiger sehr aktiver Eltern. Ohne die Mithilfe der Eltern käme bei uns vieles überhaupt nicht mehr zustande. Zum Beispiel der Bibliotheksdienst. Wenn ich da nicht diese fleißigen und wirklich kompetenten Mütter hätte, könnten wir die Öffnungszeiten nicht mehr aufrechterhalten, dann könnten wir die Bibliothek schließen.

– Können wir vielleicht auch mal über was anderes als Schule reden?, sagt Sibylle.

– Ja, klar, sage ich. Eins würde mich aber doch noch interessieren, Theo: Macht ihr nicht bei dem Versuchsprojekt »Selbständige Schule« mit?

– Nein, sagt Theo, das hat das Kollegium abgelehnt. Die sahen da wohl noch mehr Arbeit auf sich zukommen. Sicher nicht zu Unrecht.

Und dann wechseln wir das Thema, sprechen mal kurz was über Kunst und dann noch sehr lange über unsere Kinder.

Später, auf der Heimfahrt im Auto, muss ich noch einmal an meine eigene Geschichte denken und daran, mit welcher Begeisterung ich anfangs die Stelle in der Schulleitung übernommen habe und wie kläglich dann alles nach fünf Jahren endete.

Ich war gerade 45 geworden und verspürte mal wieder Lust auf Veränderung. Zu Hause lief so weit alles prima, Sofie hatte einen guten Kindergartenplatz, ihr Vater kümmerte sich viel um sie und konnte in Notfällen einspringen. Und ich bekam Lust auf Abwechslung und neue Aufgaben. Unterrichten tat ich nun schon lange genug, jetzt durfte es auch mal was anderes sein. Aber was? Als Lehrer hat man nicht viele Möglichkeiten. Die »Firma« wechseln? Das ist umständlich, dauert unter Umständen Jahre, und nicht selten kommt man vom Regen in die Traufe. Und es hätte auch keine neue oder andere Tätigkeit bedeutet.

Als dann eines Tages an unserer Schule eine so genannte *Funktionsstelle* ausgeschrieben wurde, habe ich mich beworben. Vorher hatte ich natürlich mit Theo darüber gesprochen. Wenn ihm der Gedanke, mich künftig auch noch im engen Kreis der Schulleitung ertragen zu müssen, wenig verlockend erschienen wäre, hätte ich es nicht gemacht. Aber Theo sagte zu meiner Überraschung:

– Ja. Mach das. Ich würde mich freuen.

Da habe ich auch angefangen, mich zu freuen. Ich stürzte mich kopfüber in die Lektüre all dieser neuen, interessanten Bücher und Schriften über Schulautonomie und war begeistert. Da wehte ja, für mich genau zum richtigen Zeitpunkt, ein frischer Wind durch die an Überreglementierung erstickenden Schulen, da gab's auf einmal die Möglichkeit, die eigene Schule selbstverantwortlich in Schuss zu bringen. Das gefiel mir alles sehr. Und als dann das Landesinstitut eine zweijährige Ausbildung zum Schulentwicklungsmoderator anbot, habe ich mich dazu auch noch gemeldet.

– Willst du wirklich allen Ernstes in die Schulleitung?, hat mich in dieser Zeit so mancher Kollege erstaunt gefragt.

Das Vorhaben schien irgendwie nicht zu mir zu passen. Und ich selbst sah mich, um ehrlich zu sein, auch nicht in dieser Rentnerrunde herumsitzen, der zur damaligen Zeit außer einer Frau fast nur Männer angehörten, die kurz vor der Pensionierung standen. Aber genau da lag ja die Chance. Nach und nach würden sie alle in den verdienten Ruhestand gehen und durch jüngere, beweglichere Leute ersetzt werden, und dann hätten wir bald ein prächtiges Leitungsteam, das es mit vereinten Kräften schon schaffen würde, das Kollegium davon zu überzeugen, dass es sich lohnt, für eine nach eigenen Vorstellungen gestaltete schöne Schule ein bisschen mehr zu arbeiten.

So ungefähr hatte ich mir das ausgedacht. Aber verkünden konnte ich diese Vorstellungen im Moment noch nicht. Und wenn mich dann zum hundertsten Mal jemand fragte:

– Was versprichst du dir eigentlich von diesem Job? Dann sagte ich:

– Ich will Macht und Geld. Das sollte ein Witz sein, wurde aber sofort geglaubt. Oder ich sagte:

– Ich möchte damit meinem toten Vater eine Freude machen. Das war die Wahrheit, wurde aber als Witz aufgefasst.

Und wenn manche Kollegen immer wieder sagten:

– Bleib bloß, wie du bist!, dann habe ich das leichten Herzens versprochen. Wieso sollte ich mich ändern? Das hatte ich nicht vor. Und wenn der Theo zu mir sagte:

– Du musst dich auf einen Rollenwechsel einstellen, in Zukunft wirst du hier nicht mehr everybody's darling sein. Du wirst auf Ablehnung und Widerstand stoßen, und du wirst hier ein ganzes Stück einsamer werden. Dann dachte ich, jetzt spricht er über sich, und sagte:

– Theo, *du* solltest dich lieber auf Ärger einstellen. Denk bloß nicht, dass ich mein Strickzeug mitbringen werde in euren Altherrenverein. Im Übrigen bin ich auch jetzt nicht everybody's darling. Aber so unbeliebt wie du muss man sich ja auch nicht unbedingt machen.

Dann lachte der Theo und sagte:

– Ich freu mich schon.

Denn wer Recht behielt, war natürlich er und nicht ich.

Zunächst einmal änderte sich von einem Tag auf den anderen, wie auf ein geheimes Kommando, meine Stellung im Kollegium. Von dem beliebtesten Thema, den Meckereien über die Schulleitung, wurde ich ab sofort ausgeschlossen. Wenn ich ins Zimmer kam, verstummten die Gespräche. Denn ich gehörte jetzt auch zu den *Lakaien und Paladinen des Herrn*. Und deshalb *durfte* ich gar nicht so bleiben, wie ich war. Wenn ich jetzt, wie früher, sagte:

– Kommt, Mädels, lasst uns anfangen. Dann setzte sich die Frauenbeauftragte in Positur und sagte:

– Wir sind keine Mädels, Marga. Wir sind erwachsene Frauen! Und das musste man sich anhören, ohne mit der Wimper zu zucken. Und durfte nicht herausplatzen und sagen:

– Na dann kommt mal schön, ihr vollreifen Damen.

In Konferenzen hingegen *konnte* ich einfach nicht mehr dieselbe Rolle spielen wie früher, ich konnte jetzt nicht mehr fragen: Was habt ihr Jungs euch denn da wieder Bescheuertes ausgedacht? Denn ich war ja selbst an den vorbereitenden Beratungen beteiligt gewesen und hatte die Auseinandersetzungen meist schon hinter mir. Sollte ich jetzt noch einmal zum Schaukampf vortreten? Manche Kollegen machten das völlig ungeniert, besonders Leute aus dem Lehrerrat. Sie waren zu den Besprechungen hinzugezogen worden, hatten an Kompromissen mitgewirkt und sich endlich einverstanden erklärt, und plötzlich, in der Konferenz, standen sie auf, traten dem Chef gegen das Schienbein und wurden als Helden im Kampf gegen die Obrigkeit gefeiert.

In solchen Schemata wurde tatsächlich von den ganz Vernebelten gedacht. Mir haben sie einmal allen Ernstes *Kollaboration* vorgeworfen.

Zwischen dieser Fremdeinschätzung (*der aktiven Unterstützung einer feindlichen Besatzungsmacht gegen die eigenen Landsleute)* und meiner Selbsteinschätzung (*Steuermann in einem großen gemeinsamen Boot)* lag schon bald eine fast unüberbrückbare Entfernung. Als der liebe Benno eines Tages zu mir sagte:

– Über dich wird übrigens ziemlich viel geredet. Vor allem am Müttertisch.

Da habe ich zunächst ganz übermütig gesagt:

– Mir egal. Was denn?

Er sagte:

– Dass du die Stelle nur gekriegt hast, weil du mit dem Winter ins Bett gehst.

Da habe ich es gerade noch geschafft, den Schrecken zu verbergen und zu sagen:

– Na und? Wie willst du denn sonst als Frau auf 'nen grünen Zweig kommen?

Aber zu Hause habe ich dann doch sehr geweint. Der Matys sagte:

– Das ist das Ressentiment der Zukurzgekommenen. Das kennst du doch alles von deinem Freund Nietzsche. Da gehst du hindurch wie durch einen Regen, der dich nicht nass machen kann.

Und als ich bei Gelegenheit auch dem Theo von den Gerüchten erzählte, da lachte der bloß wieder und sagte:

– Gute Idee.

Aber so viel Kummer gab es natürlich nicht alle Tage. Es gab auch schöne Erfolge. Zum Beispiel die Konferenz, auf der das Kollegium mit großer Mehrheit beschloss, sich auf die Arbeit an einem Schulprogramm einzulassen.

Schon im Vorfeld war alles gut gelaufen. Die Kollegen hatten sich ausnahmsweise einmal mit der »Kinobestuhlung« einverstanden erklärt, das heißt, alle saßen in Stuhlreihen, vorn waren Overheadprojektor und Flipchart aufgebaut, ein Setting wie bei einer Podiumsdiskussion. Diese Sitzordnung hatte den Vorteil, dass jeder alles sehen und hören konnte. Der Nachteil war, dass man in dieser Ordnung keine Hefte korrigieren und nicht Zeitung lesen konnte. Da die meisten Kollegen aber mit diesen Tätigkeiten die in ihren Augen sinnlose Konferenzzeit zu verbringen wünschten, bestanden sie in der Regel darauf, dass wir alle in einem riesengroßen Kreis hinter Tischen saßen. In der unüberschaubaren Weite des Raums verstand man kein Wort von dem, was irgendwo gesagt und entschieden wurde, und jeder konnte an seinem Platz tun, wozu er Lust hatte. Daran haben wir in all den Jahren nichts zu ändern vermocht, denn der Lehrerrat verwies regelmäßig auf das Recht des Kollegiums, an der *Gestaltung* von Konferenzen mitzuwirken. Und dazu gehörte zweifellos auch die Sitzordnung.

Heute aber war kein normaler Konferenztag. Ich hatte angekündigt, die seit einiger Zeit herumgeisternden Begriffe Schulentwicklung, Schulprofil, Schulprogramm einmal im Zusammenhang zu erklären, und am Ende sollte die Frage stehen, ob wir uns auf einen von möglichst allen Kollegen getragenen, gemeinsamen Entwicklungsprozess einlassen wollten.

Ich hatte mich sehr gut vorbereitet. Nicht nur in der Sache, vor allem mental. Ich würde keinen einzigen Witz machen, auf jede Ironie verzichten, kein einziges Mal laut lachen, auf meine Körpersprache achten, jeden Einwand, auch den dümmsten und bösesten, freundlich in Empfang nehmen und ernsthaft in Erwägung ziehen. Und am Ende würde ich es schaffen, sie alle von der Sache zu begeistern und mit meiner Lust auf Veränderung anzustecken. Das Ganze musste in zwei Stunden über die Bühne, denn länger kann ich erfahrungsgemäß die Profi-Maske nicht aufrechterhalten, ich werde dann müde und wieder ich selbst, und das hätte den Erfolg der Sache sicher gefährdet.

Der Theo wünschte mir viel Glück und setzte sich dann an den Rand des Geschehens, auf eine Fensterbank. Ich wollte ihn nicht neben mir sitzen haben, denn er hätte womöglich durch sein Übergewicht wieder alles in eine Schieflage gebracht.

Und es lief prächtig. Ich bekam Applaus für den schönen Vortrag, dann wurden Fragen gestellt, und ich habe geduldig alles noch einmal erklärt. Dann waren die Bedenkenträger an der Reihe. Sie durften alles sagen, was sie auf dem Herzen hatten, und in Ruhe ausreden, und wo sie Recht hatten, da bekamen sie Recht. Und wo sie Unsinn redeten, da wurde ihnen bereits aus dem Kollegium widersprochen, ich brauchte es schon nicht mehr selbst zu machen. Es lief bestens. Die Atmosphäre hatte sich entspannt und gelockert, es lagen kaum noch Skepsis und Misstrauen in der Luft, alles lief auf ein gutes Ergebnis zu. Und die zwei Stunden waren fast um.

Da meldete sich Dombrowski, der alte Haudegen, zu Wort. In einem ersten Anlauf entlud er seine Wut auf das Landesinstitut, in dem sich von aller Wirklichkeit abgehobene Profilneurotiker im luftleeren Raum in ihre realitätsfernen Konzepte hineinfantasieren, dann stellte er die ganze Reformwelle gekonnt als eine ungeheure Verarschung der Lehrer dar, auf deren Rücken die Erneuerung unkostenfrei durchgepeitscht werden sollte.

Da war was dran. Es entstand Unruhe im Saal. Dombrowski hatte es geschafft, wieder die andere Seite in den Lehrerherzen anzusprechen, die Stelle, an der sich Frustrationen, Enttäuschungen, Ärger und Wut sammeln. Gleich würde ich wieder an ihre andere Seite appellieren müssen, wenn die Wirkung von Dombrowskis Sätzen etwas nachgelassen hatte.

Da fängt auf einmal der Theo von seiner Fensterbank aus zu reden an. Er sagt:

– Wenn ich vielleicht hier kurz auch mal was sagen darf. Ich möchte Sie darauf hinweisen, meine Damen und Herren, dass es im Grunde gleichgültig ist, wie Sie die Lage einschätzen. Über kurz oder lang wird die Erstellung eines Schulprogramms für alle Schulen verpflichtend werden und, wie ich annehme, mit einer Terminierung verbunden sein. Es ist also nicht die Frage, *ob* Sie ein solches Programm erstellen möchten, sondern höchstens *wann*.

Ich bin mir sicher, er meinte es gut. Er wollte mir mit dieser massiven Intervention bestimmt nur helfen. Er dachte, ich schaffe es nicht alleine, noch einmal einen Stimmungsumschwung herbeizuführen, und wollte mich in diesem kritischen Moment unterstützen. Aber trotzdem: Ich hätte ihm liebend gern einen Ordner ins Kreuz geworfen. *Wer solche Freunde hat, braucht keine Feinde mehr*, sagen die Griechen in solchen Fällen.

Seine Worte waren Wasser auf die falschen Mühlen. Zwei Stunden lang hatte ich mir Mühe gegeben, die Arbeit an einem Schulprogramm als *Angebot*, als *Chance*, als *Spielraum* darzustellen, als Kernstück der neuen *Freiheit* und als *Möglichkeit*, an unserer Schule ein Stück *Eigentum* zu erwerben, mit dem wir uns alle *identifizieren* könnten ... Und jetzt brachte er wieder den alles zunichte machenden Gedanken der Fernsteuerung und der Außenkontrolle hinein, der uns alle immer wieder zu dummen Befehlsempfängern einer arroganten Behörde macht.

Dennoch ist es in den nächsten zwei Stunden noch einmal gelungen, das nun an allen Ecken und Enden brodelnde Kollegium zu beruhigen und vom guten Sinn der Sache zu überzeugen. Immer wieder habe ich beteuert, dass wir uns dieser Aufgabe freiwillig stellen, dass wir es für uns und für unsere Schule tun und dass wir uns dafür alle Zeit und Ruhe der Welt nehmen können. Und am Ende haben sie mir geglaubt.

Das hätten sie besser nicht getan. Denn Theo behielt, wie immer, so auch diesmal, Recht. Ein halbes Jahr später kam aus dem Ministerium der Erlass, den Theo schon erwartet und angekündigt hatte. Die neue Botschaft hieß: Tempo, Ergebnisse, Leistung, Wettbewerb, Arbeitsmarkt, Wirtschaftsstandort. Keine Zeit mehr für langes Reden und Verhandeln, keine

Zeit mehr für Gespräche und Diskussionen. Keine Zeit mehr für Demokratie.

Das große gelbe Stück Pappe, das damals durch die Reihen ging und auf dem die Kollegen ihr Einverständnis, ihre Kommentare und Vorschläge notierten und auf dem sich schon gleich neun von ihnen bereit erklärten, in einer Planungsgruppe mitzuarbeiten, das habe ich aufbewahrt. Als ich es mir kürzlich beim Aufräumen noch einmal anschaute, fühlte ich mich noch immer wie ein Betrüger.

Von enttäuschten Hoffnungen handelt auch die Fortsetzung des Stücks. Denn aus der glücklichen Neubesetzung unserer Schulleitungsrunde, von der wir uns so viel versprochen hatten, wurde auch nichts. Mehrere Stellen waren innerhalb kürzester Zeit neu zu besetzen, und jedes Mal waren hervorragende Leute unter den Bewerbern. Aber in keinem einzigen Fall hat ein solcher Wunsch- und Herzenskandidat die Stelle bekommen.

Auf die Stellvertreterstelle kam mit Votum des Kollegiums der damalige Oppositionsführer, ein Mann mit guten EDV-Kenntnissen, der sich nun mit der erzwungenen Loyalität zum Chef herumquälte, die ihm die Verachtung vieler Kollegen einbrachte. Aber Theo hatte in ihm einen fähigen Mann für die Betreuung der Schuldateien und war mit der Lösung zufrieden.

Aber jetzt sollten noch Leute mit Fantasie und Ideen in diese Runde hinein. Es gab sie ja, diese Leute, ihre Bewerbungen lagen vor. Aber wir bekamen sie nicht. Wir bekamen keinen Einzigen von ihnen. In allen Fällen wurden gegen Theos ausdrücklichen Willen und trotz seines erbitterten Widerstands von der Bezirksregierung Leute auf die Stellen gesetzt, die wir nicht brauchen konnten. Zwei von ihnen hatten sich in diese Beförderung *hineingeklagt.* Sie waren bei früheren

Bewerbungen übergangen worden, hatten wegen angeblicher Verfahrensfehler Klage erhoben, und die Behörde wollte diese lästigen Verfahren endlich loswerden. Der dritte Mann war von seiner eigenen Schule heftig weggelobt worden und wurde ebenfalls bei uns untergebracht.

In allen Fällen hat Theo sich widersetzt und bis zum Umfallen gekämpft. In allen Fällen hat er verloren. Er sah so schlecht aus in dieser Zeit, dass ich dachte, er kriegt vor Ärger einen Herzinfarkt. Jeden Tag hatte er mehr graue Haare auf dem Kopf. Es ging ihm so schlecht, dass ich ihn eines Tages fragte:

– Theo, wie heißt denn das zuständige Arschloch da in der Behörde? Ich schick dem jetzt mal 'ne Briefbombe.

Da lachte er und sagte:

– Wenn jetzt ein Lottogewinn käme, würde ich hier heute noch alles hinschmeißen.

Die neuen Männer, die zu uns kamen, waren aber keine schlechten Menschen. Im Gegenteil. Es waren brave Apparatschiks, die den ganzen Tag mit roten Backen vor ihren Computern saßen und taten, was man ihnen sagte. Vorstellungen oder Interessen, die über ihr Mittagessen hinausgegangen wären, hatten sie keine, Schulprogramme und Schulentwicklung, Fortbildungsplanung und pädagogische Konzepte hielten sie für ausgemachten Quatsch. Aber sie waren gutmütig, ließen mich reden und warteten geduldig, bis sie wieder an der Reihe waren und es wieder um wirklich Wichtiges ging, um neue Programme, abgestürzte Dateien, Tabellen, Verwaltungskram. Ihren gesamten Grips schienen sie darauf zu verwenden, darüber zu reden, wie ihre Computer funktionierten. In dieser Runde habe ich mich schon bald völlig fehl am Platze und vollkommen überflüssig gefühlt und bin vor Langeweile fast gestorben. Wo war ich denn hier gelandet?

Das war ja der gleiche Rentnerclub wie eh und je. Und so würde es nun auf unabsehbare Zeit bleiben. Nicht auszuhalten.

Und als dann nach etwa drei Jahren auf einmal diese seltsamen Lähmungsgefühle in den Gelenken auftraten und wenig später auch die Schmerzen kamen, da wusste ich: So geht es nicht mehr weiter. Da habe ich den Antrag auf ein Sabbatjahr gestellt. Die zwei Jahre Warten werde ich jetzt auch noch überstehen, habe ich gedacht. Aber das habe ich nicht geschafft. Es ging einfach nicht mehr. Die Kraft war verbraucht. Sechs Monate vor Beginn des Sabbatjahrs habe ich meine Arbeit in der Schulleitung niedergelegt und bei der vorgesetzten Behörde um die entsprechende Rückstufung im Dienstgrad gebeten. Die aber wollte das partout nicht einsehen.

– Haben Sie das denn auch mit Ihrem Mann besprochen?, fragt mich der zuständige Dezernent, offenbar in Sorge um meinen Geisteszustand.

Ich muss lachen. Genau dieselbe Frage hat mir vor 25 Jahren schon mal jemand gestellt, und zwar ein Autohändler, als ich mir von meinem ersten selbst verdienten Geld ein nagelneues Auto kaufen wollte, einen schwarzen Golf, ohne alle Extras, aber mit viel PS. Mit dem ich dann jeden Morgen so überglücklich in die Schule fuhr. Kehrt denn alles im Leben noch einmal wieder? Sogar Sätze?

– Nee, sage ich, solche Kleinigkeiten darf ich schon allein entscheiden.

Auf die alte Frage kriegt er jetzt auch die alte Antwort. Aber unser lieber Dezernent will nicht lachen. Er ist besorgt. Er möchte meine Entscheidung nicht hinnehmen, sagt er, er möchte mich umstimmen und von meiner Absicht abbringen.

– Ich will Sie nicht verstehen, sagt er, ich will Sie zur Besinnung bringen!

– So reden alle Männer, sage ich. Jetzt muss er doch lachen.

– Gut, sagt er. Erzählen Sie mir Ihre Gründe.

Wir hatten uns an diesem Tag zunächst zufällig getroffen. Frühmorgens, im Dunkeln vor Sofies Schule, hatte ich ihn beinah überfahren. Einer in einem grünen Jägeranzug war mir plötzlich aus dem Gebüsch heraus vor den Kühler gesprungen, als ich gerade losfahren wollte. Wir funkeln uns wütend an. Dann erkennen wir uns. Er kommt ums Auto herum und sagt:

– Frau Bayerwaltes? Sie werden es nicht glauben, aber ich habe gerade an Sie gedacht! Ich muss Sie unbedingt heute noch sprechen. Ich habe hier an der Waldorfschule jetzt einen Termin, und ich überlegte gerade, wie ich es schaffe, Sie heute Morgen noch zu erreichen. Ich komme gleich zu Ihnen rüber. Halten Sie sich bitte für die siebte Stunde bereit.

Im Weggehen dreht er sich noch einmal um und fragt:

– Ist Ihre Tochter *hier*?

– Ja, sage ich.

– *Ach daher!*, sagt er. Und meint, er habe jetzt etwas verstanden.

Im Laufe unseres Gesprächs aber hat er mich, glaube ich, wirklich verstanden. Er verstand meine Müdigkeit (*Ach, müde sind wir doch alle, Frau Bayerwaltes*), er verstand das Gefühl der Sinnlosigkeit, und er verstand auch, dass einer, der bald fünfzig wird, sein Leben noch einmal überprüft. Aber er verstand nicht, dass ich *jetzt* aufgeben will, wo es doch jetzt ans *Abernten* gehe.

– Wissen Sie, was dieser Rückschritt finanziell für Sie bedeutet?, fragt er, um welche finanziellen Einbußen es da geht?

– Ja, sage ich, das ist mein Geburtstagsgeschenk. Ich möchte mir zum 50. Geburtstag mal was Schönes und Teures schenken.

Aber dann habe ich aufgehört mit den Späßen und habe ihm alles richtig erzählt. Wie lange ich schon vor der Frage stehe, wie es weitergehen soll. Ob ich auf dem Weg der Lähmung und Erstarrung, auf dem ich mich seelisch schon so lange und nun auch noch körperlich befinde, weitergehen soll. Oder ob ich es noch einmal schaffe, aus der Spur zu springen und mich von allem Schrott und aller Bedrückung zu befreien. Das ist mir, weiß Gott, nicht leicht gefallen, und ich habe lange dafür gebraucht. Erst musste ich in mir selbst die Stimme des Spießers zum Schweigen bringen, die sich ja manchmal anhört wie die Stimme der Vernunft. Aber jetzt habe ich meine Entscheidung getroffen. Und ich habe das Gefühl, dadurch habe ich gerade *nicht* aufgegeben. Ich fühle mich einfach noch zu jung, um mein restliches Leben hier abzusitzen und auf die Pension zu warten …

Da fragte er, ob ich das denn auch mit meinem Mann besprochen hätte. Und es wurde noch ein sehr gutes und sehr persönliches Gespräch. Wir haben über unsere Familien gesprochen und er über die Freude an seinen Enkelkindern. Und ich habe ihm ein bisschen von der Waldorfschule erzählt. Zum Schluss schien er sich nur noch Sorgen über eins zu machen: über mein Verhältnis zu meinem abwesenden ausländischen *Lebensgefährten*. Da habe ich ihm – auf Latein, denn er hat Theologie studiert – die drei Zeilen von Augustinus zitiert, mit denen dieser als Bischof sein Verhältnis zum Papst beschrieb und die alles erklären:

In necessariis unitas,
in dubiis libertas,
in omnibus caritas.
(Im Notwendigen Einheit,
im Fraglichen Freiheit,
in allem aber die Liebe)

Da schien er sehr gerührt und hat mir zum Abschied ein Gedicht von Fontane aufgesagt, denn er ist außerdem auch Germanist. Das Gedicht kannte ich noch nicht. Es geht so:

O trübe diese Tage nicht,
Sie sind der letzte Sonnenschein;
Wie lange, und es lischt das Licht,
und unser Winter bricht herein.

Dies ist die Zeit, wo jeder Tag
Viel Tage gilt in seinem Wert,
Weil man's nicht mehr erhoffen mag,
dass **so** *die Stunde wiederkehrt.*

Die Flut des Lebens ist dahin,
Es ebbt in seinem Stolz und Reiz,
und sieh, es schleicht in unsern Sinn
Ein banger, nie gekannter Geiz;

Ein süßer Geiz, der Stunden zählt
Und jede prüft auf ihren Glanz –
O sorge, dass uns keine fehlt,
und gönn uns jede Stunde **ganz.**

Da wusste ich, dass er jetzt alles verstanden hatte.

Leben oder Arbeiten?

Und allen Plänen gegenüber begleitet mich die Frage: »*Was soll der Unsinn?*«, eine Frage, die überhaupt ganz und gar von mir Besitz zu nehmen droht.

Theodor Fontane

Was ist Erfolg? Was versteht man unter einem erfolgreichen Leben? Eine erfolgreiche Karriere? In meiner (wenn auch bescheidenen) Lehrerkarriere war ich jedenfalls gescheitert, so viel war klar. Mochten auch noch so widrige Umstände dabei eine Rolle gespielt haben, ich hatte es jedenfalls nicht geschafft, ich hatte versagt. Das war die einfache, aber traurige Wahrheit. Und die galt es nun anzuerkennen und, so gut es ging, zu verarbeiten.

Geholfen haben mir dabei, wie immer, die Bücher der Dichter und Denker. Und wie immer stieß ich beim Lesen auf Erkenntnisse und Weisheiten, die mir an sich längst vertraut, aber im Alltagsgetriebe dann doch wieder abhanden gekommen waren.

Die schönste Definition von *Erfolg*, die ich gefunden habe, stammt von dem amerikanischen Philosophen Ralph Waldo Emerson. Bei jeder Gelegenheit habe ich sie an meine Schüler weitergegeben, indem ich sie ihnen an die Tafel oder in ihre Poesiealben schrieb und jedes Jahr als Merkspruch in die Abizeitung setzen ließ. Außerdem hängt sie über meinem Schulschreibtisch. Dort sollte sie, wenn schon wieder eine Misserfolg-Verzweiflungswelle anrollen wollte, mich daran erinnern, dass mit Erfolg nicht ausschließlich beruflicher Erfolg gemeint sein muss, sondern ein insgesamt gelungenes und gutes Leben.

Was für eine Erleichterung könnte uns dieser einfache und schöne Gedanke verschaffen. Wenn wir ihn bloß ernst nehmen könnten. Wir könnten diesen ganzen idiotischen Berufsstress, die Rennerei und Hetzerei, die Intrigen, die Machtspiele, die andauernde Überdosis Adrenalin, die pausenlose Leistungsbereitschaft, die ständige Demonstration von guter Laune, Stärke, Fitness und Kampfeslust, das ganze Gequatsche von *Effizienz und Professionalität* endlich einmal für ein paar Minuten abstellen, kurz innehalten, uns die Augen reiben und fragen: Ja, was könnte denn sonst noch *gut und sinnvoll* sein? Was gibt's denn noch, außer schuften, Geld scheffeln und einkaufen?

Die Antworten, die uns R. W. Emerson gibt, sind nicht neu, aber wir hatten sie leider vergessen.

Erfolg heißt, sagt Emerson, *oft und viel lachen; die Achtung intelligenter Menschen und die Zuneigung von Kindern gewinnen; die Anerkennung aufrichtiger Kritiker verdienen und den Verrat falscher Freunde ertragen; Schönheit bewundern, in anderen das Beste finden; die Welt ein wenig besser verlassen, ob durch ein gesundes Kind, ein Stückchen Garten oder einen kleinen Beitrag zur Verbesserung der Gesellschaft; wissen, dass wenigstens das Leben eines anderen Menschen leichter war, weil du gelebt hast. Das bedeutet, nicht umsonst gelebt zu haben.*

Warum kreist das Denken der Menschen heute nicht mehr um solche Gelingensbilder? Warum ist es auch im nachdenklichen Teil der Gesellschaft schick, nie Zeit zu haben, nie Muße, nie eine Lücke im Terminkalender?

Lily Brett schrieb neulich in einer Kolumne, dass in New York jeder einen herben Prestigeverlust hinnehmen müsse, wenn er zugäbe, dass er Zeit hat, dass er auch nur für ein paar Stunden nichts zu tun hat – das würde ihn auf der Stelle ins soziale Abseits befördern. *In New York*, schreibt sie, *stürzt das Ansehen von Leuten ins Bodenlose, wenn sie sich zu einem Lebensstil bekennen, der sich nicht durch ständige Hektik auszeichnet … In einer Stadt, in der Erfolg daran gemessen wird, dass jeder freie Augenblick gefüllt wird, bedeutet freie Zeit, dass man nicht erfolgreich ist … Was ist mit der freien Zeit geschehen?*, fragt sich Lily, *Mit langen Tagen und Nächten? Alles hat sich beschleunigt. Wir haben keine Zeit für unsere Eltern. Keine Zeit für unsere Kinder. Keine Zeit für uns selbst.*

Das hört sich an wie eine Klage.

Aber wir können ja nichts dafür. Wir sind Gefangene, Getriebene, unschuldige Opfer eines bösen Schicksals in einer grausamen Welt.

Auf dieses Thema kommen wir auch am Ostersonntag beim Frühstück zu sprechen, nachdem Trudi uns alle mit der Mitteilung überrascht hat, dass ihr der Managerjob so langsam zum Hals raushängt. Sie würde sich wünschen, sagt sie, dass der Mischa endlich mit seiner Doktorarbeit fertig würde und eine Anstellung fände. Das wird aber vermutlich nicht so einfach sein, denn Mischa ist leider kein Informatiker, sondern Islamwissenschaftler.

– Und dann würde ich gern mal ein paar Jährchen zu Hause bleiben und in Ruhe ein Kind kriegen, sagt sie.

Sie sagt es aber so, als läge diese Möglichkeit irgendwo in den Sternen und als könne sie gar nicht daran glauben, so wenig wie an eine Million im Lotto.

– Trudi, sagt meine Schwester, wenn man so was wirklich will, schafft man es auch. Dazu müsstest du aber nicht nur deinen Job aufgeben, sondern auch die Fernreisen, die teuren Klamotten, den Sportwagen, die Partys; ihr müsstest mit dem Kind nach Holland ans Meer fahren, abends zu Hause bleiben, selbst kochen und euch von den weißen Möbeln trennen.

– Das würde mir nicht schwer fallen, sagt Trudi, darauf zu verzichten. Von mir aus lieber heute als morgen.

– So scheint es inzwischen vielen zu gehen, sage ich. Kürzlich hab ich irgendwo gelesen, dass die meisten berufstätigen Frauen immer weniger Freude beim Shoppen empfinden und dass Einkaufen als Kompensation für Berufsstress immer weniger funktioniere. Die Verkäufer müssten jetzt lernen, erst mal die Stimmung der Kundinnen zu heben, bevor sie ans Verkaufen denken könnten. Als zufrieden bezeichneten sich nur die, die ausreichend Zeit zur Verfügung hatten.

– *Langsamer leben und weniger haben*, sagt Matys. Vielleicht kommt es in Zukunft ja noch einmal zu einem Bewusstseinswandel. Wenn immer mehr Menschen vom *schneller und mehr* die Nase voll haben.

– In den Vereinigten Staaten, sagt Trudi, ist das schon ein richtiger Trend. Dort sollen bereits zehn bis 15 Prozent der Leute mit *Downshifting* beschäftigt sein. Die fahren die Geschwindigkeit und den Konsum ganz bewusst runter, sortieren in ihren Wohnungen alles Überflüssige aus und wechseln in weniger stressige und schlechter bezahlte Jobs, um sich mehr ihren Familien widmen zu können.

– Es wurde auch langsam Zeit, sagt meine Schwester Elli. *Weniger ist mehr.* Das wissen wir doch schon ewig.

– Aber nicht hier in unseren Breitengraden, sagt Trudis Mann Mischa. In unserer vom westlichen Christentum geprägten Kultur wird seit 200 Jahren die *vita activa* gepriesen. Passivität gilt als verwerflich. Ganz anders übrigens als im östlichen Christentum.

– Das merkt man in Griechenland noch heute, sage ich. Obwohl da inzwischen natürlich auch alle rennen und sich am weltweiten Monopoly beteiligen wollen, ist der Schlaf doch immer noch etwas Heiliges. Einen schlafenden Menschen weckt man nicht. Während wir hier ja gleich an Faulheit denken und »Raus aus den Federn und ran an die Arbeit!« rufen. Ruhe und Nichtstun machen uns doch alle nervös.

– Mich nicht, sagt Matys.

– Matti, sagt meine Schwester, dich müsste man in eine rostsichere Stahlkapsel einschweißen und auf einem entfernten Planeten deponieren, damit spätere Wesen einmal eine Ahnung davon kriegen, dass die Erde in ihrer Endphase nicht nur von sich selbst überschätzenden, wahnsinnigen Idioten bevölkert war.

– Spinnst du?, sagt Sofie, die in diesem Moment von draußen hereinkommt, wo sie gerade ausgiebig den Hund gebürstet hat, der schon wieder langsam sein Winterfell verliert. Wütend stapft sie durchs Wohnzimmer, und ich höre, dass sie sich nebenan an den Computer setzt.

– Du hast Post, Mama!, ruft sie nach einer Weile zu uns herüber. Vom Metin!

Den Metin mag sie besonders gern. Ein ehemaliger Schüler, der uns früher oft besucht hat und der ihr bei seinem letzten Besuch geholfen hat, einen kleinen Hasen, der in den Wiesen von einer Mähmaschine verletzt worden war, fachmännisch zu verarzten. Metin studiert Medizin und ist zurzeit in London. Er schickt uns hin und wieder E-Mails mit vielen Grüßen. Ich muss deswegen jetzt nicht sofort aufstehen.

Als ich aber am Abend, als alle weg sind, seine Nachricht lese, da tut es mir doch Leid, dass ich nicht sofort aufgestanden bin und nachgeschaut habe, denn dann hätte ich sie den anderen vorlesen können. Und sie hätten sich sicher wie ich über den Zufall gewundert und über die Botschaft gefreut.

Metin schreibt:

Hi, ihr Lieben! Schöne Ostergrüße! War neulich endlich mal im National Theatre und habe mir ein Stück von Mark Ravenhill angesehen, es hieß *Shopping and Fucking*, das hätte euch gefallen! Es handelte vom Zerfall der Gesellschaft unter der Globalisierung, von Menschen, die wie verlassene Kinder auf dem Weltmarkt herumirren und ihre Eltern suchen, aber es gibt keine Väter mehr, nur noch den einen Vater: *money.*

Und weil Ostern ist, hier gleich noch eine Prise Weisheit von der Insel:

A philosophy professor stood before his class and had some items in front of him. When the class began, wordlessly he picked up a large empty mayonnaise jar and proceeded to fill it with rocks, rocks about 2« in diameter. He then asked the students if the jar was full. They agreed that it was. So the professor then picked up a box of pebbles and poured them into the jar. He shook the jar lightly. The pebbles, of course, rolled into the open areas between the rocks. He then asked the students again if the jar was full. They agreed it was.

The students laughed. The professor picked up a box of sand and poured it into the jar. Of course, the sand filled up everything else.

Now, said the professor, I want you to recognize that this is your life. The rocks are the important things – your family, your partner, your health, your children – things that if everything else was lost and only they remained, your life would still be full. The pebbles are the other things that matter like your job, your house, your car. The sand is everything else. The small stuff.

If you put the sand into the jar first, there is no room for the pebbles or the rocks. The same goes for your life. If you spend all your time and energy on the small stuff, you will never have room for the things that are important to you.

Pay attention to the things that are critical to your happiness. Play with your children. Take time to get medical checkups. Take your partner out dancing. There will always be time to go to work, clean the house, give a dinner party and fix the disposal.

Take care of the rocks first – the things that really matter. Set your priorities. The rest is just sand.

Nachdem ich den Text am Bildschirm gelesen habe, drucke ich ihn aus und lese ihn dann noch einmal. Ich finde ihn wunderbar, er spricht mir aus der Seele. Man müsste ihn weiterverschicken, um die ganze Welt mailen. Aber dann kommen mir auf einmal doch Bedenken. Sollen sich denn auch Lehrer die Botschaft zu Herzen nehmen? Und ihre Arbeit als zweitrangigen *Job* betrachten? Dann könnten sie es gleich lassen. Kinder sind nun mal eine sensible Materie und keine Aktenordner, die man um fünf Uhr zuklappen und vergessen kann, um sich den wirklich wichtigen Dingen zu widmen. Ach, ist das schwer. Kaum hat man sich zu einer schönen Meinung durchgerungen, da stimmt sie plötzlich schon nicht mehr. Muss man denn, um einen wahren Satz hervorzubringen, von allem, was man sagt, zugleich das Gegenteil behaupten?

Morgen werde ich diese Überlegungen mal dem Metin mailen. Schließlich will er Arzt werden. Das ist ja auch ein Beruf und kein Job.

Menschen mit Klasse

Am nächsten Morgen aber komme ich gar nicht dazu. Ich schlage die Zeitung auf und traue meinen Augen nicht. Auf einer großen farbigen Abbildung sehe ich unsere nordrhein-westfälische Schulministerin Frau Behler in einer feinen weißen Jacke auf einer Malerleiter stehen, mit einem Kleisterpinsel in der Hand. Sie ist im Begriff, am Düsseldorfer Landtag eigenhändig ein Großplakat anzukleben. Darauf steht: *MENSCHEN MIT KLASSE. Lehrer in NRW.* Und darunter: *Täglich beweisen Lehrerinnen und Lehrer Kompetenz und Verantwortung: Wer unseren Kindern die immer komplizierter werdende Welt erklären will, benötigt umfangreiches Fachwissen und pädagogisches Gespür; in NRW arbeiten mehr als 170 000 Menschen, die sich dieser anspruchsvollen und spannenden Aufgabe stellen. LEHRER: MEHR ALS NUR EIN JOB.*

Was soll das denn jetzt?, denke ich verblüfft, schon wieder ein Paradigmenwechsel? Und es stellt sich heraus: So ist es. Über Nacht und ohne Vorwarnung wurden aus den *faulen Säcken* und Arschlöchern der Nation plötzlich hoch qualifizierte Menschen in verantwortungsvoller Stellung.

Wer hat sich das ausgedacht? Und zu welchem Zweck? Ich lese: Die Werbekampagne wurde gesponsert von der Wirtschaft und unterstützt von sämtlichen Lehrerverbänden, allen voran die GEW und der Philologenverband. Der Grund: Das Image der Pädagogen muss dringend aufpoliert werden, um dem (ebenfalls über Nacht) drohenden Lehrermangel vorzubeugen. Lehrer könnten in Zukunft Mangelware werden, sagt die Ministerin, *wenn es nicht gelingt, das öffentliche Meinungsklima zu beeinflussen.* Die Kampagne habe den Sinn, Vorurteile abzubauen und junge Leute zu motivieren, sich für den Beruf des Lehrers zu entscheiden.

Ich erinnere mich, Ähnliches schon einmal gelesen zu haben. In Schleswig-Holstein hieß der Spruch vor etwas mehr als einem Jahr: *Gute Leute machen Schule.* Und in Bremen rief im Januar 2000 der ehemalige Fußballmanager und darauf zum Schulsenator avancierte Willi Lemke den Lehrern zu: *Mensch, Leute, ihr seid gut!* Unterstützt wurde er dabei von Bürgermeister Henning Scherf, dem »Henning im Rathaus«. Der Henning hat sich das aber anscheinend später wieder anders überlegt. Am 10. Mai 2001 sagte er in einem Interview: *Nein, wir müssen das gesamte Bildungssystem, also auch die Schulen, unter Reformdruck halten. Man darf niemandem sagen: Ihr seid die Besten und Größten. Sonst lehnen sich alle sofort wieder zurück und tun nichts mehr.* Offenbar war die Motivationsstrategie von seinem Freund Willi (*Erst mal kräftig loben!*) doch nicht das Richtige, und der Henning hat aus diesen Fehlern gelernt und probiert es nun mal mit dem Gegenteil.

So wird das öffentliche Meinungsklima im Land nach Lust und Laune beeinflusst, und die Lehrer, die ja nicht alle blöd sind, begreifen, was sie in Wirklichkeit sind: eine billige Verfügungsmasse, ähnlich wie die Gastarbeiter, die je nach ökonomischem Bedarf abwechselnd verachtet und hofiert wird. Ich kenne keinen einzigen intelligenten jungen Menschen, der auch nur im Traum mit dem Gedanken gespielt hätte, Lehrer zu werden. Wer möchte schon freiwillig einer gesellschaftlichen Randgruppe angehören, für die man gönnerhafte Imagekampagnen veranstalten muss?

Kluge junge Leute fallen auf so etwas nicht herein. Und diejenigen jungen Menschen, die sich durch falsche Sicherheitsversprechungen und falsche Vorstellungen in diesen Beruf haben hineinlocken lassen, werden den Betrug schon bald am eigenen Leib zu spüren bekommen: Denn während sie einerseits, frisch von der Uni und in ihrer bisherigen Lebenswelt von Kindern meist so weit entfernt wie von Außerirdischen, in den Schulen so schnell wie möglich im *bedarfsdeckenden* Unterricht und in Vertretungsstunden verheizt werden, wo sie, allein vor der Klasse, nicht selten die Hölle erleben, verbringen sie am Nachmittag und am Abend endlose Stunden am Schreibtisch und bereiten dort mit unvorstellbarem Aufwand eine einzelne Schaustunde vor. Eine Arbeit, die ihnen den Verstand raubt, denn ihre pädagogische Eignung wird – unabhängig von Unterrichtsfach und Thema – daran gemessen werden, wie viele verschiedene Medien sie in einer einzigen Stunde zum Einsatz bringen.

Doch weil sie ja Beamte werden wollen, gibt es keinen Protest. Stattdessen ertragen sie zwei Jahre lang Dauerstress und permanenten Prüfungsdruck, bekommen Nervenzusammenbrüche, Magengeschwüre, Hörstürze und Migräne und sehen nach ihrer Ausbildung – wenn sie sie nicht vorzeitig abbrechen, was inzwischen viele tun – mit 30 Jahren oft schon genau so aus wie ihre 50-jährigen Mentoren.

Einem vorbildlichen Pädagogen, der ihnen mit Rat und Tat zur Seite gestanden hätte, sind sie in dieser Zeit kaum begegnet. Einem, der ihnen vielleicht geraten hätte, am Nachmittag mit den Schülern an hartem Granitgestein Skulpturen auszumeißeln oder ausgedehnte und schön anstrengende Geländeerkundungen zu veranstalten, und wenn sie das nicht können: besser gleich eine Ausbildung bei den Pfadfindern zu machen. Nach solcherart gemeinsam verbrachten Nachmittagen würden die jungen Lehrer am nächsten Morgen feststellen, dass die Schüler angefangen haben, sie zu respektieren und sogar schon ein wenig lieb zu haben, und schon bald würden sie, dem patenten Lehrer zuliebe, jeden langweiligen oder schwierigen Unterrichtsstoff bereitwillig von ihm entgegennehmen.

Seit Jahren schon wird hierzulande bundesweit über eine Reform der Lehrerausbildung nachgedacht und gestritten. Aber wie soll sie aussehen? Was soll ein angehender Lehrer lernen und am Ende können? Die Gewerkschaft Erziehung und Wissenschaft (GEW) verlangt einen *Innovationsschub*. Die Neuordnung der Lehrerbildung, so heißt es in ihren aktuellen »Hamburger Thesen«, müsse die *in zunehmendem Maße benötigte Fähigkeit des Lehrers zur Mehrperspektivität und zum produktiven Umgang mit Pluralität beziehungsweise Differenz* berücksichtigen, und zur Umsetzung dieses Ziels müssten dringend *Prozesse zur Bewusstmachung der Unzulänglichkeit der Konstruktion von Normalität* angeregt werden. Das klingt wie eine Nonsensdarbietung von Helge Schneider. Solche angestrengt intellektuellen Sätze aus dem Mund von Gewerkschaftsfunktionären schätzen wir wegen ihres hohen Satirewerts, dafür zahlen wir gern unsere Mitgliedsbeiträge, aber für die Reform der Lehrerbildung sind sie ohne Bedeutung.

In Nordrhein-Westfalen haben wir schon seit Februar 1998 eine neue OVP (Ordnung des Vorbereitungsdienstes und der Zweiten Staatsprüfung für Lehrämter an Schulen). Seitdem gibt es an den Schulen, neben den normalen Lehrern, für die Betreuung der LAA (Lehramtsanwärter) so genannte AKOs (Ausbildungskoordinatoren), deren Aufgabe es ist, in PEGs (Planungs- und Entwicklungsgesprächen) mit den LAA über ihre Fortschritte in den sieben *Lehrerfunktionen* zu sprechen, als da sind: Funktion Unterrichten, Funktion Erziehen, Funktion

Beurteilen, Funktion Beraten, Funktion Innovieren, Funktion Organisieren, Funktion Verwalten.

Um was geht es denn hier? Um die Software von Maschinen? Man sage nicht, es sei egal, wie man die Dinge benennt. Diese Sprache lässt uns mit Schrecken das dahinter stehende Menschenbild erahnen. Wie aber will man mit einem derart funktionalistischen Denken und Sprechen Pädagogen heranbilden?

Aus täglicher Beobachtung und eigener Erfahrung weiß jeder Lehrer, dass es für einen Referendar eigentlich nur ein Problem gibt, das ihn andauernd beschäftigt und auf die Dauer zutiefst demoralisiert, und das sind die »Störungen« des Unterrichts. Um Hilfe bei der Lösung dieses schwierigen Problems zu finden und *um am Leben zu bleiben* (O-Ton einer Referendarin), besuchen die jungen Lehrer die Studienseminare. Dort bietet man ihnen, wie aus einem Arbeitsbericht des Studienseminars Gelsenkirchen hervorgeht, zur Stärkung der *Berufsrollenkompetenz* das *Humanistische Psychodrama* an oder ventiliert folgende Fragen: »Was sind Ziele der Erziehung? Was ist eine erzieherische Handlung? … Kann, soll man Heranwachsende überhaupt erziehen? … Ist die Definition Millers, Störung als ›belastende Situation‹ zu definieren, sinnvoll? Was ist überhaupt eine Störung?«

Was will man mit dieser absurden Fragerei bei den Junglehrern erreichen? Dass sich ihre Probleme in Luft auflösen? Dass sie den letzten Rest an Verhaltenssicherheit und gesundem Menschenverstand verlieren? Wie Herr Miller oder Herr Luhmann den Begriff »Störung« definieren, kann ihnen, bei Gott, herzlich gleichgültig sein. Wenn wir vor Liebeskummer fast sterben und dringend Hilfe brauchen, schlagen wir auch nicht im Lexikon nach und suchen nach einer Definition. Wir wollen, dass der Schmerz aufhört. Das wollen auch die Referendare.

Aber über Gefühle wird, wie wir wissen, nicht gesprochen. Schmerz, Kummer, Enttäuschung, Angst – alles kein Thema. Scheint es alles gar nicht mehr zu geben. Weder in den Seminaren noch in den Schulen, weder bei den Lehrern noch bei den Schülern. *Lernen*, sagte Horst Rumpf von der Universität Frankfurt/M. kürzlich in einem Vortrag, sei heute in erster Linie *das Niederwerfen von Hindernissen und das Unspürbarmachen von Gefühlen.* Das Motto sei: *Erledigen und beherrschen.* Beim Erledigen hilft uns die Wissenschaft (siehe oben), beim Beherrschen ganz sicher ein gezieltes Lehrer-Coaching für stressfreies *Konflikthandling* und erfolgreiche *Autoritätsoptimierung*.

Aber zu *Menschen mit Klasse* werden die jungen Lehrer so nicht.

Menschen mit Klasse haben mit Interesse ein Fach studiert. Nun möchten sie ihr Wissen an die nächste Generation weitergeben. Das Wie (Methodik) und das Was (Didaktik), bezogen auf das Alter der Schüler, lernen sie im Referendariat. Ist aber alles halb so wild, denn für die meisten Fächer gibt es methodisch und didaktisch gut aufbereitete Lehrbücher. Bleibt für den angehenden Menschen mit Klasse nur noch eine Frage:

Wie gewinne ich die Herzen der Kinder?

Das mag sich altmodisch anhören, mehr nach Pestalozzi als nach einer wissenschaftlichen Ausbildung. Das ist dem angehenden Menschen mit Klasse aber egal, denn schon nach wenigen Wochen im Schulbetrieb ist ihm klar: *Die Verhältnisse schreien förmlich nach Begriffen, die auf dem Index stehen.*

Anstatt mit AKOs in PEGs zu sitzen oder Schaustunden vorzubereiten, wird unser junger Mensch, wenn er kein Naturtalent ist, sich zunächst einmal darum bemühen, die Herzen der Kinder überhaupt zu verstehen (Psychologie), danach wird er die Schriften der großen Pädagogen lesen. Denn von ihnen kann man viel lernen, besonders wenn man selbst ein guter Pädagoge werden möchte und nicht nur ein Medienfuzzi und Methodenautomat. Und er wird so viel Zeit wie möglich mit den Kindern außerhalb des Unterrichts verbringen, am besten bei einer praktischen Tätigkeit wie Flugzeugmodelle bauen, ein Auto auseinandernehmen, Bildhauern, Schreinern, eine Hütte bauen, Fußball spielen, Basketball, Dauerlauf etc. pp., alles Tätigkeiten, die in erster Linie die Jungen ansprechen, denn von ihnen gehen 99 Prozent aller Unterrichtsstörungen aus.

Und wenn es unserem Junglehrer, bei allem Einsatz und gutem Willen, dennoch in den zwei Jahren nicht gelingen sollte, die Herzen, das Vertrauen und die Aufmerksamkeit der Kinder zu gewinnen, dann muss er leider aufhören und sich einen anderen Beruf suchen. Das weiß er. Er weiß, dass ihm dann das Funktionieren in allen anderen Funktionen – Beurteilen, Beraten, Innovieren, Organisieren, Verwalten – entweder auch nicht gelingen oder rein gar nichts nützen wird.

Mit spritzigen Imagekampagnen, die nur *ein Meinungsklima beeinflussen* und schnell ein paar Versorgungslücken stopfen wollen und die nicht die Wahrheit sagen über die Schwierigkeiten des Lehrerberufs, führt man junge Menschen in die Irre und nicht selten in großes Elend. Denn zum Lehrer ist nicht jeder geeignet. Als Lehrer braucht man starke Nerven und ein ausgesprochen robustes Selbstbewusstsein. Ein Lehrer trägt ja keinen weißen Kittel, und er hat auch keine Sekretärinnen und Assistenten, die er jagen kann. Ein Lehrer steht allein vor der Klasse und ist täglich, ja stündlich, dem gnadenlosen Scharfblick von Kindern ausgesetzt. Kinder haben so etwas wie einen Wahrheitsblick, ihnen entgeht nichts, nicht die kleinste körperliche, psychische oder geistige Schwäche. Und wenn sie ihn nicht mögen und akzeptieren, diesen Menschen da vorn, dann ist er verloren. Ich kenne Professoren, vor denen an der Hochschule ganze Lehrstühle zittern und die zu Hause, beim Abendbrot, mit ein, zwei knappen, aber treffenden Sätzen von ihren elfjährigen Töchtern in ihre Einzelteile zerlegt werden. Dem Lehrerberuf wären diese Männer nicht gewachsen, nach kurzer Zeit müssten sie das zerbrechliche Gehäuse ihres empfindlichen Egos von Psychiatern zusammenflicken lassen.

Ein Lehrer aber muss standhalten können vor den kritischen, prüfenden Blicken und den schonungslosen Sätzen von Kindern, und gleichzeitig muss er die Bereitschaft zur Selbstüberprüfung und zur lebenslangen Selbsterziehung mitbringen. Einer Gruppe von gut erzogenen, begabten und meistens auch noch hübschen Kindern etwas beizubringen, ist angenehm und leicht. Das kann jeder. Die eigentliche Aufgabe und Bewährung eines Lehrers aber liegt da, wo ihm die Arbeit am schwersten fällt: bei den schlecht erzogenen, lernunwilligen, unansehnlichen und auch, auf den ersten Blick, unsympathischen Kindern. Diese Kinder, die am wenigsten danach aussehen und auf die er am wenigsten Lust hat, die brauchen ihn am nötigsten.

Sie brauchen seine Zuneigung, seine Ermunterung, sein Verständnis und seinen unermüdlichen Glauben an die Verbesserungsfähigkeit des Menschen und der Welt. Ebenso nötig aber brauchen sie seinen Mut zu klaren Entscheidungen, zu Grenzen und Maßregelungen, zu Streit, Strenge und Strafen, wenn es sein muss. Dazu (anderes Thema) müssen allerdings auch die Arbeitsbedingungen so sein, dass sie ihm nicht die Handlungsfähigkeit rauben und die Sinnhaftigkeit seines Tuns täglich unterminieren. Ein Lehrer, der in der Toilette einen Schüler dabei erwischt, wie er gerade die Wände mit Scheiße beschmiert oder einen Mitschüler mit dem Gesicht in die Kloschüssel drückt (kein Horrorszenario, sondern Schulalltag), muss nicht nur die Chuzpe, sondern auch die Legitimation zu einer prompten und autonomen Reaktion haben und darf sich nicht umdrehen (müssen), um die Sache dem Direktor zu melden und dann auf die Einberufung irgendwelcher Kommissionen und Konferenzen zu warten.

Man sieht: Menschen mit Klasse haben kein leichtes Leben. Man gönne ihnen daher die Ferien und ein gutes Gehalt.

Barmherzige Richter

Ende April ist die alte Oma Klein gestorben. Letzte Woche haben wir sie begraben. Sie war fast 90, hatte einen Tumor im Kopf und war oft so durcheinander, dass sie ihre eigene Tochter nicht mehr erkannte. Aber manchmal, wenn sie scheinbar teilnahmslos in ihrem Rollstuhl mit uns am Kaffeetisch saß, fing sie plötzlich an zu reden und alte Geschichten zu erzählen, meistens war es dieselbe: wie wir sie früher einmal, als die Kinder noch klein waren, zu Pfingsten besucht hätten. Und wie die Kinder da nackt in ihrem Garten herumgesprungen seien und wir Eltern uns nach dem Mittagessen einfach auf dem Teppich ausgestreckt hätten. Ja, ihr wart mir welche, sagt sie immer wieder halb entrüstet, halb entzückt und schaut uns dabei an, als begreife sie nicht, wie aus uns über Nacht solche Matronen werden konnten, wo wir doch gerade noch bei ihr im Wohnzimmer auf dem Fußboden lagen …

Und jetzt ist sie leider gestorben, und wir wollen sie begraben. Alle, die irgendwie erreichbar waren, sind zu ihrer Beerdigung gekommen. Wir stehen dicht gedrängt in der kleinen Dorfkirche, schauen uns gegenseitig verstohlen an und denken, mein Gott, ist die Jutta alt geworden, aber der Klaus sieht immer noch gut aus. Gleich nach der Messe werden wir uns draußen vor der Kirche küssen und umarmen und Komplimente machen (Gut siehst du aus!), und auf dem Friedhof werden wir am Grab von Oma Klein ein bisschen weinen bei dem Gedanken, dass wir ihr schon bald alle folgen werden. Wer mag der Nächste sein? Zwei von unseren Männern sind schon tot (Unfall und Krebs), seitdem sind wir enger zusammengerückt und streiten uns nicht mehr so oft über politische Fragen.

Die Orgel hat angefangen zu spielen. Der junge Mann im Holzfällerhemd, der vorhin noch den Altar aufräumte, kommt nun im Ornat aus der Sakristei und ist also der Priester.

Ich war schon 100 Jahre nicht mehr in einer Messe und kenne mich mit den Abläufen nicht mehr aus. Den anderen geht es genauso. Etwas unsicher nehmen wir die vorgeschriebenen Haltungen ein (*aufstehen, setzen, aufstehen, setzen, knien, aufstehen*). Der junge Priester, der wohl gemerkt hat, was er da für eine hilflose Gemeinde vor sich hat, gibt uns mit den Händen entsprechende Zeichen. Dann sagt eine Frauenstimme im Hintergrund: *Wir singen jetzt gemeinsam das Lied Nummer 339*, und die Orgel setzt ein.

Das Lied heißt *Wir sind nur Gast auf Erden*. Kaum hat die Orgel die ersten Töne gespielt, ist alles wieder da. Der Text! Die Melodie! Ich kann noch alles auswendig! Ich schließe die Augen und sehe mich wieder als Kind in unserer Kirche stehen und dieses Lied inbrünstig mitsingen und spüre auch wieder den ungeheuren Trost, der von diesen Liedern ausging und den wir wohl schon damals dringend brauchten. Es fallen mir sogar noch andere Lieder ein, mein Lieblingslied war *O Haupt voll Blut und Wunden,* und ich erinnere mich, wie wir, zum Ausklang der Messe, voll Enthusiasmus und getragen von den brausenden Orgelklängen *Lobe den Herren* in die Welt hinausschmetterten (*In wie viel Not hat nicht der gnädige Gott über dir Flügel gebreitet*).

Ich öffne die Augen und schaue mich um: Auch von den anderen haben manche angefangen, zögernd und etwas verschämt mitzusingen, die meisten von uns waren ja katholisch.

Wir haben Glück, sie nehmen sich hier die Zeit für alle fünf Strophen, und ab der dritten Strophe singe ich richtig mit und fange dabei zu weinen an.

Wie sehr fehlen uns doch die Lieder und das gemeinsame Singen in unserem Land. Es fehlen uns ja nicht nur die alten Kirchenlieder, es fehlen die Volkslieder, die Heimatlieder, die Wiegenlieder, die Kinderlieder, die Liebeslieder, die Lieder zur Hochzeit, zum Sterben, zum Tanzen und zur Arbeit. Immer wieder fällt es mir in Griechenland auf, wie da eine ganze Bevölkerung quer durch alle Schichten bei jeder Gelegenheit aus denselben Quellen schöpft und mit großer Hingabe gemeinsam singt. Und wie sie dort, anders als bei uns, gar keine Angst vor Pathos und vor falschen Tönen haben.

Der junge Schriftsteller Christian Kracht schrieb neulich: *Ganz Deutschland könnte so schön sein wie das Wort Neckarauen, wenn die Deutschen die Juden nicht umgebracht hätten.*

So ist es. Darum haben wir auch keine Lieder mehr. Aber es tut uns nicht gut. Lieder sind Seelennahrung, und die fehlt vor allem unseren Kindern. In einer Berliner Langzeitstudie hat man kürzlich herausgefunden, dass in den Grundschulen gemeinsames Singen und Musizieren zu einer deutlichen Verbesserung der *sozialen Kompetenz* und der *Konzentrationsfähigkeit* führen und dass sogar die *allgemeine Leistungsfähigkeit* nachweislich gesteigert wird (bessere Ergebnisse in Mathematik, Deutsch und Englisch). Als das bekannt wurde, haben sich in aller Eile Politiker, Pädagogen und Pädiater zu einem *Bündnis für das Singen mit Kindern* zusammengeschlossen (www.singenmitkindern.de).

Ist es nicht traurig? Kein Mensch weiß mehr von sich aus, was gut ist. Erst wenn es uns eine Langzeitstudie sagt, wissen wir, dass Kindern das Singen und das Erlernen eines Instruments gut tut. Und dass es etwas Schönes ist. Gut und schön, die Frage aber ist: Bringt es auch etwas? Ja, sagt uns die Langzeitstudie. Und *nur weil es etwas bringt*, weil es leistungssteigernd und therapeutisch wirkt, weil es sich zur Verwertung und Vernutzung eignet, weil die Musik, ebenso wie die Kunst, unser *Geist-, Kreativitäts-, Sozial- und Gefühlskapital* lockermacht, nur darum gibt es jetzt plötzlich so ein bescheuertes Bündnis und ein öffentliches Engagement für die Kunst in den Schulen. Es ist zum Heulen.

Der junge Pastor hat uns das Zeichen zum Setzen gegeben und mit seiner Predigt begonnen. Was er sagt, hat Hand und Fuß und ist obendrein sehr schön. Alle schauen nach vorn und hören zu, keiner flüstert oder guckt in die Gegend.

Er spricht darüber, wie es ist, wenn man am Ende seines Lebens Bilanz zieht und sich die Frage stellt: *Was bleibt?* Worauf werden wir mit Freude und Zufriedenheit zurückblicken, wo haben wir versagt, wo sind wir schuldig geworden?

Im Stillen glaube ich, dass all das, wofür wir am meisten gerannt sind und uns am meisten abgerackert haben, am Ende die geringste Bedeutung haben wird. Durch unsere Hütten wird der Wind pfeifen, und zurück bleibt vielleicht nur die eine oder andere bange Frage: *War ich ein guter Vater? Ein Bruder? Ein Freund?*

Jetzt spricht der Pastor vom Versagen und von der Schuld. Mit der wir am Ende vor den himmlischen Richter treten werden. Er sagt:

– Aber dieser Richter ist nicht der Polizist. *Dieser Richter ist der barmherzige Vater.*

Ist ihm denn klar, was er da sagt? Oder gebraucht er nur eine Floskel? Ist ihm bewusst, dass er da ein Paradox formuliert, oder fällt es ihm nicht auf? Oder glaubt er, dass alle Widersprüche sich in Gott auflösen und zu einer höheren Einheit verschmelzen?

Ich muss an meine Schüler denken. Genau so stellten sie sich den guten, den idealen Lehrer vor: als *barmherzigen Richter,* als einen, der *zugleich* nett *und* gerecht sein sollte. So sehr und so dringend wünschten sie sich beides, die Liebe *und* die Gerechtigkeit, dass sie nie verstehen wollten, dass beides gleichzeitig nicht zu haben ist. Das ist doch dasselbe!, riefen sogar manche von den Kleineren. Dann habe ich ihnen die römische Sage vom König erzählt, dessen Sohn schwere Schuld auf sich geladen hatte. Der König war in diesem Fall nun beides: Richter und Vater. Sollte er seinen Sohn, wie es die Gerechtigkeit verlangte, zum Tode verurteilen? Oder sollte er, wie es sein Vaterherz verlangte, Gnade walten lassen?

Die einen riefen: Er muss gerecht sein! Er muss seinen Sohn wie einen Fremden behandeln! Die anderen riefen: Er muss ihn laufen lassen! Er soll dafür sorgen, dass er aus dem Gefängnis fliehen kann!

Wer was sagen würde, wusste ich meist schon im Voraus. Die deutschen Kinder erwarteten in der Regel, nach kurzem Zögern, vom Vater Gerechtigkeit; für die Kinder, die aus Ländern südlich der Alpen kamen, war es sonnenklar, dass der Vater sein Herz sprechen lassen würde.

In der Geschichte hat sich der König das Leben genommen. Denn er sah keinen Ausweg aus dem Dilemma. Wie immer er sich auch verhalten hätte, er wäre schuldig geworden. Das nennt man auch einen tragischen Konflikt.

Danach war es in der Klasse meist für eine Weile ganz still.

Uns Erwachsenen geht es mit Gott, glaube ich, nicht anders als den Schülern mit ihrem idealen Lehrer. Wir wissen auch nicht, was wir uns mehr wünschen sollen, einen gütigen oder einen gerechten Gott, und darum wünschen wir uns einfach beides. Denn gütig und barmherzig und *voll der Gnade* muss er schon sein, der liebe Gott, wie sollen wir armen und schwachen Menschen sonst vor ihm bestehen?

Und wird uns nicht im Neuen Testament der *Vater im Himmel* immer wieder als ein alles vergebender *liebender Gott* gezeigt? Immer wieder erhebt Jesus die armen Sünder zu seinen Lieblingen, die Ehebrecherin, die müßige Maria, die sündige Magdalena, die unreine Samariterin, und immer wieder stellt er sie hoch über die pflichtbewussten und gesetzestreuen ›Gerechten‹. Wie zum Beispiel im *Gleichnis vom verlorenen Sohn,* wo es heißt: *Wahrlich, wahrlich, ich sage euch: Mehr Freude wird sein im Himmel über einen Sünder, der Buße tut, als über 99 Gerechte.* Aus diesem Grund gehen sogar manche, wie Dostojewski, so weit zu glauben, dass der *Verbrecher Gott näher* stehe.

Kann man sich noch weiter von der Idee der Gerechtigkeit entfernen? Die Vorstellung eines *liebenden Gottes,* der seine Liebe (wie es nun mal die Art der Liebe ist) in einem *willkürlichen Gnadenakt* gerade an die *verschenkt,* die es *nicht verdient* haben, das ist geradezu himmelschreiend ungerecht.

Außerdem kennen wir das schon. Denn genau so geht es hier auf der Erde ja auch zu. Wo alles, jedenfalls alles Wichtige – *Gesundheit, Schönheit, Intelligenz, Liebe, Glück* –, so grausam ungerecht verteilt ist. Darum kämpfen wir ja auch immer wieder so verzweifelt um die materielle Gerechtigkeit, weil es die einzige Form von Gerechtigkeit ist, die *wir selbst* herstellen könnten. Denn wenn schon alles wirklich Wichtige *von Natur aus oder vom Schicksal* so ungerecht verteilt ist, wenn Charakterschweine das meiste Glück haben und die bösesten Hexen am meisten geliebt werden, wenn einige schön und klug, die anderen dumm und hässlich und noch dazu krank sind, dann wollen wir wenigstens dafür sorgen, dass alle gut zu essen haben und ein Dach über dem Kopf und dass für alle das gleiche Recht gilt. Das scheint mir immer noch das Einzige, was wir auf dieser Welt Gutes und Sinnvolles tun können.

Ich bin mir fast sicher, dass meine alten, schon etwas ergrauten Freunde, so wie sie jetzt hier in der kleinen Kirche versammelt sind, das genauso sehen. Wenn auch nur im Stillen, denn solche Ideen sind zurzeit gerade ein bisschen lächerlich.

So wie es den jüngeren Schülern immer gegen den Strich ging, den Gegensatz von Liebe und Gerechtigkeit anzuerkennen, so ging es den großen Schülern in Politischer Philosophie immer mit der Antinomie von *Gerechtigkeit* und *Freiheit.* Es dauerte oft Stunden und brauchte 150 Beispiele, bis ihnen endlich klar wurde, dass jeder Schritt in Richtung Gerechtigkeit oder Gleichheit immer ein Stück Freiheit kostet und umgekehrt.

Die Experimente mit der Gerechtigkeit und mit hohen Gemeinschaftswerten – Kommunismus und Faschismus – haben wir fürs Erste hinter uns. Sie wurden so konsequent betrieben, dass am Ende von der Freiheit gar nichts mehr übrig blieb. Heraus kam in beiden Fällen der totalitäre Terror. Das Gute *(Gerechtigkeit)* hatte eine Wendung zum Schlimmen *(Katastrophe)* genommen.

Im Augenblick sind wir dabei, unser Glück auf dem umgekehrten Weg zu suchen. Alle sind berauscht von der Freiheit und wollen immer mehr davon. Und jeder Schritt in Richtung Freiheit, jede *Deregulation,* wo auch immer, schlägt ein Steinchen aus dem Gebäude der gerechten Gesellschaft heraus und macht die Menschen wieder ein bisschen ungleicher und das Leben gefährlicher.

Mal gespannt, wie das enden wird. Ich fürchte, dass eines Tages das ganze mühselig errichtete Gemeinschaftsgebäude zusammenbrechen und die Gesellschaft sich in ihre Bestandteile auflösen wird. Dann haben wir das Maximum an individueller Freiheit erreicht. Dann sorgt wieder jeder für sich selbst und nimmt alles in die eigene Hand und schöpft auf eigene Faust das Recht wieder aus seinem Urgrund, der Gewalt. Am Ende wird dann wieder der blanke Terror stehen, nur diesmal der gesetzlose. Und wieder wird es enden in einem Unglück von unerhörten Ausmaßen und mit entsetzlichen Folgen (*Katastrophe*).

Ja, können wir denn nichts dagegen tun? Doch. Haben wir aber im Moment keine Zeit zu. Außerdem schreibt das Pendelgesetz vor, dass nach dem Gleichheitswahn jetzt der Freiheitswahn folgen muss. Das ist so ein Naturgesetz.

Die Natur lehrt uns aber auch das Gegenteil: dass sie überall den Ausgleich anstrebt und das Maßlose und Extreme immer wieder mit Untergang bestraft. So wie ein Organismus nur dann gesund und lebensfähig ist, wenn alle physiologischen Regelkreise in seinem Inneren im ruhigen Rhythmus um eine ideale Mitte schwingen. Entsprechendes lehrt uns im Übrigen auch die Philosophie: dass unser Lebensglück in der *goldenen Mitte* liegt und unsere Erkenntnisfähigkeit beschränkt ist auf die Welt der mittleren Dimensionen *(Mesokosmos)*.

Früher, zu Beginn eines neuen Ethikkurses, habe ich manchmal, noch vor aller Theorie, die Schüler aufgefordert, über die Frage nachzudenken: Was empfinden wir denn in unserem Lebensalltag, von unserem Gefühl her, übereinstimmend als *schlecht* oder *böse*? Heraus kam meist am Ende, dass allem, was wir böse oder schlecht nennen – Sünde, Krankheit, Hässlichkeit, Unglück –, ein Gemeinsames, Ähnliches zugrunde liegt: das Herausfallen aus der Ordnung *(kosmos)*, die extreme Abweichung, die rhythmische Störung, der Verlust des Gleichgewichts, die schmerzliche Disharmonie, die sinnlose Regellosigkeit *(chaos)* …

– Der Witz an so 'nem Regelkreis ist aber, sagte dann einer der biologisch oder technisch versierten Schüler, der Witz daran ist doch, dass so ein Mittelwert gar nicht konstant stabilisiert werden kann. So 'n System ist doch permanent im

Zustand der Abweichung oder Übersteuerung. Der ideale Sollwert wird ja nie definitiv erreicht.

– Das haben Ideale nun mal so an sich, konnte ich dann sagen. Findet ihr das nicht faszinierend? Dass es in der Politik und in der Ethik so ähnlich zugeht wie in unserem Körperinneren? Wir brauchen, ähnlich wie beim Blutzuckerspiegel, auch in Moral und Politik solch eine ideale Marke, die wir anpeilen. Und dann, zack!, sind wir schon wieder übers Ziel hinausgeschossen. Jetzt müssen wir das Ganze wieder anhalten und gegensteuern und so weiter ad infinitum… Wichtig ist aber, dass wir solch eine ideale Marke, solch eine Idee vom Guten überhaupt im Auge haben, denn da wollen wir ja eigentlich hin. Und dass wir das Ziel nie erreichen *(u-topos: kein Ort)*, ist gut so. Denn sonst wäre ja alle Bewegung und Anstrengung zu Ende, und wir wären am idealen absoluten Ruhepunkt angelangt. Allerdings wäre dann auch das Leben zu Ende. In perfekter Ruhe befinden sich vielleicht die Götter, für uns Menschen aber ist es kein Lebensideal.

Jetzt wäre die Stunde zu Ende, aber da meldet sich noch einer.

– Ich hab noch 'ne Frage zu dem, was Sie da eben zum *Mesokosmos* gesagt haben. Das stimmt doch so gar nicht. In der Wissenschaft überschreiten wir doch ständig den Bereich der mittleren Dimensionen, und wir wissen schon jede Menge über den Mikro- und Makrokosmos.

Da hat der Junge Recht. Ist es nicht tatsächlich so, dass der Verstand weiter reicht als die Anschauung, das Denken weiter als die Vorstellung, Begriffe weiter als die Sinne, mathematische Kalküle weiter als Bilder?

– Das stimmt, würde ich zu ihm sagen. Aber heute haben wir nicht über das Mögliche gesprochen, sondern über das Gute. Das Gute ist das, was uns gut tut, der Zustand, in dem wir uns wohl fühlen und der uns entspricht. Über das Mögliche sprechen wir nächstes Jahr, wenn wir Erkenntnistheorie machen.

Die Stunde wäre jetzt zu Ende, ebenso wie gleich hier die Messe, aber die Schüler stünden noch unschlüssig herum, denn vieles ginge ihnen noch durch den Kopf. So geht es mir selbst jetzt auch, ich bin auch noch nicht fertig mit der Denkerei. Und deshalb bleibe ich, während die anderen sich langsam erheben und sich den Trauernden hinter dem Sarg der toten Oma Klein anschließen, noch ein bisschen in meiner Bank sitzen und tue so, als würde ich noch beten.

In Wirklichkeit suche ich noch nach ein paar guten Sätzen für die Kleinen. Die ich ja mit ihrer enttäuschten Sehnsucht nach der Einheit von Liebe und Gerechtigkeit ein bisschen allein gelassen habe. Die Großen würden das mit der Dialektik von Gut und Böse letztendlich wieder ganz gut verstehen. Aber den Kleinen kann ich ja nicht mit Dialektik oder mit Regelkreisen kommen. Was könnte ich ihnen denn Tröstliches sagen?

– Was wünscht ihr euch denn mehr, könnte ich sie fragen, wenn ihr euch entscheiden müsstet: einen lieben oder einen gerechten Lehrer?

Sie würden kurz nachdenken und dann sicher *einen gerechten Lehrer!* rufen. Denn ein Lehrer, der lieb und nett ist, hat oft auch Lieblinge, er lässt sich leicht um den Finger wickeln und man muss immer aufpassen, dass man als Erster vorn ist mit dem Bitten und Betteln, denn am Anfang wird er immer ganz schnell weich. Aber später wird es ihm dann oft zu bunt, er kann ja nicht jedem 'ne Zwei geben, und dann hat man, wenn man zufällig als Letzter kommt, keine Chance mehr.

Da ist ihnen dann doch der andere lieber, der *streng, aber gerecht* ist, der wenigstens alle gleich behandelt, der alle über den gleichen Kamm schert, der berechenbar ist und vor allem eben nicht ungerecht. Ein ungerechter Lehrer ist das Schlimmste, sagen sie.

Ich würde ihnen dann erzählen, dass die Menschen früher Justitia, die Göttin der Gerechtigkeit, dargestellt haben mit verbundenen Augen, in einer Hand die Waage, in der anderen das Schwert. Über diese Symbolik würden wir eine Weile sprechen, und dann gefiele ihnen auf einmal die Gerechtigkeit doch nicht mehr so besonders. *Objektiv* sein hört sich zwar gut an, ist aber im Grunde, wie sie jetzt merken, etwas ziemlich Knallhartes und Gnadenloses, ohne Mitleid und ohne Wärme.

– Ich finde es gar nicht leicht, ein guter Lehrer zu sein, würde ich an dieser Stelle vielleicht einmal sagen. Und nach allem, was sie bisher gehört haben, würden sie mir jetzt bestimmt zustimmen. Ja, echt!, würden sie sagen und: Da hab ich mir früher noch nie Gedanken drüber gemacht!

Und wenn sie nun schon einmal so schön nachdenklich geworden wären, dann würde ich ihnen auch noch gern erzählen, dass Liebe und Gerechtigkeit leider keine *Qualifikationen* sind, die man auf der Universität erwerben und als angehender Lehrer so einfach vorzeigen kann wie ein Staatsexamenspapier, sondern dass beides *Ideale* sind, nach denen wir Lehrer unser ganzes Berufsleben lang streben müssen. Und da sie nun schon wüssten, wie schwer das ist, weil sich die Ziele leider widersprechen, kämen sie sicher schnell auf die Idee, dass ein *guter Lehrer* einer ist, der sich immer wieder um die *goldene Mitte* bemüht.

– Und nun zu euch, liebe Kinder, würde ich am Ende noch sagen, was könnte denn in diesem Zusammenhang *eure Aufgabe* sein? Wie könntet ihr als Schüler denn zum guten Gelingen des Ganzen beitragen? Wie könntet ihr dem Lehrer ein bisschen helfen?

Und wenn sie nicht von selbst drauf kämen (was aber unwahrscheinlich ist), würde ich mich nicht scheuen, ihnen *(frontal)* eine kleine Predigt zu halten.

– Von euch würde ich mir wünschen, dass ihr, wenn ein Lehrer mal sein Herz sprechen lässt und zum Beispiel einem Mitschüler eine zu gute, also ungerechte Note gibt, weil der vielleicht dringend eine Aufmunterung braucht oder weil er sich so doll angestrengt hat und im Vergleich zu sich selbst auch tatsächlich viel besser geworden ist – dann würde ich mir von euch wünschen, dass ihr nicht gleich tuschelt und sagt: *Das ist aber ungerecht! Der hat doch genauso viele Fehler wie der Martin!* Sondern dass ihr es einmal ruhig hinnehmt und eurem Mitschüler ohne Neid und Missgunst die bessere Note einfach gönnt. Das wäre doch eine schöne Aufgabe für euch. Eine schöne Übung in Nächstenliebe.

Und wenn ein Lehrer einmal streng war und ihr selbst eine schlechte, aber gerechte Note bekommen habt, dann sollt ihr nicht gleich wieder denken: *Das ist aber gemein! Der kann mich sowieso nicht leiden …* Die Noten sind nämlich nur selten ein Gradmesser für die Sympathien des Lehrers. Auch wenn ihr das immer wieder glaubt. Das wäre nun die Übung Nummer zwei: Gerechtigkeit einmal ohne Enttäuschung auszuhalten.

Sicherheitshalber würde ich es nun auch noch einmal an die Tafel schreiben: *Hausaufgabe* für die nächsten zwei Wochen: *Liebe gönnen* und *Gerechtigkeit aushalten.*

– Müssen wir eigentlich das Umgekehrte auch üben? *Liebe aushalten* und *Gerechtigkeit gönnen*?, würde ich zuletzt noch fragen. Dann würden sie lachen und in die Klasse rufen:

– Nee, das ist doch einfach, da braucht man sich ja nicht für anzustrengen, da freut man sich ja von allein drüber.

Toll. Was sie jetzt schon für schwierige Sachen verstanden haben. Davon würden sie bestimmt gern zu Hause ihren Eltern erzählen.

So. Das wäre mal eine schöne Stunde geworden. Und nach zwei Wochen hätte ich die Hausaufgaben abgefragt. Sie hätten darüber berichtet, welche Gelegenheiten zum Üben sie gehabt hätten, in der Familie und in der Schule oder sonst wo, und wie gut ihnen die Übungen gelungen seien. Vielleicht hätte ich sie über ihre Erfahrungen und Fortschritte auch noch etwas schreiben lassen.

Fertig. Ich stehe auf, nehme die Blumen für Oma Kleins Grab und denke beim Rausgehen: Über so was müsste eigentlich auch mal einer mit den Referendaren sprechen.

– Wo bleibst du?, fragt mich die Jutta draußen vor der Kirche. Die anderen sind schon alle weg. Hast du noch 'nen Rosenkranz gebetet?

– Ich hab mir noch schnell ein paar Stunden überlegt, sage ich. Der Pastor hat mich da eben mit seinem *barmherzigen Richter* auf gute Ideen gebracht.

– Was für Stunden?, sagt Jutta. Ich denke, du bist nicht mehr an der Schule?

Ach ja, stimmt.

Wir steigen in Juttas Auto und fahren zum Friedhof. Gleich werden wir alle am offenen Grab von Oma Klein stehen und zusammen ein bisschen weinen. Und danach in der Wirtschaft, bei Kaffee und Kuchen und kleinen Schnäpsen, werden wir ziemlich viel lachen und am Ende quietschvergnügt Pläne für einen gemeinsamen Alterswohnsitz schmieden. Wahrscheinlich auf Mallorca. Der Klaus hat da schon ein Haus und kennt sich aus.

Versuch über das Gute

Anfang Mai sind die Osterferien zu Ende. Sofie geht morgens wieder in die Schule, und ich kann zu den Geschichten zurückkehren, an denen ich vor den Ferien gearbeitet habe

(Drei Versuche über das Gute). Die erste Geschichte *(Das gute Herz)* gefällt mir beim Wiederlesen immer noch ganz gut, nur leider habe ich noch keinen Schluss. Das ist mein Problem: Ich kann nicht aufhören. Kurzgeschichten fallen mir schwer, denn wenn ich einmal anfange, kann ich mich nur schlecht bremsen, der Kopf platzt mir fast vor nachdrängenden Gedanken, und oft bekomme ich beim Schreiben sogar Herzklopfen vor Aufregung. Das Tippen auf dem Computer geht viel zu langsam, ich bräuchte ein Gerät, das Gedanken lesen kann.

Ich lasse den Schluss einfach mal offen und nehme mir die zweite Geschichte vor *(Die Dienerin).* Sie handelt von einer kleinen, bescheidenen, anspruchslosen Frau, die immer für die anderen da ist, ohne je etwas für sich zu fordern, die nie eine Bitte abschlägt, nie eine Aufgabe ablehnt, die überall zur Stelle ist, wo es brennt, hilfsbereit bis zur Selbstaufgabe, und die mit ihrer Selbstlosigkeit alle anderen in den Schatten stellt. Auf ihrem Herzensgrund aber finden wir genau dies: den heimlichen Ehrgeiz und Stolz, (wenigstens) im Gutsein alle anderen zu übertrumpfen.

Die Frage *Was ist ein guter Mensch?* beschäftigt mich schon mein Leben lang, denn ich war ein böses, trotziges Kind, das immer schlimme Sachen sagte und der Mama Kummer machte. Und dabei wollte ich so gern gut sein. Seit ich denken kann, habe ich die Menschen um mich herum beobachtet auf der Suche nach der Quelle des Guten. Aber die Quelle des Guten war selten etwas Reines. Das habe ich schon als Kind herausgefunden. Den Guten fehlt es vielleicht nur am Mut zum Bösen, habe ich oft gedacht. Oder an der Gelegenheit.

Eine gute Tat zeigt sich nicht an ihren Folgen, sondern an ihren Motiven, lehrt uns Immanuel Kant, und der moralisch fortgeschrittene Teil der Menschheit spricht es ihm bis heute nach. Nur: Wenn es so ist, dass bei der Bewertung einer Tat nur die selbstlose Absicht zählt, dann gibt es überhaupt keine guten Taten auf der Welt, denn die Absicht der Menschen, der guten wie der bösen, scheint mir immer dieselbe: Sie wollen *sich selbst* etwas Gutes tun.

Zum Beispiel Mutter Teresa. Sie gilt in der ganzen Welt als der Inbegriff des Guten und der selbstlosen christlichen Nächstenliebe. Darf man trotzdem mal was fragen?

Was hätte sie als mausgraues und bitterarmes, aber kluges und willensstarkes Mädchen aus Rumänien denn anderes tun können, um zu solcher Größe aufzusteigen? Gab es für sie andere, leichtere Wege? Hat sie wirklich den schweren Weg gewählt? Oder war es vielleicht der einzige Weg zu einem besseren Leben, der ihr offen stand?

Wenn eine Mutter zur Rettung ihres Kindes das eigene Leben opfert, nehmen wir dies gern als Beweis für die sprichwörtlich grenzenlose Mutterliebe. Aber was heißt denn: Sie hat es aus Liebe getan? Ist es nicht so, dass sie lieber sterben will als den furchtbaren Schmerz, das furchtbare Leid ertragen? Und geht es nicht jedem Selbstmörder ebenso? Ihm aber verweigern wir in der Regel den Heiligenschein.

Wenn ich die Fragerei so weit vorangetrieben habe, wenden sich meist alle von mir ab, und ich habe niemanden mehr auf meiner Seite. Und die wenigen guten Menschen, die ich kenne, haben vor Wut Schaum vor dem Mund.

Aber ich kann es trotzdem nicht lassen. Wenn auf Partys manchmal die Gespräche so dahinplätschern und ich mir vor Langeweile schon fast die Wimpern ausreißen möchte, stelle ich schon mal gern eine Frage. Am Anfang freuen sich alle über die Abwechslung, am Ende aber führt uns die Fragerei fast immer in ein Minenfeld. Mir gefällt das. Es gefällt mir, wenn sich die Leute in den Sesseln aufrichten, die Krawatten lockern, die Jacketts ausziehen und vor lauter Denken zu schwitzen anfangen.

Letztens habe ich mal in solch eine Runde aus Ärzten, Lehrern, Therapeuten und Anwälten hineingefragt, warum wir eigentlich alle so gern helfen. Als nach langem Hin und Her am Ende der Schluss nahe lag, dass wir Guten das Gute möglicherweise aus den gleichen Motiven heraus tun wie die Bösen das Böse, weil wir nämlich die Macht und den Glücksgegensatz genießen, da sprangen einige vor Empörung auf. Ein stadtbekannter Schuldirektor rief:

– Wenn ich nur an mich dächte und mir selbst was Gutes tun wollte, dann würde ich mich in Gesprächen mit Kollegen nicht ständig kontrollieren, sondern ich würde denen mal glasklar sagen: *Wissen Sie, was Sie sind? Sie sind ein neurotisches Arschloch!*

Was sagt er denn da, denke ich. So was hätte doch katastrophale Folgen für ihn selbst. So schlau ist er doch, dass er weiß, dass man für solch ein kurzes Gefühlsejakulat und Entladungsglück nicht seinen mühsam erworbenen guten Ruf aufs Spiel setzen wird. Aber die anderen in der Runde nicken oder stimmen ihm sogar enthusiastisch zu.

Wie zum Beispiel unser lieber Theo. Offensichtlich hat ihm der Kollege aus der Seele gesprochen. Und jetzt bringt er selbst auch noch ein Beispiel aus seiner Messdienerzeit.

– Als ich ein kleiner Junge war, erzählt er, war ich Messdiener und musste im Hochamt immer diese großen, dicken Kerzen halten. Da ist mir oft das glühend heiße flüssige Wachs auf die Hände getropft, aber ich hab das ausgehalten, bis zum Schluss, ohne zu zittern, bloß um die Messe nicht zu stören …

Ich sage einen Moment lang nichts. Denn ich muss aufpassen, dass ich nicht zu weinen anfange bei der Vorstellung vom tapferen kleinen Theo mit der dicken heißen Kerze in der Hand.

Aber trotzdem. Beweisen denn ihre Beispiele nicht das Gegenteil von dem, was sie sagen wollen? Der Theo schaut doch jetzt noch, nach 50 Jahren, mit stolzgeschwellter Brust auf seine schöne Selbstüberwindungsleistung zurück... Da fragt mich die Karla plötzlich ganz böse:

– Was willst du eigentlich erreichen, Marga? Ich versteh nicht, worauf du hinaus willst! Was ist dein Anliegen?

– Selbsterkenntnis, sage ich. Die Schuld der Menschen ein bisschen gerechter auf alle Schultern verteilen ...

– Ich glaube, dir geht es nicht gut, sagt Karla. Du hast zu viel Zeit zum Nachdenken. Wenn du dich mal irgendwo engagieren würdest ...

Schrecklich. Die Karla sagt oft Sachen, dass einem das Gehirn wehtut.

– Karla, sage ich, es geht doch nur um die Frage, *warum* einer was tut. Du würdest doch all die vielen guten Taten, die du tust und die dich Zeit und Nerven kosten, nicht machen, wenn gar nichts Gutes für dich selbst dabei herauskäme. Es könnte doch sein, dass du die vielen Notleidenden genauso nötig brauchst wie sie dich. Was wäre daran so schlimm?

– Du kannst sagen, was du willst, sagt Karla beleidigt, ich lass mir jedenfalls von dir meine Arbeit nicht kleinreden. Gerade von dir nicht. Du tust doch gar nichts! *Du* bist doch zurzeit total auf dem Egotrip!

– Die Theorie von den *hilflosen Helfern*, sagt Dieter, unser Psychotherapeut und Karlas Lebensgefährte.

– Ach, Dieter, sage ich ungeduldig, das ist doch im Moment nicht das Thema. Die Frage war: Warum tut der eine das Gute und der andere das Böse? *Selbstlosigkeit* als Motiv – gibt es das überhaupt? Ich glaube es nicht. Es löst sich auf, sobald man anfängt, etwas tiefer zu bohren.

– Das ist mir alles zu abstrakt, sagt Sigrid, nenn doch mal ein Beispiel.

– Zum Beispiel wir Lehrer, sage ich. Ich finde, wir machen uns da besonders gern etwas vor, wir fühlen uns besonders gern als gute Samariter, die den Kleinen und Schwachen aufhelfen wollen. Wir haben es ja auch ständig mit Kindern zu tun, mit kleinen *Abhängigen* und *Untergebenen.* Die Gefahr, sich da als edler Gebender zu fühlen, während man in Wirklichkeit zum Beispiel seinen Machtinstinkten freien Lauf lässt, ist in solch einer Konstellation immer da. Vor allem auch deshalb, weil die Sache überhaupt nicht reflektiert wird. Über so was spricht man nicht.

Das war eine gute Idee von mir, die Aufmerksamkeit auf die Lehrer zu lenken. Denn jetzt sind plötzlich alle einverstanden. Schule und Lehrer kennt jeder aus eigener Anschauung, und ein stilles Ressentiment gegen Lehrer schlummert in fast jedem. Im Nu kommt das Gespräch in Gang. Jeder weiß etwas zu erzählen von bösartigen und schlechten Lehrern, die mit Druck und Demütigungen die Schüler klein hielten und daraus Befriedigung und Bestätigung für ihr armseliges Ego zogen. Wie gut konnte man diese Typen, trotz aller Angst, die man vor ihnen hatte, ärgern, wie leicht waren sie zu beleidigen und aus der Fassung zu bringen, wie schlecht konnten sie Kritik vertragen …

Und wie ist es mit den guten und netten Lehrern?, denke ich. Geht es ihnen nicht genauso um Bestätigung und Anerkennung? Ist es nicht schön, wenn die Schüler einen akzeptieren und gern haben? Man strengt sich doch nicht nur deshalb an, damit das Lernen besser funktioniert, man tut es doch auch für sich. Wenn einem die Schüler zuhören und freiwillig gehorchen, ist das für das Lehrerego weitaus erhebender als erzwungene Disziplin. Gerade erfolgreiche und beliebte Lehrer, meine ich, müssten sich über ihre unbewussten Gefühle und Motive im stillen Kämmerlein immer wieder einmal Rechenschaft ablegen.

Schlechte Lehrer sind nach meiner Erfahrung sehr häufig enttäuschte Lehrer. Hinter ihnen liegt oft ein langer Leidensweg, an dessen Ende Verhärtung und Verbitterung stehen. Die Zuneigung und der Respekt (wenigstens einiger weniger Schüler) könnten sie retten. Aber keiner mag sie. Da sind sich alle einig. Die Schüler und oft auch noch die Kollegen.

Böse und unsympathische Lehrer haben sehr viel Ähnlichkeit mit den bösen und unsympathischen Schülern. Die mag auch keiner. Die müssen sich auch die lebensnotwendige Aufmerksamkeit und Anerkennung durch immer blöderes Benehmen erzwingen. Denn lieber ist der Mensch ein störendes, nervendes, abstoßendes Etwas als ein unsichtbares, unbemerktes, leeres Nichts.

– Lehrerautorität und Willkür von der Art, wie ihr sie beschreibt und noch von früher her in Erinnerung habt, gibt es heute nicht mehr, sagt der Schuldirektor. Autorität lässt sich auch in den Schulen nicht mehr mit Druck und Gewalt durchsetzen. Heute herrscht überall die weiche Macht, die viel schwerer zu durchschauen ist.

– *Soft power*, sagt Dieter, darüber hab ich kürzlich noch was gelesen, in einem politischen Zusammenhang, *soft power* als der neue Begriff für Macht in ihrer wirksamsten Form.

– Für dich als Psychotherapeut ja nichts Neues, sagt Theo. Aber selbst in die Schulen dringen über die Lehrerfortbildung neuerdings immer stärker manipulative Psychotechniken ein, die helfen sollen, die fehlenden äußeren Disziplinierungsmittel zu ersetzen.

– Und das führt dazu, ereifert sich der andere Schuldirektor, dass die größten Schlaffis, die jede Konfrontation mit den Schülern scheuen und vor jeder Aufgabe von vornherein kapitulieren und deren pädagogische Inkompetenz sich in ihren zwei idiotischen Standardsätzen manifestiert (*Ich möchte das jetzt nicht bewerten* und *Das lässt sich heutzutage nicht mehr durchsetzen)*, dass ausgerechnet diese Leute sich in Manipulationstechniken schulen lassen und ihre Unterrichtszeit dazu benutzen, die Schüler von ihren Energieblockaden zu befreien.

– Wer veranstaltet denn diese Fortbildungen?, fragt Sigrid. Kontrolliert das denn keiner?

– Falls du mit diesen Techniken NLP und Kinesiologie meinst, sagt Dieter, möchte ich dich doch bitten, Thomas, etwas zu differenzieren und nicht alles in einen Topf zu werfen.

– Wie sind wir denn jetzt wieder darauf gekommen?, fragt Karla.

– Alles hängt eben mit allem zusammen, sagt Dieter.

– Von der Illusion der Selbstlosigkeit zur Illusion vom freien Willen, sage ich. Zwei schöne Illusionen, die wir Gutmenschen anscheinend für unser Selbstbild dringend brauchen.

– Nichts ist sicher, sagt Sigrid, die Ärztin. Zumindest nicht, wenn man genauer hinschaut. Aber wir machen trotzdem weiter.

– Wenn ich nicht an den freien Willen glauben würde, sagt einer, der eine Anwaltspraxis hat, müsste ich meine Tätigkeit einstellen. Unser ganzes Rechtssystem fußt auf der Annahme der freien Entscheidung zwischen Gut und Böse.

Und nun verlassen wir für den Rest des Abends das beliebte Schul- und Lehrerthema und sprechen endlich über uns selbst. Unter anderem darüber, wie sehr wir, die wir doch der Religion kritisch bis gleichgültig gegenüberstehen, in unserem Denken und Fühlen von christlichem Gedankengut durchtränkt und geprägt sind. Und was davon zu halten ist.

Auf der Heimfahrt im Auto beschäftigt mich immer noch mein altes Thema.

– Matti, warum wehren sich eigentlich immer alle so heftig gegen die Vorstellung, dass man bei allem, was man tut, in erster Linie, bewusst oder unbewusst, an sich selbst denkt? Selbst wenn man diese Theorie offiziell als Wahrheit verkünden würde, würde sich doch dadurch am Verhalten der

Menschen gar nichts ändern. Es würde doch deswegen keiner aufhören mit seinen guten Werken. Genauso wenig wie die Liebe aufhört, wenn man erfährt, es ist alles nur Chemie.

– Vielleicht liegt es daran, sagt Matys, dass wir gelernt haben, dass Gutsein etwas mit Selbstverleugnung zu tun hat. Und man möchte, dass diese Anstrengung auch anerkannt wird.

– Aber das stimmt doch vorn und hinten nicht, Matti. Gut sein ist leicht, wenn es einem selbst gut geht. Die Bösen sind doch meistens die Ausgeschlossenen und Verzweifelten. Die werden auf den bösen Weg gedrängt, den wählt man doch nicht freiwillig.

– Die meisten Religionen sehen das anders, sagt Matys, die sehen das Böse als eine selbständige, gegenläufige Kraft in der Welt, gegen die wir immer wieder, in uns und um uns herum, ankämpfen müssen.

Da schweifen auf einmal meine Gedanken ab zu einer anderen Sache: Zu der Geschichte *Das gute Herz* ist mir plötzlich ein passender Schluss eingefallen.

Spielen oder Lernen

Morgen fahre ich für ein paar Tage ans Meer.

Ganz oben an der holländischen Küste steht quer auf einer hohen Düne ein kleines, einsames, windschiefes Hotel. Jedes Jahr zu Pfingsten, wenn wir auf unseren Radtouren durch das *Noordhollandse Duinreservaat* dort vorbeikamen, habe ich sehnsüchtig auf das Hotelchen mit den gestreiften Markisen geschaut und gesagt: *Da will ich irgendwann mal hin.*

– Fahr doch jetzt mal für ein paar Tage, sagte Matys, jetzt hast du doch Zeit, und er hat so lange gedrängelt, bis ich mir über die Auslandsauskunft die Nummer besorgt und endlich angerufen habe. Der Besitzer hatte inzwischen gewechselt.

Es gehört jetzt nicht mehr den alten Holländern, sondern Deutschen. Die Dame am Telefon, offenbar die neue Besitzerin, hatte eine hohe, nervöse Stimme und tat sehr vornehm, aber egal. Sie habe nur noch ein kleines Zimmerchen frei, sagte sie, es sei eher ein Dachstübchen, aber mit herrlicher Aussicht. Es war genau das Zimmer, das ich haben wollte. An der Schmalseite des Hauses, direkt zur See hinaus gelegen, mit einem winzigen Holzbalkon hoch über dem Sand und dem Meer.

Morgen ist es nun so weit. Ich fahre für eine knappe Woche, bis nächsten Sonntag. Sonntag ist Muttertag, und da will ich wieder zu Hause sein.

Kurz vor der Abfahrt, als ich gerade dabei bin, das Auto mit meinem Gepäck voll zu laden, kommt der Postbote. Er bringt mir einen DIN A5-Umschlag mit einem Firmenaufdruck. Am Absender erkenne ich: Es ist ein Brief von meiner Freundin Eva, die in dem Unternehmen als Verwaltungsjuristin arbeitet. Ich lege den Umschlag auf den Beifahrersitz und mache mit meiner Arbeit weiter. Kann ich auch später noch lesen, denke ich, denn auf Evas Nachrichten bin ich zurzeit nicht neugierig. Über sie habe ich mich nämlich geärgert. Vor Wochen hatte ich ihr einmal geschrieben und sie um einen Gefallen gebeten. Liebe Eva, hatte ich geschrieben, du fragst dich doch sicher, warum ich dich trotz der vielen Zeit, die ich nun habe, bisher immer noch nicht besucht habe. Ich versuche ein paar Geschichten zu schreiben, das hab ich dir ja schon letztes Mal am Telefon erzählt. In Wirklichkeit aber sitze ich die ganze Zeit an einer anderen Arbeit, die ich erst nur so für mich, zu meiner eigenen Erleichterung, begonnen habe, die aber nun immer mehr Gedanken und Papier verschlingt und mit der ich immer noch nicht aufhören kann. Es geht um das leidige Thema Schule und Lehrersein. Es lässt mir einfach keine Ruhe. Eigentlich hatte ich mir ja vorgenommen, einmal völlig abzuschalten und mich anderen Dingen zu widmen, aber jetzt scheint es so, als ob mein Freijahr einen ganz unerwarteten Sinn bekommen soll, nämlich den, einmal in Ruhe und von möglichst vielen Seiten auf das Problem zu schauen, mit dem ich mich immerhin schon ein halbes Leben lang herumschlage. Kurz und gut: Ich habe angefangen, ein Buch darüber zu schreiben. Aber bevor ich fremden Leuten etwas davon zeige, möchte ich, dass du es einmal liest. Du bist nicht Lehrerin und hast keine Kinder, hast also mit Schule nichts am Hut und könntest mir am besten (offen und ehrlich!) sagen, ob das Ganze für eine Veröffentlichung taugt oder nicht. Würdest du mir den Gefallen tun, liebe Eva?

Ja klar würde sie das, sagte Eva am Telefon, sehr gern sogar. Und dann habe ich ihr den Stapel Papier geschickt. Aber ihr (schriftliches) Feedback, das schon eine Woche später kam, hat mich dann doch enttäuscht.

Sie wolle mir, schreibt sie, zu meinem eigenen Besten, zunächst einmal ein paar Fragen stellen. Was willst du mit deinem Buch erreichen? Und vor allem: *Wen* willst du erreichen? Welche Zielgruppe? Die Eltern? Die Lehrer? Wie viele gibt es denn davon? Und wie viele von ihnen denken daran, ein Sabbatjahr zu nehmen? Lauter solche Fragen, als hätte sie gerade irgendwo eine Lehre als Verlagskauffrau angefangen. Abgesehen davon, schreibt sie, dass ich das Ganze mit Genuss und Gewinn gelesen habe, finde ich einige Kapitel und Passagen doch zu zitatenreich und zu philosophisch. Die wenigsten Menschen interessieren sich nämlich für philosophische Reflexionen, musst du wissen.

Da bin ich aber ganz anderer Meinung, Eva, hätte ich ihr gern zurückgeschrieben (habe es aber nicht getan), alle Menschen interessieren sich für philosophische Fragen, auf jeden Fall alle jungen Menschen, man muss ihnen die Fragen nur stellen. Okay, Zielgruppen vielleicht ausgenommen, aber Zielgruppen interessieren *mich* nicht! Falls es dieses Phantom aus den Hirnen von Marketingstrategen überhaupt gibt. Wenn du es wirklich wissen willst, Eva: Es geht mir darum, die *Menschen* zu erreichen, ob sie nun schulpflichtige Kinder haben oder Lehrer sind oder nicht, am liebsten möchte ich *alle* Menschen erreichen. Am allerliebsten möchte ich erreichen, dass *die ganze Welt* einmal für fünf Minuten ihre Geschäfte unterbricht und über nichts anderes als über Kinder und Schulen spricht, und zwar *anders als bisher* darüber spricht. Und noch etwas: Ich habe keine Patentrezepte anzubieten, aber ich würde gern ein paar Sehnsüchte wecken, die Sehnsucht nach einem guten Leben, besonders nach einem guten Kinderleben, und die Sehnsucht nach guten Schulen und guten Lehrern, die mehr sein wollen als bloß Manager in einem Zulieferbetrieb.

Das alles habe ich Eva nicht geschrieben, aber ich habe es hundert Mal gedacht, und auch jetzt, auf der Fahrt nach Holland, mit ihrem ungeöffneten Brief auf dem Beifahrersitz, suche ich in Gedanken nach Antworten auf ihre Fragen.

Heinz und Helga haben das kleine Hotel am Meer vor fünf Jahren übernommen und sich damit ihren Traum von einem neuen Leben erfüllt.

– Wir waren hier früher Stammgäste, erzählt Helga, und als eines Tages das alte holländische Ehepaar davon sprach, sich zur Ruhe zu setzen, und man abends noch draußen bei einem *Genever* über die Zukunft des renovierungsbedürftigen Hauses gesprochen habe, da haben sich Heinz und Helga noch in derselben Nacht spontan zum Kauf entschlossen. Sie haben ihre Jobs gekündigt, ihr Haus in Deutschland verkauft und ihr ganzes Geld hier reingesteckt. Und es hat sich gelohnt, sagt Helga, wir haben es noch keinen Tag bereut.

Als ich nach einer langen und anstrengenden Fahrt mit Staus und 30° Hitze im Auto endlich im Hotel ankam, war dort keine Menschenseele zu sehen. Aber die Türen und Fenster standen weit offen, durch das Haus zog eine frische Seebrise und ein leiser Duft von Kaffee. Ich schaute mich ein bisschen um, rief ein paar Mal »hallo!«, und dann ging ich durch den kleinen Salon *(Gastenkamer)* hinaus auf die Terrasse. Da lag die Hausherrin in einer windstillen Ecke im Liegestuhl und war aus Versehen ein bisschen eingeschlafen.

Den Ehemann lerne ich wenig später auch kennen. Nachdem Helga mir mein Zimmerchen gezeigt hat, ist sie plötzlich verschwunden, und ich laufe nun rein und raus und rauf und runter und schleppe mein Gepäck die engen Stiegen hoch. Als ich ungefähr zum dritten Mal an der halboffenen Küchentür vorbeikomme, ruft von drinnen jemand *Guten Tag, junge Frau!* Ein Mann mit glattrasiertem Schädel, runder Nickelbrille und nacktem Oberkörper, der in einer Jeans mit breiten roten Hosenträgern steckt. Ich halte ihn für einen Gast, sage Guten Tag, schaue aber nicht weiter hin. Wieder so einer, der sich für unwiderstehlich hält, denke ich. Als ich dann zum letzten Mal vorbeikomme und mich mit meiner schweren Büchertasche durch die Diele kämpfe, sagt er: *Brauchen Sie Hilfe?*, und jetzt ist mir egal, wer er ist und wie er ist, denn die Tasche ist verdammt schwer. *Ja, bitte,* sage ich. Damit hatte er nun aber doch nicht gerechnet. Er ist hingebungsvoll damit beschäftigt, sich einen Kaffee aufzubrühen, und sagt nach einer kleinen Pause: *Moment.*

Als er sich dann endlich aufrafft und meine Reisetasche nimmt, stöhnt er laut auf und verzieht das Gesicht, als würde er sie am liebsten gleich wieder fallen lassen.

– Sind Sie Lehrerin?, fragt er, nachdem er festgestellt hat, dass sich in der offenen Tasche nur Bücher befinden.

Beim Hochgehen späht er aber immer wieder neugierig in die Tasche hinein, wahrscheinlich, um sich ein Bild von mir zu machen. Und das gelingt ihm sogar erstaunlich schnell.

Noch bevor wir oben angekommen sind, sagt er, während er die enge Treppe vor mir hochsteigt:

– *Wer sind wir? Wohin gehen wir? Und wann gibt es Essen?*

Mein kleines Zimmer unterm Dach ist der reine Glücksfall. Ich bin da oben ganz allein, es gibt keine Zimmernachbarn, nur die Möwen fliegen kreischend ganz nah an den Fenstern vorbei. Von zwei Seiten aus kann ich aufs Meer, auf den weiten leeren Strand und auf die Dünen schauen. So hoch, so hell und so schön habe ich in meinem Leben noch nie gewohnt.

Nur leider gibt's keinen Tisch, an dem ich arbeiten könnte. Macht nichts, dann setz ich mich eben aufs Bett. Ich habe Sofie fest versprochen, in dieser Woche die Geschichte vom Riesen Örgelmir zu Ende zu schreiben. Das wird nicht einfach sein, denn solch eine teutonische Waldgeschichte passt überhaupt nicht in die Umgebung. Lieber würde ich hier die sanften Erzählungen von Margriet de Moor noch einmal lesen. Ich lege sie schon mal aufs Kopfkissen, für heute Abend.

Der kleine Balkon zum Meer hinaus ist so winzig und schmal, dass sich die Tür nur einen Spalt breit öffnen lässt, dann stößt sie schon ans Geländer. Einen Stuhl bekomme ich da nicht hindurch. Ich schaffe es gerade, mich selbst hinauszuzwängen. Ich schließe die Tür hinter mir und stehe draußen. Da bekomme ich auf einmal Angst. Das Balkönchen hängt so hoch in der Luft und ist dazu noch schief und leicht abschüssig, dass man fürchtet, gleich in die Tiefe zu stürzen. Da setze ich mich lieber mal hin, mit dem Rücken gegen die Tür gelehnt. So schaue ich eine Weile aufs Meer. Am Horizont ein paar weiße Segelbötchen, und ganz nah, nur ein paar Hundert Meter von der Küste entfernt, liegt ein großes, stahlgraues Ungetüm im Wasser, das so aussieht wie ein altes sowjetisches Schlachtschiff.

Unten im Haus ist jetzt was los. Autos sind vorgefahren, Türen knallen, laute Stimmen und Gelächter. Die anderen Gäste kehren von einem Ausflug zurück. Sie waren auf Texel, höre ich später.

Am nächsten Morgen habe ich mir ein Fahrrad besorgt und bin den ganzen Tag durch die Gegend gefahren. Stundenlang bin ich durch die Dünen geradelt, und wenn ich müde wurde, habe ich mich in ein Kiefernwäldchen gelegt und gelesen. Am Nachmittag habe ich an einem Strandpavillon Halt gemacht, eine heiße *Chocomel* getrunken und dazu ein Stück *overheerlijke Appelgebak* gegessen und weil ich danach immer noch Hunger hatte, ein *bord patat met haring* kommen lassen. Und dann, rundum satt und ein bisschen schläfrig, habe ich es mir auf zwei Stühlen bequem gemacht, die Füße hochgelegt und endlich Evas Post geöffnet.

Der Umschlag enthält einen Brief und einen ganzseitigen Artikel aus der *Süddeutschen Zeitung.* Auf einem Foto ist eine konzentriert arbeitende Schulklasse zu sehen, und der Artikel trägt die Überschrift *Wo sie von Schule nicht genug bekommen können* und handelt von einer Ganztagsschule, einem Gymnasium in Kerpen, 30 Kilometer westlich von Köln. Und weil der Untertitel verspricht, *Vorurteile von geplagten Lehrern und Schülern* zu widerlegen, bin ich sofort neugierig und fange an zu lesen.

Als ich damit zu Ende bin, ist es leider mit meinem Seelenfrieden vorbei. Warum in aller Welt schickt sie mir das?, frage ich mich verärgert. Was will sie mir bloß mit diesem doofen, harmonisierenden Artikel mitteilen oder zeigen? Die Antwort finde ich in ihrem beigelegten Brief. Eva schreibt:

…Gestern bin ich zufällig auf einen Artikel gestoßen, der dich sicher interessieren wird. Es scheint sich inzwischen in den Schulen doch allerhand zu tun. Vielleicht kriegst du das in deinem Eifeldorf gar nicht mehr mit. Du bist ja nun schon eine ganze Weile raus aus dem Geschehen. Könnte es nicht sein …

Ich lege den Brief beiseite, rücke meine Stühle neu zurecht und lasse mich einen Moment lang von der warmen Nachmittagssonne bescheinen. Dann nehme ich mein Schreibzeug aus dem Rucksack und beginne, meine Gedanken zu ordnen. Auf diesen Stühlen hier werde ich so lange sitzen bleiben, bis ich eine Antwort auf Evas Brief zustande gebracht habe.

Am Anfang stelle ich nur mal ein paar Fragen: Wenn eine Reporterin so weit fahren muss, vom fernen München im äußersten Süden bis hier hinauf zu uns ins Rheinland, um eine vereinzelte gut funktionierende Ganztagsschule zu finden, zeigt uns das nicht bereits, wie äußerst dünn diese guten Beispiele in unserem Land gesät sind? Und wenn man sich auf so eine lange, beschwerliche Reise begibt, mit der festen Erwartung, am Ziel etwas Gutes zu finden, neigt man dann nicht dazu, das Erhoffte auch unter allen Umständen finden zu wollen, selbst wenn man es herbeireden müsste?

So scheint es jedenfalls dieser Reporterin ergangen zu sein. Sie beginnt ihre Reportage mit der Beschreibung einer Englischstunde, abgehalten von der stellvertretenden Direktorin, die die Kinder *resolut und zupackend* durch eine Bauernhof-Lektion zu führen versteht. Aber, erfahren wir im nächsten Absatz, *für die Mittfünfzigerin zählt noch anderes als nur das Eintrichtern von Vokabeln.* (Bestand die gute Stunde jetzt doch nur aus dem Eintrichtern von Vokabeln?) Es zählt auch das Soziale. Und nun hören wir, dass es der Schule einmal vor zehn Jahren gelungen ist, einen Außenseiter zu integrieren (der Junge hat inzwischen Abitur), einen kleinen Fünftklässler, den weder die Mitschüler noch die Lehrer leiden mochten, von dem sich aber später *zufällig* herausstellte, dass er *ganz wunderbar* mit der Beleuchtungstechnik umgehen konnte. Von da an habe sich jede Theatergruppe um ihn gerissen.

Von diesen beiden eher kargen Kostproben ist die Reporterin nun bereits so euphorisiert, dass sie sich (im folgenden Absatz) für Kinder schon nichts Schöneres mehr vorstellen kann, als den Nachmittag an dieser Schule zu verbringen, *wenn andere längst daheim sind* (die Ärmsten!), *zum Flötenunterricht, Ballett oder Reiten gehen oder nur einfach mit ihren Freunden herumhängen.*

Spätestens hier, Eva, nach dem dritten Absatz, müsste dir doch aufgefallen sein, dass du im Begriff bist, einen Artikel zu lesen, in dem die Probleme einfach glattgebügelt werden. Ganztagsschulen sind nötig, weil rund 40 Prozent aller Eltern ihre Kinder am Nachmittag versorgt wissen möchten, weil sie arbeiten müssen oder wollen. Bis vor kurzem hat sich für diese Not der Eltern und Kinder kaum jemand interessiert. Von den 35 000 Schulen in Deutschland bieten nur knapp 1000 eine Ganztagsbetreuung an. Doch seit die großen Wirtschaftsorganisationen, wie das Institut der Deutschen Wirtschaft und die Bundesvereinigung der Arbeitgeberverbände, sich in die Schuldebatte eingemischt haben und lautstark Ganztagsschulen fordern, weil man sich davon erhofft, *den Fachkräftemangel sowie das relativ schlechte Abschneiden der Deutschen in internationalen Bildungsvergleichen* abzuwenden, sind Ganztagsschulen plötzlich »in« und zum Nonplusultra aller bildungspolitischen Überlegungen geworden.

Ganztagsschulen, Eva, sind für die meisten Eltern eine *Notlösung*, und für die Kinder können sie nie mehr sein als ein *Ersatz*. Das kannst du vielleicht nicht wissen, aber Kinder möchten am liebsten bei ihren Eltern sein. Nicht unter ihrer Kontrolle und auch nicht auf ihrem Schoß, aber in der Nähe der Eltern. Da fühlen sie sich am wohlsten, und da entfalten sie sich am prächtigsten.

Mir tun, weiß Gott, die armen Kinder der Reichen Leid, deren Leben mit Terminen zugepflastert ist und die Tag für

Tag, um den Ehrgeiz der Eltern zu befriedigen, irgendwelche Kurse besuchen müssen. Aber die Kinder bei mir zu Hause auf dem Dorf, die brauchen einem nicht Leid zu tun. Die haben es gut. Morgens besuchen sie das Gymnasium im Nachbarort, und nachmittags haben sie frei. Aber von *herumhängen* kann keine Rede sein. Sie laufen in großen Rudeln durch die Wiesen, spielen *Räuber und Gendarm* und bauen sich Lager in den kleinen Wäldchen, zwischendurch rennen sie immer mal wieder nach Hause, holen sich ein Butterbrot oder Hämmer und Nägel und eine Säge, und dann sind sie wieder weg. Von den Mädchen haben erstaunlich viele ein Pferd, mit dem sie nachmittags durch den Wald reiten. Ich treffe sie immer auf meinen Spaziergängen mit dem Hund. Sie kommen allein oder in kleinen Gruppen mit ihren stämmigen Pferdchen daher, manchmal langsam und in eine Fachsimpelei vertieft, manchmal hört man sie aber auch schon von weitem kreischen, dann kommen sie angaloppiert und liegen auf den Pferdehälsen und halten sich an den Mähnen fest. Ganz schön gefährlich, denke ich dann manchmal, aber ist das Glück nicht immer ein bisschen gefährlich?

An solchen Bildern von frei laufenden und unermüdlich tätigen Kindern müsste sich, wie ich meine, die Ganztagsschulpädagogik orientieren. Ein erster Schritt in diese Richtung wäre der Verzicht auf die gewohnheitsmäßige und unselige Unterscheidung von Spielen und Lernen. Dass Kinder spielen wollen, ist eine Fiktion von Erwachsenen, deren Leben aus Arbeits- und Freizeitstress besteht. Kinder spielen eigentlich nie, es sei denn Erwachsene machen ihnen ein *Angebot* und spielen mit ihnen dämliche Brettspiele wie *Mensch, ärgere dich nicht.* Das Spiel von Kindern aber, man kann es, wenn man sich die Zeit nimmt, beobachten, ist nie Spiel, sondern immer Arbeit und immer mit Lernen und mit großem Ernst und Eifer verbunden (auch wenn dabei gelacht wird).

Erziehung zur sinnvollen Freizeitgestaltung, nennt der Direktor in deinem Artikel die nachmittäglichen Arbeitsgemeinschaften an seiner Schule. Schon allein dieser Ausdruck! Will man denn nicht mehr erreichen als den Kindern zu zeigen, mit welchen *Aktivitäten* man die leere Zeit nach der Arbeit ausfüllen könnte? Ist das schon alles? Geht es bei Erziehung und Bildung nicht mehr um den ganzen Menschen, um die Möglichkeit eines erfüllten, sinnvollen Lebens? Wie es scheint, nicht, denn die Absicht ist genau so dürftig wie die Formulierung, es geht darum, wie der Direktor sagt, den Kindern klar zu machen, *dass es mehr Spaß machen kann, Fotos zu entwickeln als vor dem Fernseher zu hocken.* Aber mit den ewigen Fotokursen, Computerkursen, Kochkursen lockt man kein Kind hinterm Fernseher hervor, vor allem nicht mit Seidenmalerei. Diese LehrerInnenhobbys machen nämlich den Kindern entschieden weniger *Spaß* als fernsehen, und die Kinder, die noch nicht fernsehsüchtig sind, wollen keinen *Spaß*. Sie wollen, wie alle gesunden Menschen, ernsthaft gefordert werden, sie wollen eine richtige Aufgabe, bei der sie ihre Kräfte spüren und auch einmal an ihre Grenzen stoßen können. Arbeitsgemeinschaften, Eva, gibt es überall an den Schulen, an meiner Schule gab es zu Beginn jedes Schuljahrs eine ganze Liste voll, aber die Schüler nahmen diese Angebote kaum wahr, die meisten AGs kamen wegen mangelnder Beteiligung gar nicht zustande. In deiner Musterschule in Kerpen ist das nicht anders, nur zwingt man hier die Schüler zur Wahrnehmung der Angebote, indem man die Kurse für verpflichtend erklärt.

Liebe Eva, ich hoffe, du verstehst mich nicht falsch. Ich möchte diese Schule, die ich nicht kenne, nicht schlecht machen. Vieles gefällt mir dort sehr, zum Beispiel der Verein »Fleißige Eltern« und dass die Lehrer für die Schüler Theater spielen und dass sie auf dem Weg zum Mittagessen für

Momente der Stille sorgen und dass sie in einem Innenhof Hühner halten. Was mich ärgert, ist die Art der Berichterstattung. Und dass du auf diese Augenwischerei auch noch hereinfällst. Dass ein Direktor und seine Stellvertreterin, wenn ein Journalist auftaucht und erst recht einer von einer großen, überregionalen Zeitung, die Gelegenheit für ein bisschen Imagepflege nutzen, ist ihnen nicht zu verdenken, wohl aber der Reporterin, die sich auf diese beiden Gesprächspartner nahezu ausschließlich beschränkt. Warum ist sie nicht mal während der Pause ins Lehrerzimmer gegangen und hat dort die Leute befragt? Oder auf dem Schulhof wenigstens einen der 1600 Schüler? Selbst der Direktor sagt: *Bleiben Sie mal eine Woche hier, dann finden Sie schon ein paar Sünden.* Ja, wie lange war sie denn da? Einen Tag? Ein paar Stunden? Lange genug jedenfalls, um alles toll zu finden und potenzielle Einwände gar nicht erst aufkommen zu lassen. Alles ist bestens, die Nation kann sich beruhigen, selbst das trostlose Nest Kerpen muss sie noch rühmen, aus dem einstigen Straßendorf sei eine Stadt geworden, *mit imposantem Klinkerrathaus, einem Kinopalast und natürlich einer Michael-Schumacher-Go-Kart-Bahn …*

Ganz am Schluss zählt sie dann aber doch noch ein paar Dinge auf, die ihr bei ihrem *kurzen Besuch* ungewollt ins Auge sprangen: dass der viel gepriesene Saftladen geschlossen bleibt, dass jemand in das Biotop tonnenweise Zeitungspapier und einen Einkaufswagen gekippt hat, dass der Fußboden auf dem Mädchenklo mit Papier übersät ist, Dinge des normalen Schulalltags eben, *und trotzdem*, sagt sie, werde sie den Eindruck nicht los, *dass in Kerpen die Schulwelt ein wenig heiler ist als anderswo.*

So einfach ist das. Für eine heile Kinderwelt einzutreten, stößt zwar gemeinhin auf Ablehnung, du hast es mir in deinem letzten Brief ja auch vorgeworfen, aber das Bedürfnis, die unheile Welt und die Zustände, wie sie nun mal sind, heilzureden – und wenn man dafür bis Kerpen reisen muss –, dieses Bedürfnis ist anscheinend inzwischen bei allen, die von Unheilsbotschaften die Nase voll haben, riesengroß. Solche Artikel brauchst du mir nicht mehr zu schicken, Eva, die finde ich jeden Tag selbst in den Zeitungen.

Ich packe das Schreibzeug ein und zahle. Das Wetter ist inzwischen umgeschlagen, ein heftiger Wind ist aufgekommen, am Himmel jagen schwere Wolken, und es hat angefangen zu regnen. Durchgefroren und mit steifen Gliedern mache ich mich auf den Heimweg.

Im Hotel angekommen, werfe ich das Fahrrad in die Düne und laufe die Treppen hoch in mein Zimmer. Sandig und schmutzig, wie ich bin, krieche ich unter die Decke und ziehe sie mir über den Kopf. Hier oben in meinem Zimmerchen ist es warm und schon dunkel, und ich schlafe ein.

Gegen Abend werde ich wach, weil das Handy klingelt.

– Hallo, Mami!, ruft Sofie, wo warst du denn den ganzen Tag? Und dann sprudelt sie los. Dass sie gestern nach der Schule bei der Kathrin war und mit ihr allein ins Hallenbad gegangen ist und vom Dreier und vom Einer gesprungen ist und vom Beckenrand einen Köpper gemacht hat ... Mami, ich will dich ja nicht kränken, sagt sie, aber wenn du nicht da bist, dann trau ich mich viel mehr! ... Und jetzt muss ich dir auch noch was Trauriges sagen, Mami. Aber nicht mit unserer Familie. Der Hase von der Paula musste eingeschläfert werden! Wo doch grade erst ihre Katze überfahren worden ist, das war echt schlimm für die arme Paula ... Hast du schon an der Geschichte weitergeschrieben? ... Gestern Abend war ich mit dem Papa chinesisch essen, als er mich von der Kathrin abgeholt hat, da hatten wir beide so 'nen Hunger ... Willst du den Papa auch mal sprechen? ... Ach, ich muss dir noch was sagen, Mama, ich habe heute entdeckt, dass die Schleimspur von den

Schnecken immer so Unterbrechungen hat, ich schreib das mal auf, ich weiß nicht, ob das schon einer erforscht hat, ich jedenfalls hab es zum ersten Mal gesehen …

Der Matti ruft von weitem dazwischen: *Es geht uns gut, ich liebe dich!*, denn er glaubt nicht, dass er den Hörer auch noch mal bekommen wird.

– Hast du da auch einen Fernseher?, fragt Sofie. Ich muss lachen. Ich weiß es nicht, sage ich. Aber dann entdecke ich doch ein kleines Gerät oben auf einem Schränkchen. Sofie lacht sich schief.

– Die Mama weiß nicht, ob sie in ihrem Zimmer 'nen Fernseher hat!, ruft sie dem Matti in der Küche zu.

– Hoffentlich weiß sie noch den Weg nach Hause!, höre ich Matti zurückrufen.

Und als ich dann nach unzähligen Luftküssen und unendlicher Verabschiedung (*Tschö, Mami, bis Sonntag, mach es dir schön, tschö, morgen kommt die Anna!, tschö dann, schreib schön, schlaf gut, schöne Träume, tschööö Mami …*) wieder allein bin, ist aller Ärger verraucht. Ich stehe auf und öffne die Tür zum Balkon. Das Meer ist heute Abend zum ersten Mal ganz glatt und ruhig, das graue Schlachtschiff vor der Küste hell erleuchtet. Ich sehe, wie es sich langsam in Bewegung setzt, einmal um die eigene Achse dreht und dann aufs offene Meer hinausfährt. Ich atme ein paar Mal tief durch. Dann dusche ich, ziehe den Schlafanzug an und lege mich wieder ins warme Bett. Ich angle mir ein Heft der Zeitschrift *Neue Deutsche Schule*, aber schon nach kurzer Zeit schlafe ich darüber ein.

Am nächsten Morgen suche ich mir draußen auf der Düne eine halbwegs ebene Stelle und lasse mir vom Heinz ein kleines Tischchen und einen Stuhl dorthin stellen.

Hier werde ich den Rest der Woche verbringen, gut versteckt und ungestört, und die Örgelmir-Geschichte zu Ende schreiben. Der gute Heinz, der mich anfangs immer wieder von hinten mit seiner plötzlichen Anwesenheit erschreckt hat *(Guten Morgen, schöne Frau! Schon wieder fleißig?)*, lässt mich jetzt auch mehr oder weniger in Ruhe.

Als er das Tischchen aus der Garage holen und hinaustragen sollte und sich dadurch wieder sichtlich überfordert fühlte, sagte er:

– *Philosophie ist das Allerwichtigste. Aber so wichtig nun auch wieder nicht.*

Über solche Sätze muss ich dann, still für mich, den ganzen Tag lachen. Gott sei Dank weiß er das nicht. Mittlerweile weiß er aber, dass ich damit beschäftigt bin, etwas aufzuschreiben, und dass ich nicht dauernd gestört werden will. Trotzdem kann er es nicht ganz lassen. Immer wieder ruft er von der Terrasse aus etwas herüber. *Passen Sie auf, dass Ihnen der Kaffee nicht aus der Tasse weht!*

Oder: *Nicht vergessen: Präzision ist der Feind der Relevanz.* Und einmal, als ich abends reinkomme, sagt er: *Groß Werk hat mancher ausersehn und konnte nicht dabei bestehn. Viel besser ist es, nichts beginnen, als Schaden, Schand und Spott gewinnen.*

Abends arbeite ich nicht mehr. Abends lasse ich mich, wie in ein weiches Daunenbett, in die schönen Geschichten der Margriet de Moor fallen.

Nie würde sie etwas Dunkles oder Hässliches schreiben. Bei ihr sind die Frauen immer schön, ob jung ob alt, ob dick ob dünn, sie laufen barfuss über warme Holzdielen und stehen nachts auf, um sich Napfkuchen mit Rosinen oder Pfannekuchen zu backen. Wenn sie Lehrerinnen sind, dann sitzen sie an ihrem Pult in der Sonne und sehen zu, wie der Schatten langsam durch die Klasse wandert. Die Kinder dösen vor sich hin und manchmal schlafen sie sogar ein bisschen ein, und dann sagt die Lehrerin: Packt die Bücher ein, Kinder. Und malt mal ein schönes Bild mit Kühen.

Meiner Freundin Eva würde solch eine verschlafene ländliche Idylle sicher nicht gefallen. Soll das denn nun der Gegenentwurf sein?, höre ich sie und manchen meiner kritischen Freunde schon fragen. Natürlich nicht, würde ich dann antworten, aber warum regt ihr euch über solch eine kleine friedliche Szene denn gleich so auf? Hier wird doch nur etwas festgehalten, was längst verloren ist oder was es in weit abgelegenen holländischen Dörfern vielleicht noch hier und da geben mag, aber natürlich weiß jeder, dass für Kinder, die in modernen Großstädten leben, kein Weg zurück in eine solche Idylle führt. Aber ein bisschen bedauern darf man es doch, oder nicht?

Da fällt mir ein: Hast du vielleicht zufällig schon mal den Namen Jedediah Purdy gehört? Der Junge ist 26 Jahre alt und Mitglied von einem dieser renommierten amerikanischen *Think Tanks,* der New America Foundation in Washington. Tag für Tag wartet die gebildete Welt darauf, dass er wieder etwas Kluges von sich geben möge, alle Welt hungert nach seinen einfachen und wahren Sätzen. Warum ich das hier erwähne? Dieser Junge ist auf einer einsamen Farm in West Virginia aufgewachsen und hat bis zu seinem 14. Lebensjahr nie eine Schule von innen gesehen. Du brauchst jetzt nicht gleich wieder mit deinen Einwänden zu kommen, Eva, ich kenn sie ja schon. Nicht jedes ungestört aufgewachsene Bauernkind entwickelt sich zum Genie und bekommt gleich eine Stelle. Das weiß ich. Ich wollte dir nur mal ein Beispiel von einem gelungenen jungen Menschen erzählen, dessen Kindheit nicht vom Schul- und Lernstress überschattet war.

Als ich am Ende der Woche das kleine Büro betrete, um meine Rechnung zu bezahlen und mich zu verabschieden, sitzt

Heinz dort breitbeinig auf seinem Ledersofa. Die Rechnung soll schon vorbereitet sein, hat Helga gesagt, aber Heinz steht nicht von seinem Sofa auf. Er schaut aus dem Fenster und sagt: *Wir leben zwar alle unter dem gleichen Himmel, haben aber nicht alle den gleichen Horizont.* Weil ich darauf nichts zu sagen weiß, erkundige ich mich nach den größeren Zimmern, denn ich möchte gern auch einmal mit meinem Mann und den Kindern kommen, sage ich.

– *Sie* haben *Kinder*?, fragt er. Das klingt nicht nach einem Kompliment.

– Wie alt?, will er wissen.

– Meine kleine Tochter ist zehn, meine große Tochter ist dreißig, mein Mann ist vierzig und ich bin fünfzig, sage ich. Und Sie? Schon sechzig?

Da springt er mit allen vieren gleichzeitig von seinem Sofa auf und sagt:

– Das meinen Sie aber nicht im Ernst, oder?

– Nein, sage ich. Es war nur Spaß.

Und dann habe ich meine Rechnung bezahlt, mich ins Auto gesetzt und bin überfroh und wie auf Schienen nach Hause gefahren.

Im Gepäck habe ich die Geschichte vom alten Riesen Örgelmir und seinem Sohn Bergelmir, die aus dem kalten Nebelreich im hohen Norden aufbrechen zu einer weiten Reise in den heißen Süden der Erde, um dort mit ihren Verwandten, den gefährlichen Feuerriesen, einen alten Streit beizulegen. Die Geschichte ist fertig. Sofie wird sich freuen. Mein Geschenk für sie zum Muttertag.

Gestern Abend am Telefon war die Freude schon riesengroß gewesen. Anna war da, die beiden hatten den Nachmittag im Wald verbracht und dort stundenlang aquarelliert, dann sind sie nach Hause gelaufen und haben zusammen ein heißes Bad genommen.

– Und gleich schlafen wir auch noch in einem Bett!, ruft Sofie.

Ich kann sie kaum verstehen, denn im Hintergrund dröhnt laut eine griechische Oper.

– Wo ist denn der Papa?, frage ich.

– In der Küche, sagt Sofie, gleich gibt es leckeres Hühnchen.

– Euch scheint es ja gut zu gehen, sage ich.

– Ja, klar, sagt Sofie. Wenn du in Urlaub fährst, Mama, dann machen wir auch Urlaub!

So kommt sie mir auch vor. Freier, gelöster, größer geworden.

– Du klingst ja ganz schön übermütig, sage ich.

– Kinder, die bei ihrem Vater leben, sind immer so!, sagt Sofie. Wie im *Doppelten Lottchen*, weißt du noch?

Was sollen wir wählen?

Am Sonntag, dem 14. Mai, ist in diesem Jahr nicht nur Muttertag, sondern auch Landtagswahl. Diesmal weiß ich beim besten Willen nicht, wen oder was ich wählen soll. Seit Wochen schon ärgern mich die verlogenen oder dummdreisten Plakate sämtlicher in Frage kommenden Parteien.

Für die Liberalen (die aber nicht in Frage kommen) zieht sich ein Mann mit grauen Schläfen, ein ehemaliger Lehrer, einen schwarzen Rolli an und sagt: *Tempo Tempo!* Außerdem verspricht er *Computer in die Schulen!* Das ist alles. Mit diesem Programm wird er, wie sich später herausstellen wird, einen beachtlichen Erfolg erzielen.

Auf den Plakaten der Grünen sieht man sympathische junge Menschen, die ihre Wünsche und Erwartungen an das Leben formulieren. Die Grünen versprechen, sich dafür einzusetzen, dass alles in Erfüllung geht. Und so schauen wir nun an jeder Kreuzung auf solch ein nettes junges Mädchen mit einem Spängchen im Haar, das sagt: *Ich will Kinder* ***und*** *Karriere.*

Ich finde, dieses Plakat spielt auf so verlogene Weise mit den Sehnsüchten junger Frauen nach einem *ganzen* Leben und stellt eine so gemeine Irreführung dar, dass man fast Lust bekommt, Anzeige zu erstatten. Hat Claudia Roth etwa Kinder? Oder Kerstin Müller? Oder Frau Künast? Andrea Fischer? Bärbel Höhn? Und wenn ja, wo lassen sie ihre Kinder den ganzen Tag? Holen sie sie abends in Kindertagesstätten ab, wo die Armen, übermüdet und überreizt, schon seit Stunden mit dem Finger im Mund in einer Ecke gestanden und gewartet haben? So sieht nämlich das Los der meisten Kinder aus, deren Mütter den ganzen Tag unterwegs sind, ob sie nun Karriere machen oder einfach nur einem Beruf nachgehen. Eine gute Ganztagsbetreuung für (alle) Kinder gibt es in unserem Land nicht. Und selbst wenn es sie gäbe, bliebe ein tieferer Widerspruch bestehen: der zwischen dem Bedürfnis von Kindern nach einem Zuhause und den Anforderungen eines Berufslebens, von Karriere ganz zu schweigen. Diesen Widerspruch wird man auch mit den besten Tagesstätten nicht aus der Welt schaffen. Kinder und Berufstätigkeit zu vereinen ist nicht nur eine Frage der guten Unterbringung und perfekten Organisation, es bedeutet für Eltern auch immer einen quälenden Zielkonflikt, unter dessen Spannung nicht selten gerade die Mütter leiden und sich innerlich zerreißen. Gute Tagesstätten würden ihnen zweifellos das Leben erleichtern. Noch mehr Erleichterung aber würde es ihnen vermutlich verschaffen, wenn ihr Dilemma in der Öffentlichkeit endlich anerkannt und ehrlich besprochen würde. Und wenn es endlich das gäbe, was sich fast alle Mütter wünschen: gute Teilzeitarbeit. Das aber verspricht der blöde Slogan der Grünen nicht. Er tut das Gegenteil. Er suggeriert den jungen Frauen, dass beides, Kinder und eine tolle Karriere, ganz leicht, mit ein bisschen Willen und der

Hilfe der Grünen, zu haben sei. Und wenn sie es dann später nicht schaffen, liegt die Schuld allein bei ihnen.

Bleiben zur Wahl noch die Sozialdemokraten. Sie haben auf überlebensgroßen Plakaten einen kleinen Jungen abgebildet, Typ Lausbub, der bäuchlings auf einer bunten Frühlingswiese liegt und verschmitzt grinsend auf einem Grashalm herumkaut. Daneben der Text: *Wir werden dafür sorgen, dass in diesem Land kein Unterricht mehr ausfällt.*

Über dieses Plakat hätte ich gern meine Schüler einen Aufsatz schreiben lassen. Liebend gern wüsste ich, was sie wohl dazu gesagt hätten. Denn so wie auf diesem Plakat sehen ihre Freistunden beileibe nicht aus.

In den Freistunden gehen die meisten von ihnen rüber zur Tankstelle und kaufen sich 'ne Cola und 'ne Tüte Süßigkeiten, oder sie stehen gelangweilt herum und rauchen. Jedenfalls die, die es besser haben, weil sie zum Beispiel ins Gymnasium gehen. Die anderen müssen in Freistunden in abgelegenen Ecken des Schulhofs um ihr Überleben kämpfen, oder sie gehen mal eben ein paar Toiletten demolieren. Eine bunte, blühende Frühlingswiese haben die meisten von ihnen nicht einmal aus der Ferne gesehen. Geschweige denn mit der Nase drin gelegen und einmal den Geruch von Gras und Erde eingeatmet. Solche Sachen kennen sie nur aus Filmen oder aus der Werbung. Sie haben auch keine Worte mehr dafür. Wahrscheinlich würden sie wieder so etwas schreiben wie *Auf dem Bild sieht man einen hohen Romantikfaktor.*

Es müsste endlich einmal jemand kommen, der sagt: *Schluss jetzt mit diesem öden Unterricht, jetzt gehen wir uns mal auf eine bunte Frühlingswiese legen!* Den würden wir von Herzen gern wählen. Aber das pädagogische Denken und Fühlen, ja jeder gesunde Menschenverstand in Fragen der Erziehung und Bildung unserer Kinder ist auf eine so erschreckende Weise abwesend oder aber pervertiert in diesem

Land, dass es ein wahres Glück ist, dass hier kaum noch Kinder geboren werden.

Die zu Freunden der Wirtschaft mutierten Sozialdemokraten möchten nun also die Kinder aus ihrem süßen Nichtstun aufscheuchen und in den Unterricht schicken. Wissen sie denn, was sich in solch einer Unterrichtsstunde abspielt? Was das heißt: *Unterricht*? Es heißt für die Mehrzahl der Kinder und Jugendlichen vor allem eins: sich daran zu gewöhnen, lautes Getöse oder tödliche Langeweile über Stunden auszuhalten und ihre kostbare Lebenszeit sinnlos zu vergeuden. In solchen Unterrichtsstunden kriegen die braven Kinder manchmal Lust, sich mit spitzen Bleistiften in die Arme zu stechen, um festzustellen, ob sie noch leben, und die weniger braven springen auf, rasen herum und schreien. Oder sie reißen ihrem Vordermann den Stuhl unterm Hintern weg, damit endlich mal was passiert. Wir können heilfroh sein, dass Wahlversprechen von niemandem ernst genommen werden, denn wenn es keinen Unterrichtsausfall mehr gäbe, würde wahrscheinlich die Selbstmordrate steigen.

Ich weiß, das klingt alles stark übertrieben. Man könnte es auch anders und gemäßigter sagen. Man könnte zum Beispiel daran erinnern, dass es beim Unterricht, wie überall im Leben, nicht auf Quantität, sondern auf die Qualität ankommt. Und man könnte hinzufügen, dass wir Eltern auf keinen Fall noch mehr schlechten Unterricht von schlecht ausgebildeten Junglehrern oder von schlecht gelaunten alten und kranken Lehrern wünschen.

Weil wir sonst unsere Kinder zu Hause behalten. Und uns einmal aufraffen und das Schulehalten selbst in die Hand nehmen. Und dass wir darüber hinaus für einen Aufstand sorgen werden, ja dass wir einen Aufstand der Anständigen Eltern anzetteln werden, indem sich landauf, landab die Eltern weigern, ihre Kinder in Schulen zu schicken, in denen sie unbehütet, unbeschützt, ungeführt herumtoben und nur als destruktive Masse wahrgenommen werden, die von Dompteuren, die selber Angst haben, notdürftig in Schach gehalten wird. Und die man deshalb am besten vor Computer setzt, denn vor den Flimmerkisten beruhigen sie sich noch am ehesten.

So wie ein Unrechtsstaat sein Recht auf das Gewaltmonopol verwirkt, so werden wir Eltern einem Staat, den unsere Kinder nur aus demographischen und wirtschaftlichen Gründen interessieren, in Zukunft die Zustimmung zur allgemeinen Schulpflicht verweigern. Und wir werden damit bis zum Verfassungsgericht gehen. Und wenn wir dort kein Recht kriegen, dann zünden wir die Schulen an.

Ich glaube, wenn Eltern so reden würden, würde sich schon ab morgen alles ändern. Aber leider reden sie nicht so. Denn sie haben keine Zeit. Sie haben keine Zeit, sich zu kümmern. Sie müssen ja von morgens bis abends schuften und Karriere machen. Und sie sind froh, dass die Kinder frühmorgens aus dem Haus sind. Und diejenigen von ihnen, die am Wohlergehen ihrer Kinder Anteil nehmen, lassen sich vormachen, es fehle an Computern.

Zu diesem traurigen Zustand gibt es zurzeit in unserem Land offenbar keine Alternative. Wen oder was sollen wir da wählen? Ich weiß es nicht. Ich habe lange darüber nachgedacht. Sogar zu lange. Denn auf einmal war es 18.00 Uhr, und die Wahl war vorbei. Und zum ersten Mal in meinem Leben hatte ich nicht gewählt, und das ausgerechnet am Muttertag.

Interkulturelle Erziehung

Seitdem der Pferdestall umgezogen ist, müssen Sofie und ihre Freundin Luzie, um zu ihren heiß geliebten Ponys zu kommen, nun immer eine längere Strecke mit dem Bus fahren.

Und diese Fahrt mit dem Bus, quer durch die Stadt, ist jede Woche ein Erlebnis für sich. Die beiden setzen sich nämlich immer extra ganz weit nach hinten, so nah wie möglich an die letzte Reihe, denn da, in der letzten Reihe, sitzen die Jugendlichen. Und von denen kann man eine Menge lernen. Da kann man komische Sprüche und neue Ausdrücke hören, cooles Benehmen studieren und sich durch unauffälliges Zuhören über das Neueste auf dem Laufenden halten.

Letzte Woche haben die beiden Mädchen bei dieser Gelegenheit etwas Seltsames erlebt. Sie haben es gleich danach Luzies Mutter erzählt, und später im Auto hat Sofie es noch einmal Matys erzählt und abends beim Essen dann noch einmal mir. Wo ihr doch normalerweise *einmal* Erzählen reicht, um ein Erlebnis loszuwerden.

– Mama, sagte sie, heute waren im Bus so junge Männer, die waren schon etwas älter, die haben wir wieder belauscht. Ich glaube, die haben das gemerkt, obwohl wir sowieso nix verstanden haben, weil die in irgend'ner anderen Sprache geredet haben. Auf einmal hat mich der eine angesprochen und gefragt *Bist du deutsch*? Hab ich *ja* gesagt. Dann haben die gesagt, *das glauben wir aber nicht. Ist dein Vater Deutscher*? Hab ich gesagt, *nee, Grieche*. Da haben die gesagt, *das haben wir doch gleich gemerkt, dass du keine Deutsche bist. Mit deinen schönen schwarzen Haaren.*

Sofie guckt mich fragend an. Dann sagt sie:

– Der Papa fand das blöd. Der hat gesagt, ich brauch wildfremden Leuten keine Fragen zu beantworten. Dabei waren die total nett! Als die ausgestiegen sind, haben sie sich noch mal umgedreht und ganz freundlich gewinkt.

– Haben sie euch denn auch erzählt, wo sie selbst herkamen?

– Ja, sagt Sofie. Die haben gesagt: *Wir kommen aus der Wüste.*

Und nach einer Pause fügt sie noch hinzu:

– Was ich komisch fand, von der Luzie wollten die überhaupt nichts wissen.

Ihre Freundin Luzie ist ein sehr schönes Mädchen, aber blond und blauäugig.

Sofie hat dieses Erlebnis, wie es scheint, ziemlich durcheinander gebracht.

Noch nie zuvor ist es ihr passiert, dass jemand ihr Deutschsein angezweifelt hat. Zwar sagen in meiner Familie alle *unsere kleine Griechenmaus* zu ihr, und sie trägt ja auch den griechischen Namen ihres Vaters und sieht auch aus wie er. Für den Papa und die griechische Familie ist sie selbstverständlich Griechin, und sie hat auch einen griechischen Pass, sie spricht gut Griechisch, und sie weiß, wie grundverschieden die Griechen und die Deutschen sind und wie sehr man sich wegen dieser Unterschiede aufregen und in die Wolle kriegen kann. Und trotzdem fühlt sie sich natürlich durch und durch als Deutsche. Das Deutschsein ist für sie gar keine Frage, es ist ihr so selbstverständlich wie Atmung und Herzschlag, genauso gut könnte einer kommen und sagen, er glaube nicht, dass sie ein Mädchen sei.

Die fremden jungen Männer aber hatten nun aus heiterem Himmel behauptet, dass sie *etwas anderes* sei, und das Blöde war, sie hatten Recht, denn so hundertprozentig deutsch kann man mit einem griechischen Vater ja wohl nicht sein. Und die haben das sogar sofort gemerkt! Die haben ihr das *angesehen!*

Aber die Jungs wollten ihr ja nichts Böses. Im Gegenteil. Sofie hat schon gespürt, dass für die netten jungen Männer aus der Wüste deutsch sein ungefähr so viel bedeutet wie scheiße sein. Und dass sie ihr nichts Wichtiges wegnehmen, sondern etwas Schönes und Wertvolles schenken wollten. Sie hatten sie auf geheimnisvolle Weise entdeckt und hervorgehoben, eben weil sie *keine Deutsche*, sondern *etwas Besseres und selbstverständlich Schöneres* war.

Sie gehörte zu ihnen, den stolzen und schönen *Söhnen der Wüste*. Die hier zwar durch die Städte streifen, in deren Herzen aber ein anderes Feuer brennt. Untereinander aber erkennen sie sich. Und geben sich heimlich freundliche Zeichen. Die anderen aber, die so aussehen wie Sofies Freundin Luzie, die lassen sie links liegen und stellen ihnen noch nicht einmal aus Höflichkeit oder Mitleid eine Frage.

Diese kleine Geschichte habe ich deshalb so ausführlich erzählen müssen, weil sie *in nuce* alles zu enthalten scheint, was mir in den letzten Jahren, auch innerhalb der Schule, an irritierenden Tendenzen aufgefallen ist.

Und daran hat auch die viel beschworene *Interkulturelle Erziehung* nichts ändern können. Sie blieb ebenso wirkungslos wie seinerzeit die gute alte *Friedenserziehung* und wie heutzutage die moderne *Medienpädagogik*. Während aber über Gewalt oder über die Medien wenigstens jeden Tag mal *geredet* werden kann, liegt über dem Thema *Ausländische (Mit-) Schüler* der sprichwörtliche Mantel des Schweigens, unter dem sich Unruhe, Angst, Sorge, Wut, Verbitterung und manchmal sogar Hass ungestört ansammeln und ausbreiten können. Offen sprechen können die Lehrer über ihre einschlägigen Beobachtungen und Erfahrungen, über ihre diesbezüglichen Sorgen und Nöte nämlich nicht. Denn der Vorwurf *Ausländerfeindlichkeit!* oder gar *Rassismus!*, der wie Mehltau über dem ganzen Land liegt, verhindert auch in den Lehrerkollegien jeden vernünftigen Gedankenaustausch. Aber die Gefühle, die verhindert er nicht. Die stellen sich, ungewollt und unkontrolliert, jeden Tag aufs Neue ein. Und diese täglich aufs Neue hinuntergeschluckten und zunehmend hässlicher werdenden Gefühle verteilen sich wie üble Gerüche hauchfein im Raum, und wir alle atmen sie jeden Tag ein und sind schon ganz voll und durchtränkt davon. Es steht uns schon bis zum Hals. Gleich platzen wir. Und keiner spricht das erlösende Wort.

Einmal, vor langer Zeit, gab es bei uns einen kurzen Moment der Hoffnung. Theo eröffnete eine Konferenz mit den Worten:

– Einen Punkt, meine Damen und Herren, möchte ich aus aktuellem Anlass der heutigen Tagesordnung noch hinzufügen. Er betrifft unsere ausländischen Schüler, genauer gesagt, die Muslime. Wir sollten uns hier einmal gemeinsam über bestimmte Dinge verständigen, damit wir in Zukunft den Eltern dieser Schüler entschiedener gegenübertreten können.

Tosender Beifall.

Theo guckt erstaunt von seinen Papieren hoch. Einen solchen Beifall, eine solche Zustimmung hat er von seinem Kollegium noch nie bekommen.

Und alle warten nun gespannt auf diesen besonderen Tagesordnungspunkt. Aber sie werden enttäuscht. Der Theo spricht leider nur ein kleines, uninteressantes Randproblem an. Alle hatten gedacht: *Endlich! Jetzt kommt's. Jetzt dürfen wir sprechen. Jetzt dürfen wir endlich alles sagen. Der Chef hat es erlaubt. Und er geht uns voran.*

Aber Theo sagte nur:

– Ich möchte Sie noch einmal daran erinnern, meine Damen und Herren, dass Klassenfahrten und Studienfahrten und selbstverständlich die Aufenthalte im Schullandheim keine Vergnügungsreisen sind, sondern von der Schulkonferenz ausdrücklich für verbindlich erklärte außerunterrichtliche schulische Veranstaltungen, für die selbstverständlich Teilnahmepflicht besteht. Es geht nicht an, dass muslimische Eltern, wie es immer wieder geschieht, aus einer grundsätzlichen Ablehnung heraus ihre Töchter, in seltenen Fällen auch ihre Söhne, von diesen Fahrten ohne Begründung einfach fern halten …

Enttäuschte Stille. Der Kollege neben mir lässt frustriert den angehaltenen Atem ab. Klassenfahrten! Als ob das einen interessierte! Uns doch scheißegal, ob die zu Hause bleiben. Je weniger mitfahren, desto besser. Das fehlte noch, dass wir ausgerechnet die Mohammeds zur Teilnahme zwingen, um uns anschließend Vorwürfe wegen verletzter Aufsichtspflicht anzuhören …

Vorn muss sich einer zu Wort gemeldet haben, denn wir hören, wie Theo jetzt laut und ziemlich gereizt sagt:

– … geht es *nicht* um *Einzelzimmer*, sondern um einen *einzelnen,* separaten *Raum,* in dem die Mädchen sich hin und wieder von ihren Kopftüchern befreien können und in dem die Schüler ihre vorgeschriebenen täglichen Gebete ungestört verrichten können. Wenn diese Bedingung erfüllt ist …

Der Kollege neben mir stöhnt auf.

– Müssen wir in diesem *Separée* denn nicht auf die strikte Einhaltung der Geschlechtertrennung achten?, ruft einer.

– Wie das denn?, ruft ein anderer. In das Zimmer darfst du doch gar nicht rein, Olaf!

– Noch nie was von *Fernaufsicht* gehört?, ruft wieder ein anderer.

Allgemeine Erheiterung. Stühlerücken. Durcheinander. Ein paar Frauen nutzen die Gelegenheit und gehen zur Toilette, andere holen sich einen Kaffee. Theo läutet mit seiner Tischglocke.

Langsam wird es wieder ruhig, aber mit der Aufmerksamkeit ist es nun vorbei. Die Kollegen kehren zu ihrer Zeitungslektüre zurück, die Kolleginnen zu ihren Korrekturen.

Von der Entscheidung und Urteilsbegründung des Oberverwaltungsgerichts zur *Befreiung vom Sportunterricht aus religiösen Gründen* berichtet der Theo vor tauben Ohren. Landauf, landab ist es immer dasselbe. Vor den Verwaltungsgerichten bekommen die klagenden Eltern, deren Kinder sich wegen ihrer Religion nicht den Normen des staatlichen Schulwesens unterwerfen wollen, bisher immer Recht. Die individuelle Bekenntnisfreiheit wird zur Zeit offensichtlich höher eingestuft als der ebenfalls im Grundgesetz verankerte Erziehungs- und Bildungsauftrag des Staates und das staatliche Gebot der Gleichbehandlung aller Schüler.

– Einige Grundsätze gilt es jedoch zu beachten, sagt Theo.

Es müsse ein schriftlicher Antrag der Erziehungsberechtigten vorliegen. Es müsse geklärt werden, ob dieser Antrag auch dem Willen des Kindes entspricht. (Irgendwo lacht einer höhnisch auf.) Die Eltern und die Schüler müssen nachweisen, dass sie auch sonst nach den Geboten ihrer Religion leben. Der Schule stehe es hingegen nicht zu, den Sinn eines religiösen Gebots zu werten und auch nicht, auf die eventuellen negativen Folgen für die Kinder hinzuweisen …

Der Kollege neben mir fasst sich an den Kopf.

– Nicht auszuhalten, murmelt er. Solch einen Schwachsinn gibt es nirgendwo, nur hier bei uns, im schönen Land Absurdistan …

Im Unterricht der 10. Klasse will uns Soheila, ein muslimisches Mädchen aus Afghanistan, etwas über ihre Weltanschauung erzählen. Was uns alle am meisten interessiert, ist natürlich das Verhältnis von Mann und Frau und das Kopftuch. Trägt sie es wirklich freiwillig? Was würden ihre Eltern, vor allem ihr Vater sagen, wenn sie es nicht trüge? Und was sagt der Prophet dazu?

Meistens musste ich die Fragen stellen. Soheilas Klassenkameradinnen fragten nur sehr vorsichtig, und wenn sie die Antworten nicht verstanden, dann ließen sie es dabei bewenden und schauten auf ihre Fingernägel. Die deutschen Jungen sagten gar nichts. Aber dauernd sprachen ein paar Schüler aus dem Iran dazwischen, die zwar, wie sie sagten, aus aufgeklärten Elternhäusern stammten, sich aber dennoch mit den einschlägigen Texten und Vorschriften auszukennen schienen. Sie widersprachen allem, was Soheila sagte, und lachten sie aus. Ein paar Mal hatte ich sie schon ermahnt. Daraufhin riefen sie ihre Kommentare auf Persisch in die Klasse. An ihrem Tonfall und ihrem Grinsen war abzulesen, dass sie das Mädchen mit ihren Bemerkungen ärgern wollten. Aber Soheila wehrte sich. Immer wieder unterbrach sie ihren Vortrag und schoss auf Persisch ein paar, wie mir schien, saftige Repliken zurück. Aber mir reicht es. Ich drohe den Jungen mit Rauswurf, falls sie sich nicht auf der Stelle ordentlich zu Wort melden und Deutsch sprechen. Aber sie hören nicht. Wieder ruft einer Soheila etwas zu, das ich nicht verstehe. Da springt das Mädchen plötzlich auf, stürzt sich auf den Wortführer, schreit und schlägt wie von Sinnen auf ihn ein, kratzt ihn mit den Nägeln, beißt …

Der Junge musste seine Verletzungen im benachbarten Krankenhaus ärztlich versorgen lassen. Danach fehlte er ein paar Tage. Auch Soheila fehlte ein paar Tage.

Nie haben wir erfahren, welcher Art die Beleidigung war, die bei Soheila das Fass zum Überlaufen brachte. Als sie wieder in die Schule kam, durfte man sie nichts fragen. Sonst weinte sie. Auch ihren Freundinnen gegenüber schwieg sie. Ebenso übrigens wie Nima, der Junge, den sie so übel zugerichtet hatte.

Als ich nach dieser schlimmen Stunde einer Kollegin, einer nüchternen Mathematikerin, von dem Vorfall erzähle, sagt diese:

– Schade, dass die das Schwein nicht abgemurkst hat.

So nämlich sehen die Gefühle aus. So sprechen Lehrerinnen, denen das Wasser bis zum Hals steht, weil es ihnen jeden Tag so geht wie Soheila. Jeden Tag müssen sie sich bei den

Pausenaufsichten von Schülern in fremden Sprachen Frechheiten und Beleidigungen an den Kopf werfen lassen, gegen die sie sich nicht wehren können. Fordern sie eine Gruppe älterer Schüler auf, den Klassenraum zu verlassen und sich auf den Hof zu begeben, oder nehmen sie jüngeren Schülern einen Hartgummiball weg, können sie sicher sein, dass ihnen unflätige Ausdrücke hinterherfliegen. Aber sie können nichts machen. Sie verstehen ja nichts. Die Schüler grinsen. Man möchte ihnen gern rechts und links eine kleben. Stattdessen aber tut man besser so, als hätte man nichts gehört. Aber die Gesichter dieser Jungen, die vergisst man nicht. Und sollte man sie eines Tages im Unterricht vor sich sitzen haben, dann gnade ihnen Gott.

So schließt sich ein Teufelskreis.

Ein einziger Satz könnte, wie ich meine, dieses ganze Unheil verhindern. Oder zumindest deutlich mildern. Er stünde in der Haus- oder Schulordnung. Er hieße: *Unterrichts- und Umgangssprache an unserer Schule ist das Deutsche.* Vielleicht könnte man diesen Satz noch mit ein, zwei weiteren Sätzen freundlich erläutern. Was spräche dagegen?

Aber diesen hilfreichen, die Vielfalt der Sprachen und Ethnien geradezu voraussetzenden, Frieden stiftenden, auf Verständigung und Zusammengehörigkeit zielenden Satz traut sich in den Schulen niemand auch nur zu denken. Stattdessen hängen die polnischen Schüler im Foyer ihre Bekanntmachungen auf Polnisch aus, die Araber die ihrigen auf Arabisch, die Russen auf Russisch, die Türken auf Türkisch …

Das sieht für einen, der von draußen reinkommt, schön bunt und weltoffen aus. Aber der Eindruck täuscht. Die Gruppen sind geschlossen, die Grenzen klar, die Abkapselung und die romantische Überhöhung der eigenen Herkunft vollziehen sich immer bewusster und selbstbewusster. Den Endpunkt dieser Entwicklung, die alle spüren, von der aber niemand zu sprechen wagt, hat Enzensberger 1993 in einem prophetisch anmutenden Essay (*Aussichten auf den Bürgerkrieg*) beschrieben.

Von diesem Ende sind wir noch weit entfernt. Unterwegs aber sind wir. Wenn Vielfalt vor Einheit geht, wenn die Ausnahmen mehr gelten als die Regel und die Unterschiede wichtiger sind als die Gemeinsamkeiten, dann nehmen die Zentrifugalkräfte zu, und die Integrationskraft nimmt ab.

Auf die Schule bezogen heißt das: Die Schule kann ihre wichtige assimilatorische (ähnlich machende, angleichende, Unterschiede ausgleichende) Aufgabe als *Schmelztiegel der Nation* nicht mehr erfüllen. Stattdessen wird sie zum Tummelplatz konkurrierender Gangs und der Schulhof zum Übungsplatz für die Macht- und Verteilungskämpfe der Zukunft.

Schon jetzt stellen Schüler in den Philosophiekursen immer häufiger die Frage: *Warum machen wir hier eigentlich nur europäische Philosophie?* Und meine Antwort: *Weil wir hier in Europa sind,* wird schon lange nicht mehr als politisch korrekt empfunden.

Für den kleinen Abdullah aus der 5. Klasse aber, der sich weigerte, auf einem Stuhl Platz zu nehmen, auf dem vor ihm ein Mädchen gesessen hatte, für diesen kleinen Jungen wüsste ich hier, in unseren Schulen, keine Lösung. Denn ich wüsste keinen Satz, der den Abgrund zwischen seiner und unserer Denkweise zu überbrücken in der Lage wäre.

Die Kollegin, die sich nach der Pause unvorbereitet mit dem Problem konfrontiert sah, wusste auch keine Lösung. Einerseits schickte sie den Jungen in den Nachbarraum, damit er sich dort einen anderen, einen *sauberen* Stuhl holte, andererseits machte sie ihrer Bestürzung und Empörung in einem Schwall unüberlegter politisch-feministischer Statements Luft, mit denen sie den kleinen Jungen und die ganze Klasse überforderte und erschreckte.

Der kleine Abdullah war sicher nicht der richtige Adressat. Er hat sich den Schwachsinn ja nicht ausgedacht, den man ihm da ins Hirn gepflanzt hat. Und er wird sein Denken und Empfinden nicht deshalb ändern, weil eine deutsche Lehrerin ihm ein Grundsatzreferat hält.

Ich habe lange überlegt, was ich an ihrer Stelle getan hätte. Mir ist nichts eingefallen. Außer ich wäre Schulleiterin gewesen. Wenn ich Schulleiterin gewesen wäre, hätte ich den kleinen Jungen an die Hand genommen (wenn er sie mir gegeben hätte) und hätte ihn persönlich nach Hause begleitet. Dort hätte ich seinen Eltern unmissverständlich klar gemacht, dass für Kinder, die von Hause aus mit solch barbarischem und vorsintflutlichem Gedankengut belastet sind, an unserer Schule leider kein Platz ist. Und diese Entscheidung hätte ich, wegen Gefahr im Verzug, ganz allein und mit sofortiger Wirkung getroffen. Danach hätten die Gremien von mir aus jahrelang beraten können.

Unsere (zehn- bis elfjährigen) Mädchen aber haben, wie ich finde, in einem solchen Fall ein Recht auf unsere Geistesgegenwart und also darauf, dass wir Erwachsene dafür sorgen, dass sie von Gedankenschrott dieser und ähnlicher Art so weit wie möglich verschont bleiben und ihn nicht, womöglich noch pro und contra, im Unterricht diskutieren müssen.

Denn es mag zwar sein, dass von einer höheren Warte aus gesehen alle Kulturen den gleichen Wert haben, sicher aber ist, dass sie in ihrer Entwicklung nicht zeitgleich verlaufen. Den Kampf gegen Päpste und Propheten, gleich welcher Provenienz, haben die Menschen im christlichen Abendland jahrhundertelang geführt und endlich gewonnen. Diesen elenden Kampf werden unsere Töchter und Enkelinnen im Klassenzimmer nicht noch einmal führen. Für solch einen Mist haben sie keine Zeit. Sie sind mit anderem beschäftigt. Sie wollen Bundeskanzler oder Verfassungsrichterin werden, und sie müssen darüber nachdenken, wie eine zukünftige Gesellschaft aussehen könnte, in der die Menschen wieder Zeit und Muße haben und in der Kinder wieder bereit wären, auf die Welt zu kommen.

Die Aufklärung und Umerziehung der kleinen und großen Abdullahs dieser Welt ist nicht ihre Aufgabe. Diese Aufgabe werden eines Tages die muslimischen Mädchen und Mütter selbst übernehmen.

So sähe die Wirklichkeit in meinem Traum aus.

In der wirklichen Wirklichkeit passierte gar nichts. Auf die Gefühle des Jungen, der sich vor Stühlen von unreinen, weil demnächst menstruierenden Mädchen ekelte, wurde Rücksicht genommen. Ebenfalls auf seine Eltern, die über den Vorfall erst gar nicht unterrichtet wurden. Die betroffene Kollegin aber musste sich von einer alarmierten Pflegschaftsvorsitzenden Ausländerfeindlichkeit vorwerfen lassen, weil sie in der Aufregung nicht jedes Wort sorgfältig auf die Goldwaage gelegt hatte.

Von der Wahl der Worte handelt auch das nächste und letzte Beispiel.

Zwei Jungen aus der 7. Klasse veranstalten auf dem Schulhof ein Ringkämpfchen. Der eine ist groß und kräftig und schwarz, der andere kleiner und eher schmächtig und weiß. Im Zuge der Rauferei sagt der Größere zum Kleineren: *Du Vanillepudding!*

Sagt der Kleinere: *Du Schokopudding!*

Der schwarze Junge weiß, dass er sich Diskriminierungen nicht gefallen lassen braucht, und beschwert sich bei seiner Klassenlehrerin. Die muss zwar lachen, traut sich aber nicht, etwas Krampflösendes zu sagen (zum Beispiel: *Aber das ist doch ein netter Ausdruck, Omele-Schatz. Du* ***bist*** *doch unser Schokopudding, oder nicht?).* Stattdessen glaubt sie, den weißen Jungen ermahnen zu müssen, vielleicht musste er sich sogar entschuldigen, ich weiß es nicht mehr genau. Aber ich weiß noch, dass wir im Lehrerzimmer alle über die kleine Episode gelacht haben und dass wir der Meinung waren, die Kinder hätten wegen ihrer sprachlichen Phantasie eigentlich einen Preis verdient.

Aber ein schwarzes Kind ist kein normales Kind, sondern ein rohes Ei. Darf man es überhaupt *schwarz* nennen? Oder welche Bezeichnung ist zurzeit erlaubt? Sicherheitshalber schaue ich einmal in meinen Duden. Dort steht:

***Schwarze**, der: i. S. v. Neger; klingt leicht abwertend und wurde hauptsächlich von solchen Angehörigen der weißen Rasse gebraucht, denen die schwarze Hautfarbe als Kennzeichen rassischer Minderwertigkeit galt … **Farbige**, der: Angehöriger einer anderen als der weißen Rasse, vor allem Neger oder Mulatte; hat im Allgemeinen einen abschätzigen Beiklang … **Neger**, der: Angehöriger der schwarzen Rasse; dieses Wort empfinden die Afrikaner als abschätzig … **Mohr**, der (veraltet): … **Nigger**, der (abwertend): … **Afrikaner**, der: in Afrika beheimateter Mensch schwarzer Hautfarbe …*

Alle vorhandenen Bezeichnungen, außer *Afrikaner*, sind also tendenziell abwertend und könnten bei Gelegenheit als rassistische Terminologie gebrandmarkt werden.

In einem Zeitungsartikel zu diesem Thema wurde kürzlich von einer schwarzen deutschen Journalistin der Ausdruck *afrodeutsch* vorgeschlagen und beklagt, dass dieser Ausdruck im Duden nicht erscheine, wohl aber immer noch das *Unwort* Neger. Ist denn afrodeutsch ein Synonym für Neger? Und wäre uns denn mit diesem neuen Wort geholfen? Taugt es für den Alltagsgebrauch? Wollen Afrikaner so bezeichnet werden? Wie viele von ihnen sind denn deutsch oder wollen es sein? Warum reagiert die Autorin überhaupt so überaus allergisch auf Bezeichnungen, die einen Hinweis auf ihre Hautfarbe enthalten?

Wörter wie *farbig* oder *kaffeebraun* sind für sie per se *rassistische Begrifflichkeiten*, ich fürchte, auch *Schokopudding* wäre für sie so ein rassistisches Unwort. Wieso eigentlich? Gilt nicht mehr, was wir von Angela Davis gelernt haben: *Black is beautiful*?

Frau Kantara beklagt sich auch darüber, dass es hier in Deutschland immer wieder Menschen gebe, die einmal ihr Haar anfassen möchten, und andere, die wissen möchten, ob sie im Sommer noch nachdunkle, und darüber, dass man ihr selbstverständlich Musikalität unterstelle und darüber, dass sich die Leute hier immer wieder wunderten, dass sie gleichzeitig *schwarz und deutsch* sei.

Ja, ist es denn *nicht* verwunderlich? Schwarze Deutsche sind bislang noch nichts massenhaft Vorhandenes und Alltägliches, sondern eher etwas Seltenes. Also wundert man sich und staunt. Wie man das bei seltenen Phänomenen halt so tut. So etwas muss erlaubt sein. Einem Menschen Musikalität zu unterstellen, weil diese Begabung in seinem Kulturkreis weit verbreitet ist, ist auch nichts Schlimmes. Uns Deutschen werden überall in der Welt weitaus unsympathischere Eigenschaften unterstellt. Das muss man aushalten, zumal es meistens auch noch stimmt. Und zu guter Letzt: Mich würde es auch interessieren, ob Schwarze im Sommer noch dunkler werden und wie sich ihr Haar anfühlt.

Während einer Deutschklausur in der 12. Klasse konnte ich einmal beobachten, wie ein (weißer, blonder) Junge, statt sich auf seine Arbeit zu konzentrieren, mit hingebungsvollem Interesse den Nacken, den Haaransatz und die Haare seines dicht vor ihm sitzenden (schwarzen) Mitschülers studierte. Ich habe ihn gelassen und seine Betrachtungen nicht durch eine Ermahnung gestört. Mir kam dieses lange, ruhige und intensive Hinschauen auf einmal wichtiger vor als eine gelungene Deutschklausur.

Frau Kantara aber vermutet hinter all unseren neugierigen Fragen und dem Genauer-wissen- und Verstehen-Wollen *kein Interesse an der Person, sondern* lediglich *das Bedürfnis nach Kategorisierung.*

Lassen sich diese Dinge denn überhaupt trennen? Sind wir Menschen nicht immerzu damit beschäftigt, Neues in vertraute Kategorien einzuordnen? Steht das Bedürfnis nach Kategorisierung nicht in jeder beliebigen Lebenslage an erster Stelle? Erst müssen wir uns orientieren und uns ein Bild machen (*Lieben Sie Brahms?*), danach verlieben wir uns vielleicht. Wenn uns die Kategorie gefällt.

Wenn aber das Interesse am Fremden, das sich in neugierigen, orientierenden Fragen äußert, von den Betroffenen selbst als unfreundliche Ausgrenzung erlebt und beleidigt zurückgewiesen wird, gehen wir furchtbaren Zeiten entgegen. Wenn wir dauernd übervorsichtig sein müssen und Angst haben, etwas Falsches zu sagen, wird sich in unserer Gesellschaft eine verheerende Sprach- und Mutlosigkeit ausbreiten, und es wird sich, wie in der Schule, ein Mantel des resignierten Schweigens über uns und unsere *ausländischen Mitbürger* (auch so ein ängstlich-korrekter und gleichzeitig verlogener Ausdruck) legen, und es wird sein wie im Märchen von *Des Kaisers neue Kleider.*

Wenn ein kleines Kind neugierig seine Umwelt erkundet, geht so manches leicht Zerbrechliche dabei zu Bruch, aber wir erleben, wie sich ein kleiner Mensch strahlend vor Glück mit der Welt verbindet. Kinder, denen man dieses neugierige Erkunden dauernd verbietet, werden apathisch, dumm und böse.

Mit uns großen Kindern ist das nicht viel anders. Ich plädiere deshalb entschieden für mehr Fehlertoleranz, für ein unverklemmtes und ungehemmtes, neugieriges und offenes Fragen und Sprechen in allen nur denkbaren interkulturellen Lebenssituationen und für ein fröhliches Hineintappen in die zahlreich herumstehenden, streng verbotenen Fettnäpfchen. Denn nur so lernen wir *die Anderen* kennen, nur so kommen wir uns näher.

Feiern wir die Unterschiede! stand kürzlich in großen Lettern in einem linksliberalen Blatt. Das kommt mir doof vor. Weil sie damit das Fremd-und-anders-Sein tendenziell verherrlichen. Während die Rechten es tendenziell abwerten. In beiden Fällen werden die Unterschiede hervorgehoben und betont. Ich meine, besser wäre es, wir lernten die Unterschiede einfach mal kennen. Reiben wir uns daran! Streiten wir uns! Aber feiern, *feiern* können *wir* nur *die Gemeinsamkeiten.*

– Mach dir doch nicht so viele Sorgen, sagt Matti. Das ganze Problem wird sich in Zukunft durch Migration und Vermischung von selbst erledigen.

– Oder verschärfen, sage ich.

– Glaub ich nicht, sagt Matti. Die Zukunft gehört den Bastarden. Guck dir den Wolfi und unsere Sofie an und die vielen anderen: Sind sie nicht oft schöner, intelligenter und gesünder als die reinen Rassen?

Kann sein.

– Und wie erklärst du dir die vielen nationalistischen, ethnozentristischen Tendenzen überall in der Welt?

– Vor dem Untergang bäumen sich die Dinge gern noch ein letztes Mal auf, sagt Matti, oft kommt es vor dem Ende sogar noch einmal zu einer Wiederbelebung und kurzen Scheinblüte. Das hat es in der Geschichte immer wieder gegeben. Nation, Volk, Rasse, das sind alles Begriffe und Themen von gestern, die ihre Zeit hinter sich haben. Was heute unter diesem Namen läuft, ist nur noch dumm, lächerlich oder grausam, ohne wirkliche Tiefe. Das hat keine Zukunft.

Die Ansicht scheint Matti am Herzen zu liegen, denn für seine Verhältnisse war das ein ziemlich langer Vortrag.

– Hoffentlich hast du Recht, sage ich. Und denke: Ob das, was er da sagt, auch für den einzelnen Menschen gilt?

Mama, guck mal schnell, wie findest du den? Ist der nicht süß?, fragt Sofie.

– Hm.

– Jetzt guck doch mal richtig!, sagt Sofie.

Wir sitzen beim Frühstück. Das heißt, Sofie frühstückt und ich lese die Zeitung. Während sie auf ihrem Brötchen herumkaut, schaut sie in den beiseite gelegten Teil meiner Zeitung.

– Ja, sage ich, hübsch.

– Für den schwärmen fast alle, sagt Sofie.

– Hast du deine Tasche schon gepackt?, frage ich.

Sofie antwortet nicht.

– Ma-ri-hu-ana, sagt sie, was ist das denn?

– Was liest du da eigentlich?, sage ich, lege endlich die Zeitung hin und schaue zu ihr rüber.

Sofie runzelt die Stirn.

– Die wollten den ins Gefängnis werfen!, sagt sie empört.

– Wen?

– Naidoo.

– *Wen*?

– Ach Mama!

– Entschuldige, Schatz. Ich hab nicht richtig zugehört. Erzähl noch mal.

Sie schiebt mir ein bisschen eingeschnappt eine Zeitungsseite rüber. Großes Foto von einem jungen Mann mit dunklem Teint und schwarzen Locken. Bildhübscher Kerl.

– Und wer soll das sein?, frage ich.

– *Naidoo,* sagt Sofie.

– Was ist das denn für 'n komischer Name?, sage ich.

– Was findest du denn daran komisch?, fragt Sofie.

– Na ja, sage ich, klingt ein bisschen ungewohnt. Ist ja auch kein Deutscher. So wie er aussieht.

– Das glaub ich aber wohl, sagt Sofie. Sonst würde der seine Lieder ja nicht auf Deutsch singen.

Da hat sie vielleicht Recht. Ich lese mir durch, was unter dem Foto steht, und erfahre: Naidoo ist einer der erfolgreichsten deutschen Popstars. Von seinem Debütalbum *Nicht von dieser Welt* wurden mehr als eine Million Stück verkauft. Er wurde in Mannheim als Sohn einer Südafrikanerin und eines Vaters mit indischen Vorfahren geboren, ist aber Deutscher.

Sein neuester Hit heißt *Geh davon aus.*

Und seine Band nennt sich *Söhne Mannheims.*

Das muss ich heute Abend unbedingt Matti zeigen. Ich sehe schon, wie er sich freut und lacht.

Wissensgesellschaft

Kaum ein Tag vergeht, an dem wir nicht zu hören bekommen, dass wir jetzt in einer *Wissensgesellschaft* leben. Dauernd stoßen wir in den Zeitungen auf Sätze wie:

Bildung ist die Eintrittskarte in die Wissensgesellschaft.

Wissen ist die Basis für Wachstum und heute wichtiger als Kapital.

In der heutigen Wissensgesellschaft lechzt alle Welt nach effizientem Wissensmanagement.

Allmählich möchte man nun doch mal wissen: Was soll das eigentlich heißen? Und wen könnte man mal fragen? Was sagen denn unsere sieben Akademien der Wissenschaften dazu? Nichts bisher. Wäre das denn keine Aufgabe für sie? Und eine gute Gelegenheit, sich endlich einmal nützlich zu machen und in *kompetenten Dialog* mit der Gesellschaft zu treten? Aber von den gelehrten Gesellschaften hören wir nichts.

Also müssen wir uns die Antworten auf unsere Fragen mal wieder selber suchen.

Eine habe ich kürzlich gefunden. Leider eine besonders unbefriedigende. Sie stammt von Peter Glotz, von dem ich das so nicht erwartet hätte, denn er war uns doch früher durch seine große Intelligenz immer angenehm aufgefallen.

Eines Morgens nun stoße ich in der Zeitung unverhofft auf einen Kommentar von ihm und stürze mich sogleich voll Wissbegierde darauf. Aber ich bin enttäuscht. Zunächst einmal benutzt er pausenlos, und zwar kein bisschen kritisch oder ironisch, sondern vollkommen einverstanden und geradezu wild begeistert, die uns nun schon langsam zum Hals heraushängenden, überall gebetsmühlenartig wiederholten zehn *halo words*:

Wir haben eine *digitale Revolution* hinter uns und leben nun im *Turbokapitalismus* oder im *digitalen Kapitalismus* oder in der *digitalen Ökonomie;* die Ideologie dieser *New Economy* ist der *Neoliberalismus,* Traumberuf ist der Unternehmer (an zweiter Stelle der Unternehmensberater), und neues Menschheitsideal ist *der unternehmerische Mensch,* der sich eine Zeit lang mit zweihundertprozentigem Einsatz in einem *Start up* engagiert, um dann zum *Global Player* aufzusteigen, zum Topmanager in einem multinationalen Konzern, in die neuen Herrenkaste dieser Welt.

Dieses schon recht abgestandene Vokabular benutzt Herr Glotz nun, wie gesagt, nicht etwa rein beschreibend, sondern so besitzerstolz und triumphierend, als wäre alles seine eigene Erfindung. Zu der Frage, die uns hier beschäftigt, stellt Glotz völlig zu Recht fest, dass viele den *Wandel von der Industrie- zur Wissensgesellschaft noch nicht begriffen* hätten, und unmittelbar danach teilt er uns mit: *Die wichtigste Ressource der Informationsgesellschaft ist »Brain«-Wissen.*

Wissensgesellschaft ist also dasselbe wie Informationsgesellschaft, und die wichtigste Ressource ist das Wissen. Aha. Aber wieso *»Brain«-Wissen*? Saß das Wissen denn früher, als wir noch in der Industriegesellschaft lebten, nicht im *brain*?

Glotz weiter: *Im Kopf eines guten Wissensarbeiters sind besondere Erfahrungen und Begabungen amalgamiert.* Mein Gott, wie war das denn noch mal? In welchem Körperteil waren denn bisher unsere besonderen Erfahrungen und Begabungen amalgamiert?

Interessant aber auch, dass Glotz mit *Wissensarbeiter* nicht mehr einen wie sich selbst meint, einen für den Überbau zuständigen Kopfarbeiter, sondern *gute Softwareschreiber*, Programmierer also, für deren Einwanderung er in diesem Kommentar energisch plädiert.

Halten wir mal kurz für später fest: Wissen = Information = Brain-Wissen = die Fähigkeiten eines Programmierers.

Alles interessant und aufschlussreich. Aber noch interessanter finde ich die Art und Weise, wie Herr Glotz hier zu uns spricht. Die Einwanderung ausländischer Computerspezialisten hält er für dringend erforderlich, denn, sagt er, *Deutschland braucht erstklassige Systemintegratoren, Projektleiter und Informationstechnik-Berater, wenn möglich, die besten der Welt.* Denn, sagt er, die Welt, in der wir leben, *die wissensbasierte Gesellschaft*, ist eine Welt, in der *nur die Spitze zählt.* Das ist nun mal *brutal, aber wahr,* sagt Glotz, ganz cool, denn *eine Gesellschaft, die sich abschließt, wird abgeschlagen, das ist jedenfalls klar im Wettbewerb des digitalen Kapitalismus.*

Auweia!, denkt man da unwillkürlich, gilt diese Drohung etwa auch für einen persönlich? Wenn man mal kurz die Tür abschließt, um sich für ein paar Minuten auszuruhen? Die Einwanderung spitzenmäßiger Systemintegratoren ist mir ziemlich piepegal. Aber der Ton, in dem Herr Glotz hier zu uns spricht, ist dergestalt, dass Menschen wie ich, die morgens schon mal gern etwas länger schlafen, es mit der Angst zu tun bekommen.

Muss das sein? Ist das denn nötig? Dass die Besten und Ältesten des Landes so reden wie die Pokémons? Dass wir von ihnen nichts Besseres zu hören bekommen als diese besinnungslos angepasste, militante Kampf-und-Sieg-Scheiße? Der alte Glotz spricht so, als fände er das alles supergeil und als gehörten langsame, altmodische Traditionalisten selbstverständlich und zu Recht ab sofort auf den Müll der Geschichte.

Fast kommt es einem vor, als wolle hier ein alter, kampferprobter Meinungsführer auf keinen Fall seine Stellung an der Spitze der Avantgarde aufgeben. Will er immer noch der Jüngste, der Kaltblütigste, der Radikalste sein? Dazu passt, dass er, wie ich höre, kurz vor dem Ruhestand den ehrwürdigen Posten eines Universitätsrektors aufgegeben und gegen etwas so Hypermodernes wie einen Lehrstuhl für Kommunikationswissenschaft eingetauscht hat. Und er hat sich, um es einmal im modischen soziobiologischen Wirtschaftsbegleitjargon zu sagen, in seinem hohen Alter auch noch einmal fortgepflanzt. Allerdings hat er dabei, wie es scheint, kein bisschen an die Zukunft Deutschlands gedacht und an die von ihm selbst verkündete *Tatsache, dass die selbstgenügsame Beschränkung auf die eigenen Gene zur sicheren Niederlage führt.*

Lieber Herr Glotz, möchte ich ihm gern sagen, Ihre Analyse mag ja leider richtig sein, aber Ihr Ton und Ihre Sprache sind es nicht. Und darauf kommt es doch ganz entscheidend an, oder nicht? *Der Ton macht die Musik,* pflegte meine Mutter immer zu uns Kindern zu sagen, aber besser sagt es mal wieder Wittgenstein: *Sprache ist nicht nur das Vehikel des Ausdrucks, sondern auch der Fahrer.*

Aber zurück zu unserer Frage nach der *Wissensgesellschaft.* Zugegeben: Durch die *digitale Revolution* und das *World Wide Web* hat sich, wenn auch nicht das Wissen selbst, so doch seine schnelle Verfügbarkeit ganz unvorstellbar vergrößert. Wenn ich daran denke, wie viele Stunden ich früher als Studentin im Lesesaal der Bibliothek mit mühsamem Exzerpieren aus staubigen Büchern verbracht habe oder wie endlos die Warterei auf das Material aus der Fernleihe manchmal war, dann sind die heutigen Möglichkeiten, sich von zu Hause aus in ein paar Minuten Texte vom anderen Ende der Welt zu beschaffen, zweifellos faszinierend. Denn das Internet enthält ja schließlich alles. Alle Themen und alles Wissen der Welt sollen sich hier bereits widerspiegeln. Und alle zwei bis drei Monate soll sich der gesamte Inhalt des Netzes angeblich sogar verdoppeln.

Aber entspricht dieses explosionsartige Wachstum an Informationen denn auch einem Wachstum an Wissen? Entspricht dieser unvorstellbar breiten Ausdehnung eine Tiefe? Gibt es eine erkennbare Ordnung? Oder ist alles nur Flachland und Chaos, *der größte Banalisierungsschub aller Zeiten* (Michael Krüger)?

Oder ist am Ende gar alles nur Kommerz und Konsum in der Cyber Shopping World, alles nur ein Blättern in gigantischen elektronischen Katalogen, das Vorüberziehen eines endlosen Warenstroms, der perfekte globale Markt- und Umschlagplatz für die *Profitmafia* (Georg Steiner)? Finden wir hier wirklich, was wir suchen? Oder verlaufen wir uns im Nichts?

Bei mir selbst ist, wenn ich eine Weile im Wissenspool herumgesurft bin, das Ergebnis oft nur schlechte Laune. Die ganze Zeit nervt einen das Werbegeflimmer, dauernd muss man unverlangte Nachrichten zur Kenntnis nehmen (*Pamela Anderson will heiraten*), und dauernd muss man, ähnlich wie Odysseus auf seiner Reise, den Verlockungen irgendwelcher *Single Chatrooms* widerstehen, um dann endlich, am Ziel der Suche, nicht selten auch hier auf einen geradezu unwahrscheinlichen Hirnmüll zu stoßen.

Dazu ein kleines Beispiel:

Eine Schülerin gibt eine Facharbeit über Kant ab. Das Thema hat sie sich selbst ausgesucht, der Mann interessiere sie, sagt sie. Alle Informationen für diese Arbeit zieht sie aus dem Internet. Bei ihren Recherchen stößt sie unter anderem auf die Seminararbeit eines Studenten aus Hamburg mit dem Titel *Kants Rassenlehre aus der Sicht seiner Erkenntnistheorie.* Hier erfährt sie, dass Kant ein übler Rassist und Antisemit war. Mit solch einem Arschloch möchte sie sich nun eigentlich gar nicht mehr beschäftigen. Lustlos schreibt sie die Thesen des Studenten ab und trägt sie im Kurs vor.

Mal abgesehen vom Rassismusvorwurf (es gibt in Kants Anthropologie entsprechend verwertbare »Stellen«), habe ich in meinem Leben noch nie einen so hirnverbrannten, völlig sinnfreien und mit Worthülsen herumhantierenden Text gesehen wie diese angebliche *Kleine Hausarbeit im Kurs Sozialphilosophie,* und ich frage mich, ob es diesen Studenten namens *Mielke* im wirklichen Leben überhaupt gibt oder ob der Nonsens Absicht ist, und das Ganze vielleicht eine Witznummer sein soll. Was auch den absurden Titel der Arbeit erklären würde. Eine Zeitlang hatte ich vor, dem auf dem Deckblatt genannten Prüfer, einem Professor *Hund*, an die *Hochschule für Wirtschaft und Politik* in Hamburg zu schreiben, um ihn zu fragen, ob er diese Arbeit überhaupt je gesehen hat. Aber auch an seiner Existenz, ja an der Existenz der ganzen Hochschule begann ich allmählich zu zweifeln und fürchtete, mich lächerlich zu machen. Unterdessen steht der Text immer noch zu jedermanns freien Verfügung im Internet: http:// www.student.hwp.unihamburg.de/MielkeT/Hausarb2.html

Wie ernst dürfen wir nun einen Text aus diesem Medium nehmen? Wer sagt uns, was richtig und wichtig oder was barer Unsinn ist? Meine Schülerin, ein aufgewecktes Mädchen, hätte vielleicht doch besser daran getan, den altmodischen Weg der

Informationsbeschaffung zu wählen. Sie wäre in die Bibliothek gegangen und hätte dort ein paar ruhige Stunden mit dem Lesen einer schönen Kant-Monographie verbracht. Dann hätte sie jetzt ein paar gute und intelligente Gedanken im Kopf, und den alten Kant hätte sie immer noch gern. Aber darf ich als moderner Lehrer solch einen Rat überhaupt noch geben?

Außerdem hatte sie Bücher, wie sie mir versicherte, aber das Surfen im Internet habe ihr *viel mehr gebracht*. Sie habe sich da *Unmengen rausgezogen* und dabei *Stunden vor der Kiste* verbracht.

Wenn es so ist, dass ein Mädchen, das nichts kaufen, sondern etwas über Kant erfahren will, aus dem Netz nicht Wissen, sondern für teures Geld einen Haufen Bullshit bekommt, fehlt es ihr dann vielleicht an der erforderlichen *Medienkompetenz?* Oder hat sie diese Kompetenz gerade durch die selbstverständliche Nutzung des Internets bewiesen? Oder war sie noch nicht in der Lage, das neue Medium *kritisch und souverän* zu nutzen? Hätte ich ihr das vielleicht vorher beibringen sollen? Ich wüsste nicht, wie. Womöglich bin ich ja selbst nicht souverän und kompetent.

Mein einziger Trost dabei ist, dass auch die über jeden Verdacht Erhabenen und absolut Souveränen, die *Global Players*, einer Post mit der Botschaft *I love you* offenbar nicht widerstehen konnten. Das hat mir sehr gefallen damals. Denn das zeigt uns doch, dass sie noch menschlich sind. Kein Mensch kann solch einer Botschaft widerstehen. Und auch sie haben, obwohl auf der höchsten Kompetenzstufe stehend, den Brief geöffnet und den Virus hineingelassen in die heile Welt ihrer perfekten Systeme. Um wie viel anfälliger sind da wir, die hoffnungslos Zurückgebliebenen der zukünftigen Unterklasse. Wie können wir aber dann der Jugend ein Vorbild sein?

Von vielen Seiten wird in letzter Zeit die Einführung eines neuen Schulfachs *Ökonomie* gefordert. Ich bin auch dafür.

Dort sollte man der Jugend aber nicht nur etwas über die Logistik von Informations-, Waren- und Finanzströmen erzählen, sondern auch, was im *entfesselten deregulierten Kapitalismus* die treibende Kraft und was die Methoden sind, was der Wille und was der Weg, und welcher allgemeine Konsens darüber unsere Neue Welt im Innersten zusammenhält. Das wäre vielleicht ganz schön brutal, aber wenigstens wahr.

Wissenswertes

Ich war zwei Stunden spazieren, habe wieder gute Laune und möchte dem Internet nun auch einmal eine faire Chance geben. Ich bin ja immer noch auf der Suche nach einer Antwort auf die Frage nach der *Wissensgesellschaft.*

Zuerst klicke ich spaßeshalber mal das Stichwort *Wissen* an. Am unteren Rand des Bildschirms blinken drei Werbespots. In der Mitte steht:

Welche Frage sie auch immer haben, das World Wide Web hilft.

Frage des Tages: Seit wann gibt es Geld?

Aus den weiterführenden Stichwörtern wähle ich nun das Stichwort *Bildung.* Auch im *Bildungs*-Fenster springt unten rechts dauernd etwas hin und her und weist mich darauf hin, dass zur Zeit gerade eine spannende Onlineauktion läuft, an der ich mich vielleicht lieber beteiligen möchte. Zentral im Bild steht eine aktuelle Frage:

Computerkurs statt Ferien?

Arbeitgeberpräsident Hundt hat gefordert, die Lehrer sollten zur Fortbildung in den Ferien verpflichtet werden. Dabei sollten auch die Inhalte der Fortbildung vorgegeben werden. Denn im Zentrum müsse ein besserer Unterricht stehen, keine Selbsterfahrungskurse! Der Umgang mit dem

Computer und dem Internet müsse daher im Vordergrund stehen und zum verpflichtenden Inhalt gemacht werden.

Meine Güte! In was für einem engen Themen- und Gedankenkreis werden wir denn hier ewig herumgeführt! Immer im gleichen Kreis, wie die Ochsen am Nasenring. Man kommt sich vor wie jemand, der hungrig herumfährt und Lust auf etwas Gutes und Leckeres hat, aber immer wieder vor der gleichen schäbigen Imbissbude landet. Bis er schließlich aus Mangel an Alternativen den vorhandenen Billigfraß frisst.

Noch ein Versuch. Ich gebe mal den Suchbegriff *Wissensgesellschaft* ein. Nach wenigen Sekunden heißt es:

Sie haben nach Wissensgesellschaft gesucht. Es wurden 3299 Einträge gefunden.

Und darunter die unendliche Liste. Die Überschriften lauten etwa so:

– empirica – Seniorinnen und Senioren fit machen für die Wissensgesellschaft

– Innovationen für die Wissensgesellschaft – Förderprogramm Informationstechnik des Bundesministeriums für Bildung und Forschung

– Informatik und Wissensgesellschaft

– Multimedia und Wissensgesellschaft

– Ernährung in der Wissensgesellschaft – Vision: Informiert essen

Einige Titel schaue ich mir etwas genauer an. Aber in ausnahmslos allen Beiträgen werden die Begriffe *Wissensgesellschaft* und *Wissen* nicht mehr erklärt, sondern als bekannt vorausgesetzt. Und immer meint *Wissensgesellschaft* dasselbe: *schneller Zugriff auf international bereitgestelltes Faktenwissen.*

Der Satz *Wir leben in einer Wissensgesellschaft*, schließen wir daraus, bedeutet dann wohl ungefähr dies: *Es gibt viel*

Wissen in der Welt, und wir müssen da schnellstens ran. Es geht also nicht um bestimmte wissenswerte Inhalte, die sind zunächst mal beliebig, sondern um eine Technik, um eine rasant schnelle Methode. Es geht nicht um das Was (ist wissenswert?), sondern um das Wie (beschaffe ich es mir schnell?). Im Grunde, merken wir, dreht sich wieder alles um die Zauberwörter *schnell* und *viel.* Die ja ohnehin schon längst unser Leben bestimmen. So wie alle ganz schnell viel Geld verdienen müssen und ganz schnell viel erleben wollen, müssen sie auch in ihren Jobs ganz schnell und viel arbeiten, und das heißt, ganz schnell viele Daten abrufen, aufbereiten und transferieren können.

Wer das kann, wer schnell die in riesigem Umfang vorhandenen Informationen beschaffen und bündeln kann, für welchen Zweck und für welches Ziel auch immer, der ist ein *Wissensträger,* der kann was, der weiß was, der verfügt über das erstrebenswerte *Wissen* in unserer modernen auf Lichtgeschwindigkeit *beschleunigten Gesellschaft* (P. Glotz). *Wissensträger* oder *Wissensarbeiter* ist also heute nicht mehr der Forscher oder der Gelehrte, nicht mehr der Wissenschaftler oder der Hochschullehrer und natürlich schon gar nicht der Schullehrer, sondern eben der schnelllebige, viel versprechende, flexible, mobile, sein Herz der Firma schenkende, junge *Software-Freak,* wie Peter Glotz ihn liebevoll nennt. Und wir sehen, wenn auch nicht gern: Peter Glotz hat mal wieder Recht gehabt.

Das *Wissen,* das heute einer in seinem *brain* haben muss, um cool und sexy zu sein und an die Fleischtöpfe heranzukommen, ist nicht mehr dasselbe Wissen wie früher, ist nicht mehr historisches Wissen, nicht mehr politisches Wissen, nicht mehr naturwissenschaftliches und schon gar nicht literarisches oder überhaupt geisteswissenschaftliches Wissen, und auch das Destillat aus all diesen Disziplinen, die so genannte

Allgemeinbildung, interessiert heute keinen mehr. Das einzig relevante Wissen, das heute wirklich zählt und sich auszahlt, ist ein spezielles technisches Know-how, nämlich der Umgang mit Suchmaschinen oder die Erfindung eines neuen Programms für eine neue Suchmaschine. Ein sehr spezielles Spezialwissen, wenn man bedenkt, worüber man sonst in der Welt noch alles nachdenken könnte.

Spezialwissen aber, sagt uns der Biochemiker und Nobelpreisträger Erwin Chargaff, *ist überhaupt kein Wissen, sondern eine Lizenz zum Geldverdienen.*

Wie kommt es aber, frage ich mich nun, dass dieser tief greifende Wandel der Prioritäten, der sich da draußen in der Welt vollzogen hat, mir erst jetzt so richtig zu Bewusstsein kommt? Informatiker und Programmierer gibt's ja schon lange, aber unter Programmierern habe ich mir bisher immer pummelige Jungs mit Pickeln und Schuppen vorgestellt, die in fensterlosen Räumen bei künstlichem Licht wie Sklaven leben müssen. Männer, die ein Leben ohne Aussichten führen und dabei so aussehen wie Bill Gates. Unvorstellbar, dass so einer, noch dazu, wenn er so dämlich gegrinst hätte, früher auch nur im Traum eine Frau bekommen hätte. Da muss in der Tat ein riesiges Paradigma gewechselt haben.

Vor 20 Jahren sah es sogar noch so aus, dass die ganze Richtung nicht für voll genommen wurde. Studenten der Fachrichtungen Elektrotechnik und Maschinenbau hatten damals auf dem Feld der Erotik nicht die allerkleinste Chance. An den Technischen Hochschulen liefen Tausende von jungen Männern herum, die sich schon glücklich schätzen konnten, wenn sie ein Bratkartoffelverhältnis mit ihrer Zimmerwirtin zustande brachten.

Wenn ein E-Techniker damals den Ehrgeiz hatte, seine Gene in einer schönen und intelligenten Frau zu platzieren, dann hatte er es schwer. Ungeschriebenes Gesetz war, dass er niemand mit seinem langweiligen Fachwissen und mit Fragen seines Studiums belästigen durfte. Vielmehr musste er zeigen, dass er sich in Geschichte und politischer Theorie auskannte, dass er die einschlägigen Bücher und Schriften mit Verstand zu lesen und zu diskutieren in der Lage und bereit war, sein Leben in den Dienst des Politischen zu stellen und für eine bessere Welt, für Freiheit und Gerechtigkeit zu kämpfen (der Widerspruch zwischen beiden Gütern ist uns erst später aufgefallen).

Dazu gehörte selbstverständlich auch, dass er nach dem Studium auf keinen Fall »in die Industrie« gehen durfte. Und so kam es, dass manch ein Diplomingenieur und promovierter Techniker damals, statt bei Philips und Siemens anzufangen, in den Entwicklungsdienst ging oder als Referendar in den Schuldienst eintrat und Studienrat am Gymnasium oder an einer berufsbildenden Schule wurde. Und damals waren das nicht die Schlechtesten, sondern oft die Besten.

Von dieser frühen Prägung und Präferenz komme ich nun leider nicht mehr los. Immer noch werde ich heimlich von diesen inzwischen offenbar obsolet gewordenen Bewertungsschemata gesteuert. Ich merke es unter anderem daran, dass ich mir für meine Töchter immer noch einen warmherzigen, gebildeten und politisch interessierten Menschen wünsche. Wenn ich mir vorstelle, sie kämen mit so einem coolen, dynamischen Geldverdiener nach Hause, der mit nichts als seinen Millionen im Kopf auf dem Sofa säße, wäre ich doch sehr enttäuscht und würde mir um das Glück meiner Mädchen Sorgen machen.

Manchmal sehe ich im Wandel der Zeiten, der Werte und des Geschmacks aber auch das Walten einer höheren Gerechtigkeit. In den großen Wellen der Weltgeschichte kommt eben alles mal nach oben, kriegt alles mal seine Chance. Was heute oben ist, war gestern unten. Und umgekehrt. Jetzt sind eben mal die dran, die sich gestern noch ein bisschen schämen und verstecken mussten, Jungunternehmer und Programmierer zum Beispiel. Gestern noch mussten sie (es ist kaum zu glauben) ihre Existenz vor Soziologen und Politologen rechtfertigen, heute werden, zum Ausgleich dafür, überall die Geisteswissenschaften geopfert, weil ein paar Ingenieure fehlen.

Vielleicht verstehen wir aber auch das, was wir sehen, nur deshalb so schlecht, weil unser Leben so kurz ist. Ich glaube, das meinte auch Hegel mit seinem Spruch *Das Ganze* (das zu überblicken wir nicht in der Lage sind) *ist das Wahre.*

Vorläufig sehen wir Kurzsichtigen nur weniges deutlich. Wenn – einer zeitgemäßen Managerdefinition zufolge – *Führen heißt, eine Welt zu bauen, der andere Menschen angehören wollen,* dann können wir eins mit Sicherheit sagen: Die Führung hat gewechselt. Und das (wieder kaum zu glauben), während überall in Europa die Weltenbauer von gestern endlich die politische Macht in Händen haben. Nur sind ihre Hände leider leer. Sie haben die Macht, aber trotzdem nichts mehr zu sagen. Denn das politische Spiel ist zu Ende. Jetzt werden andere Spiele gespielt und andere Welten gebaut. Das klingt schon fast wie der Stoff für eine Tragödie. Aber unsere alten Genossen und Weggefährten von früher scheinen darüber nicht im Geringsten traurig zu sein, im Gegenteil, sie jubeln, wie Peter Glotz, den neuen Spielern mit jugendlicher Begeisterung zu und wollen unbedingt zu deren Partys eingeladen werden.

Was lernen wir aus all dem? Hat sich, nach einem Jahrhundert der katastrophalen Irrwege, die Kraft der Menschen für positive Utopien endgültig erschöpft? Haben wir genug von uns selbst? Oder können wir Sein und Sollen nicht mehr unterscheiden?

Die Zukunft ist das Land der Phantasten, tröstet uns Kant. Obwohl er selbst doch mit seinem Entwurf *Zum ewigen*

Frieden um eine schöne Zukunft gerungen hat. Aber eben um eine schöne und bessere Zukunft! Und nicht, um uns die bloße Extrapolation eines trostlosen Istzustands zu liefern. *Man kann,* sagt dazu Einstein, *über die klarste und vollständigste Kenntnis dessen verfügen, was* ***ist****, und dennoch außerstande sein, daraus abzuleiten, was das Ziel unseres menschlichen Strebens* ***sein sollte****.*

Die Wissens- oder Informationsgesellschaft scheint uns nach allem, was wir bisher von ihr gehört haben, als Ziel menschlichen Strebens ein wenig dürftig. Ganz sicher stellt sie kein Ziel dar, das ausreichen würde, um in den Herzen junger Menschen ein Feuer anzuzünden. Ist das vielleicht auch gar nicht mehr erwünscht? Will man in den Schulen, ja sogar schon im Kindergarten, den Umgang mit PCs und Internet deshalb so entschieden in den Vordergrund rücken, um die Kinder und Jugendlichen so früh wie möglich auf ihr späteres Los vorzubereiten, auf eine Berufstätigkeit als Programmierer oder als *Anwender?* Will man sie schon an den Schulen in den hoffnungslosen Kampf mit Datenfluten verwickeln, deren Umfang gegen unendlich, deren Nährwert aber gegen null geht, damit sie sich rechtzeitig an diese magere Kost gewöhnen und keine Zeit mehr haben, auf dumme Gedanken zu kommen, zum Beispiel auf die Frage, ob sich ein solches Leben lohnt?

Sollte es aber, wie immer wieder beteuert wird, wirklich um die Vorbereitung der Jugend auf das Leben und die Auseinandersetzung mit den drängenden Problemen unserer Zeit (*Zukunftsfähigkeit*) gehen, da wüsste ich eine kräftigere und nahrhaftere Kost.

Im naturwissenschaftlichen Unterricht, insbesondere in Physik, würden die Schüler dann nicht nur mit den Naturgesetzen und der Funktionsweise von Apparaten bekannt gemacht, sie würden auch etwas über die Geschichte der Naturwissenschaft und der Technik lernen. Sie würden erfahren, welche Wirkung der technische Fortschritt in der Geschichte auf das Leben der Menschen gehabt hat, welchen Vorteil er ihnen brachte und welchen Preis sie dafür zahlen mussten, und wie sich mit jeder neuen Erkenntnis und Technologie die Weltsicht und das psychische, soziale, ökonomische und politische Leben grundlegend veränderte. Zum Beispiel durch die Druckerpresse, die Eisenbahn, die Telegraphie, die Elektrifizierung der Häuser und Städte. Die Schüler würden lernen, Naturwissenschaft und Technik nicht als etwas vom Leben Abgetrenntes, sondern als Geschichte des menschlichen Geistes, als Humanwissenschaft zu verstehen. Und den Fortschritt auf diesem Gebiet als etwas, das immer tief in das Leben der Menschen eingegriffen hat, indem es neue Hoffnungen, Möglichkeiten und Erleichterungen brachte und gleichzeitig andere Perspektiven verschüttete, die Menschen zur Anpassung an ihre eigenen Erfindungen zwang und neue Beschwerden hervorrief. Ein solcher Unterricht würde auch die Mädchen interessieren, denn es ginge einmal nicht um das technische Funktionieren von Geräten und nicht um ihre Anwendung, sondern um ein Nachdenken über ihren Sinn, über die mit ihnen verknüpften Absichten und ihre guten wie schlechten Wirkungen. Ein solcher Unterricht wäre nicht technikfeindlich (darum sollte er ja auch von den Naturwissenschaftlern selbst veranstaltet werden), aber er würde, indem er das Wissen vertiefte und das Denken anregte, eine kritische Haltung einschließen. *Kritikfähigkeit*, dieses immer wieder von Progressiven lautstark geforderte Lernziel, lässt sich ohnehin nicht auf direktem Wege ansteuern. Kritikfähigkeit entsteht von selbst, und zwar auf der Basis und als Ergebnis eines breiten und fundierten Wissens und nicht, wie es immer wieder geschieht, indem man Schüler, die von nichts eine Ahnung haben, ständig nach ihrer Meinung fragt oder indem der Lehrer sich vorn hinstellt und ihnen etwas vorkritisiert.

Heranwachsende, die in den Genuss eines solchen historisch orientierten Unterrichts über die Implikationen von Naturwissenschaft und Technik gekommen wären, hätten, meine ich, gute Voraussetzungen zur Einschätzung des Fortschrittstaumels, in dem sich gegenwärtig die tonangebende *scientific community* befindet. Das käme ihnen nämlich alles bekannt vor: die Heilsversprechungen, der Größenwahn, die ökonomischen Interessen ebenso wie die Angst der Unheilpropheten und die Warnungen der Skeptiker vor den möglichen Folgen.

Und wenn sie dann am Ende der Oberstufe noch bis zu den Rätseln des Universums vorgedrungen wären, die Relativitätstheorie und die Quantenphysik – so weit das möglich ist – verstanden und die Reden und Aufsätze von Werner Heisenberg *(Schritte über Grenzen)* gelesen hätten, dann könnten aus ihnen einmal gute Wissenschaftler und Forscher werden. Forscher, die vor der Größe und Komplexität der Natur eine Haltung des Respekts, vielleicht sogar des ehrfürchtigen Staunens einnähmen und deren Haupttugenden Besonnenheit und Bescheidenheit wären. Denn, wie der Quantenphysiker Hans-Peter Dürr aus Erfahrung sagt: *Je genauer sich der Mensch die Materie angesehen hat, desto mehr verschwand sie.* Oder wie Einstein etwas pathetischer formulierte: *In den Naturgesetzen erweist sich eine Intelligenz von einer derartigen Überlegenheit, dass im Vergleich dazu alles systematische Denken und Handeln von Menschen eine höchst unbedeutende Reflexion ist.* Schüler, die im Unterricht nicht nur über das Machbare und über Fakten und Formeln belehrt, sondern darüber hinaus bis an die Grenzen ihrer Denkfähigkeit geführt worden wären, stünden, wage ich zu hoffen, dem lauten Marktgeschrei unserer modernen Wissenschaftsunternehmer etwas weniger hilflos und weniger leicht beeindruckbar gegenüber. Sie wüssten nämlich, dass die Mentalität dieser Forscher und ihre aus der

Welt der Wirtschaft entlehnte Maxime *(Schnell viel Profit)* von einem wissenschaftlichen Denken und Sprechen weit entfernt sind. Oder, noch besser: Sie wüssten (aus der Geschichte), dass die Verantwortung für die Folgen, die sich aus der ökonomischen und politischen Verwertung von wissenschaftlichen Ergebnissen ergeben, vielleicht die schwerste Bürde eines Wissenschaftlers ist und jeder wissenschaftlich-technische Fortschritt immer auch so etwas wie ein Pakt mit dem Teufel.

Was ein faustischer Pakt ist, wäre den Schülern bekannt, denn im Deutschunterricht (wenn sie in einem Leistungskurs säßen) hätten sie selbstverständlich den *Faust* gelesen. Und während sie mit ihrem Physiklehrer die Geschichte der Naturwissenschaft studierten, hätte ihr Deutschlehrer mit ihnen Brechts *Leben des Galilei* besprochen. Besser und mustergültiger kann man die Dilemmata eines leidenschaftlichen Wissenschaftlers und die Gewinne und Verluste des Fortschritts für die Menschheit nicht vorgeführt bekommen als in diesem Brecht-Stück, das von den Anfängen der modernen Wissenschaft und dem Anbrechen der *Neuen Zeit* handelt und das Brecht 1938 bis 39 unter dem Eindruck der Nachricht von der Spaltung des Uranatoms durch den Physiker Otto Hahn geschrieben hat. Allein in der achten Szene, *einem Gespräch* zwischen Galilei und dem *kleinen Mönch,* in dem sich beide nicht nur gegenseitig widersprechen, sondern jedes Argument auch in sich widersprüchlich und fragwürdig erscheint, wird die ganze Dialektik des Fortschritts im vollen Umfang entfaltet.

Junge Menschen, die solche Texte gelesen und verstanden haben, sind nicht mehr dieselben wie vorher. Denn sie haben denken gelernt. Und sie haben am eigenen Leib erfahren, dass Denken, wie Brechts Galilei sagt, *zu den größten Vergnügungen der menschlichen Rasse gehört* und dass damit etwas anderes gemeint ist als *erbärmliche Schlauheit.*

Eine solche Bildung würde den jungen Menschen das Leben interessant und lebenswert erscheinen lassen, und sie wäre darüber hinaus eine sehr gute Eintrittskarte in die Wissensgesellschaft. Gebildete junge Leute könnten nämlich mitreden, sie wären zurechnungs- und urteilsfähig und in der Lage, Entscheidungen abzuwägen und zu treffen und dafür die Verantwortung zu übernehmen. Und mit diesem Rüstzeug könnten sie nun auch ruhig *Wissensarbeiter* werden. Vor solchen Wissensarbeitern hätten wir keine Angst, denn wir wüssten ja: Die haben wirklich etwas in ihrem *brain.* Denen würden wir auch zutrauen, die Zukunft zu gestalten, vielleicht kämen sie sogar auf Ideen, wie sie gestaltet werden *sollte.*

Vielleicht, weil sie ja im humanistischen Geiste erzogen wären, käme dabei etwas anderes heraus als eine Zukunftsvision, in der *wir mehr mit Maschinen als mit Menschen reden werden* (Nicholas Negroponte) oder in der *Menschen einmal bloße Haustiere ihrer Computer sein werden,* wie der Kybernetiker Marvin Minsky voller Enthusiasmus voraussagt.

Die Gestaltung der Zukunft ist unsere Sache. Sie lässt sich nicht abwälzen auf die angeblich objektive Entwicklung der Wissenschaft und der von ihr hervorgebrachten Technologien. Alles, was kommen wird, wird kommen, weil wir es so gewollt oder zugelassen haben, denn *der Mensch ist zur Freiheit verurteilt* (Sartre). Was das bedeutet, wüssten die jungen Leute, denn über diesen Satz hätten sie im Philosophieunterricht Zeit gehabt, lange nachzudenken. Und daher wüssten sie auch, dass uns selbst die beste automatische Sinn-Suchmaschine die Frage, wie wir leben wollen, die Frage *Wozu?,* nicht beantworten wird, auch wenn die neuen Programme *Autonomy* und die neuen Maschinen *Dynamic Reasoning Engine* heißen.

Damit die Wissensarbeiter der Zukunft die Chance erhalten, zu ganzen Menschen zu werden und nicht zu *einem Geschlecht erfinderischer Zwerge, die für alles gemietet werden können* (Galilei), wünsche ich mir eine an der Geistesgeschichte der Menschheit orientierte Bildung der Jugend an den Schulen. Denn mögen wir auch inzwischen in einer Wissensgesellschaft leben, so gilt doch immer noch, was Brecht Galilei zu Beginn der Neuzeit sagen lässt: *Der Sieg der Vernunft kann nur der Sieg der Vernünftigen sein.*

www.mehr-respekt-vor-kindern.de

– Mama, jetzt komm doch endlich!, ruft Sofie ungeduldig. Wir beide sind in der Stadt, am Bahnhof. Ich habe mir gerade eine Fahrkarte nach München (zu Eva) gekauft, wir haben am Serviceschalter lange anstehen müssen, und nun sind wir endlich draußen und auf dem Weg zum Auto. Sofie muss zum Flötenunterricht, und wir sind spät dran. Aber plötzlich bin ich stehen geblieben. Ich schaue mir etwas an, lese ein paar Worte, dann suche ich in meiner Tasche nach einem Stift und Papier.

– Mensch, Mama, sagt Sofie, die schon ein Stück vorgelaufen war und nun langsam zurückgetrottet kommt, musst du jetzt auch noch Plakate abschreiben?

Das Plakat, vor dem ich stehe, ist riesengroß, es füllt fast die ganze Höhe des Bahnhofgebäudes aus. Oben links in der Ecke steht, dass es sich um eine Kampagne des Bundesministeriums für Familie, Senioren, Frauen und Jugend handelt. Ausgefüllt wird die riesige Fläche vom nackten Rücken eines Kindes. An der rechten Schulter hat es eine Verletzung, eine dunkelrot schimmernde, an den Rändern schon leicht verschorfte Wunde. Über die Schulter schaut uns das Kind, ein Mädchen von ungefähr zehn Jahren, mit großen Augen an. Daneben steht: *Worte vergehen, der Schmerz bleibt.* Und darunter: *Niete, Trottel, Versager – Worte können Kinder schlagen.* Und ganz unten rechts in der Ecke steht: *Kinder haben ein Recht auf gewaltfreie Erziehung. www.mehr-respekt-vor-kindern.de.* Und darunter in Groß- und Fettdruck: ***Deutschland erneuern.***

Ich packe meinen Zettel ein und möchte weitergehen. Aber nun ist Sofie noch nicht bereit. Sie ist noch ins Schauen und Lesen vertieft. Dann wendet sie sich mit einem Ruck ab und sagt:

– Das ist ja grausam. So was braucht man den Leuten doch nicht zu sagen. Das weiß doch jeder.

Und ich denke: Wie gut, Kind, dass du noch nicht alles weißt über die Welt, in der wir leben.

In einer Welt nämlich, in der das »Jahrhundert des Kindes« endgültig vorbei zu sein scheint, und in der manche Eltern bereits auf die Idee kommen, den Namen ihres Neugeborenen großen Firmen als Werbeträger anzubieten, weil man sich inzwischen offenbar daran gewöhnt hat, Kinder nicht mehr sentimental, sondern materiell zu betrachten: volkswirtschaftlich als dringend benötigtes *Humankapital* für den Arbeitsmarkt, privat aber eher als schlechtes Investment, *als langfristig gebundenes Kapital, das keine Garantie auf Rendite zu Lebzeiten des Investors* bietet. In solch einer Welt werden die Kinder anscheinend langsam selbst zu Sachen, mit denen Eltern ohne Bedienungsanleitung nicht mehr umzugehen wissen. Von höchster Stelle muss ihnen zugerufen werden: Vorsicht! Zerbrechlich! Nicht schlagen! Nicht fallen lassen! Nicht zu hart anfassen! Geht kaputt!

Geht es dabei wirklich nur um Mangel an Respekt, wie es die Anzeige der Regierung formuliert? Muss man nicht befürchten, dass der Missstand, auf den uns dieses Plakat hinweist, viel tiefer reicht und uns auf einen viel traurigeren Mangel aufmerksam macht? Auf einen zunehmenden Mangel an natürlichen menschlichen Empfindungen und vielleicht sogar auf den drohenden Verlust von Menschlichkeit überhaupt?

Ich erinnere mich an eine Reihe kleiner Meldungen, auf die ich im letzten halben Jahr gestoßen bin, und die diese Befürchtung leider immer wieder bestätigt haben.

Zum Beispiel eine Glosse, in der sich jemand über die neuesten Kinderwagenmodelle, die es jetzt überall zu kaufen gibt, mokierte. Geländegängige Sportgeräte mit drei Rädern, Mountainbike-Bereifung, Kunstfaserbespannung auf superleichten Aluminiumrohren und Felgenbremsen, Geräte, bei deren Namen *(Colorado Jogger/Road Runner)* und Anblick man nicht im Traum an den Transport hilfloser kleiner Wesen denkt, sondern an Eltern, die *fit for fun* durch den Park traben und dabei das Gefährt mit dem Kind mühelos mitschleppen, denn das bringe es ohne weiteres auf 40 bis 50 Stundenkilometer. Ist nicht überhaupt, fragte der Autor (ironisch), die Versachlichung des kitschanfälligen Bereichs der Kinder-Accessoires lange schon fällig gewesen? In den leichten, kleinen, zusammenfaltbaren Geräten sah er Symbole einer *anderen Mütterlichkeit*: sportlich, tough, mobil. Unabhängige Mütter, die damit auf den Straßen trotzig-forsch signalisieren, dass sie bei der Überwindung von Hindernissen keine Hilfe benötigen. Und auch nicht mehr erwarten.

Aber das Leben besteht ja nicht nur aus Joggen und Einkaufen. Es muss auch mal gearbeitet werden. Nicht selten auch am Abend und am Wochenende, wenn man im Büro mal wieder nicht fertig geworden ist. Aber auch das scheint heute kein Problem mehr, schließlich gibt es ja Überwachungsgeräte. Die Firma Easypay aus Augsburg bietet eine »Kinderzimmer-webcam« an, mit deren Hilfe die Eltern vom Computer aus, ohne ihre Arbeit zu unterbrechen, das Tun und Lassen ihres Babys im Zimmer nebenan beobachten können.

Damit ist aber anscheinend die vollkommene *Versachlichung* des ganzen Kinderkitsches noch nicht erreicht. Daran wird zur Zeit noch gearbeitet. Eine Forschergruppe der Berliner

Humboldt-Universität ist dabei, einen Roboter zu entwickeln, der die Betreuung eines kleinen Kindes komplett übernehmen kann. Essens- und Schlafenszeiten werden einprogrammiert, macht die Maschine einen Fehler, zum Beispiel beim Füttern, kann die Mutter per Lautsprecher eingreifen. Wächst das Kind heran, bietet der Elektronikkonzern Sony zu seiner Unterhaltung ein künstliches Haustier an, einen kleinen Roboter namens *Toybot*, der laufen, sehen, hören und sprechen kann. »Künstliche Haustiere werden das nächste große Ding nach der Erfindung der Computerspiele«, verspricht ein Kenner der Lage, der selbst an einem künstlichen Hamster bastelt[1]. Auch die Firma Siemens will mit einem Roboter im Kinderzimmer helfen: Der *Storyteller* kann zwar nicht laufen, doch können sich die Kleinen, in Abwesenheit der Eltern, mit ihm unterhalten oder sich eine Geschichte erzählen lassen.

Und mit drei Jahren kommen sie dann, wenn sie Glück haben, in einen modernen *Internet-Kindergarten*, in dem sie, weil *es die Auge-Hand-Koordination schult*, das *Mouse-Handling* lernen. Und wenn sie diese Modelleinrichtung mit fünf oder sechs Jahren und einem *PC-Führerschein* verlassen, dann kommen sie in die Schule. Vielleicht sogar in eine zukunftsorientierte Schule, die ihnen ein Selbstlernzentrum zu bieten hat. Denn ans selbständige Lernen, sollte man meinen, sind sie ja nun gewöhnt. Nur den Lehrern kommen sie manchmal, in den Pausen, wie ferngesteuerte Roboter vor. Und sie denken: Könnte man hier nicht mal ein paar Überwachungsgeräte installieren?

Vielleicht wird uns dieser Gedanke bald gar nicht mehr so abwegig erscheinen. Aber was machen wir mit ihnen im Unterricht? Die Bundeszentrale für gesundheitliche Aufklärung hat einen Band über die »Gesundheit von Kindern« herausgegeben. Dort erfahren wir, dass im Durchschnitt etwa zehn bis zwölf Prozent der Kinder im Grundschulalter an psychischen

Störungen leiden, die sich in Leistungs-, Wahrnehmungs-, Gefühls-, Kontakt- und sonstigen Entwicklungsbereichen zeigen. Im Jugendalter müsse mit einer noch höheren Quote von etwa 15 bis 20 Prozent gerechnet werden. Der Kinderarzt und Vorsitzende des Berufsverbands Kinder- und Jugendärzte, Uwe Büsching, teilt uns mit, dass Schmerzsymptome (Bauch-, Rücken-, Kopfschmerzen, Migräne), Übergewicht und Suchtverhalten stark zugenommen hätten und als Symptome eines gestörten sozialen Verhaltens gedeutet werden müssen. Die Kinder seien in ihrem Alltagsbereich eher isoliert, es fehlten die sozialen Bezüge, hinzu komme eine große Zukunftsangst bei den jungen Menschen. Hinter dem massiven Anstieg an übergewichtigen Kindern verberge sich weniger eine falsche Ernährung als Bewegungsarmut und Einsamkeit. Angestiegen sei auch die Zahl depressiver Erkrankungen. Erkennbar für den Lehrer beispielsweise an einer gleichgültigen Haltung den Mitschülern und dem Unterricht gegenüber, an der Monotonie der Sprache und an der Unfähigkeit, konkrete Fragen zu stellen oder konkrete Antworten zu geben. Wenn ein Schüler immer nur ausweichende Antworten gebe, sei dies ein Indiz dafür, dass der Jugendliche den Erwachsenen an sein persönliches Ich überhaupt nicht herankommen lasse.

Dies alles seien deutliche Alarmzeichen, sagt uns der Kinderarzt. Bloß: Wo sollen wir Lehrer denn Alarm schlagen? Bei den Eltern? Die würden sich das verbitten. Werden die Lehrer denn heute mit gar nichts mehr fertig? Sollen wir einmal etwas Verbotenes tun und die Arbeit aus Protest niederlegen? Das gäbe einen Aufschrei: Jetzt wollen diese Drückeberger wohl überhaupt nichts mehr tun! Sollen wir einmal bei der Regierung anrufen? Die ist zur Zeit mit anderem beschäftigt. Beim Schulministerium? Die haben auch andere Sorgen. Denn seit PISA wissen sie, dass rund 25 Prozent der Schüler nur mit großen Schwierigkeiten lesen können. Und erst kürzlich haben zwei weitere internationale Studien nachgewiesen, dass wir in Deutschland zu wenig Abiturienten produzieren. In Schweden (so die Ergebnisse der letzten TIMSS-Studie) besuchten 76 Prozent der Jugendlichen die gymnasiale Oberstufe, in Norwegen seien dies sogar 80 Prozent, in den USA 65 Prozent, in Deutschland dagegen nur 25 Prozent. Und eine neue Bildungsstudie der OECD weist nach, dass in Finnland nahezu 70 Prozent eines Abiturjahrgangs ein Studium beginnen, bei uns aber nur etwas mehr als 30 Prozent. Mal angenommen, diese Zahlen stimmen, woran könnte es dann liegen? An den Lehrern und an den Schulen, die zu früh und zu stark auslesen und zu wenig fördern? Brauchen wir mehr Gesamtschulen, mehr »Schulen für alle«, wie die GEW fordert? Oder ist das Abitur anderswo vielleicht weniger anspruchsvoll? Zum Beispiel in den USA? Oder sind die Kinder in Skandinavien intelligenter? Weil sie dort glücklicher und gesünder sind? Weil es dort zum Beispiel bis zur 7. (Finnland) oder 8. Klasse (Schweden) noch keinen Leistungsdruck und keine Noten, sondern Gespräche mit Eltern und Schülern über die Lernfortschritte gibt? Oder weil sie da für alle Kinder eine hervorragende staatliche Kinderbetreuung von klein auf haben? Könnten diese Zusammenhänge mal bitte etwas genauer erforscht werden, bevor man uns jede Woche neue Zahlen um die Ohren haut? Könnte sich mal einer für das *Leben* der Kinder interessieren? Und das mal im Ländervergleich erforschen?

Aber selbst ohne internationale Vergleichsstudien dürfte klar sein: Kinder, die kein gutes Leben haben, bringen auch keine guten Leistungen. Ein einsames, trauriges, krankes Kind *kann* nicht lernen. Auch wenn wir ihm zehn Sozialarbeiter zur Seite stellen und es jeden Nachmittag zum Psychologen in die Therapie schicken. Es ist eben doch kein Roboter. Es ist ein kleiner Mensch. Der ohne Liebe, genau wie wir Großen, langsam verkümmert und eingeht.

Das Weltbeste

Ich kann freilich nicht sagen, ob es besser wird, wenn es anders wird. Aber soviel kann ich sagen: Es muß anders werden, wenn es gut werden soll.

G. C. Lichtenberg

Am Abend sitze ich wie immer mit einem Buch zu Hause auf dem Sofa. Aber die rechte Lust zum Lesen will sich diesmal nicht einstellen. Dauernd gehen mir dieselben Fragen durch den Kopf. Was müsste sich denn ändern? Wie müsste denn eine Erneuerung, die allen gut täte, aussehen? Was hättest du selbst denn vorzuschlagen, wenn dich jemand fragen würde? Oder (um mir nicht selbst etwas vorzumachen): Wie müsste denn eine Schule aussehen, an die du selbst mit Freude zurückkehren würdest?

Und dabei merke ich sehr schnell: Gute Vorschläge zu machen ist nicht so einfach. Das sieht schon wieder nach Arbeit aus. Ich hole mir einen Notizblock und schreibe schon mal die Überschrift: Wenn wir *die Schulen Deutschlands erneuern* dürften …

… dann müssten wir wohl bei den Lehrern anfangen. Die neuen Lehrer, die wir bräuchten, wären dann keine Kumpel mehr, sondern Kinderfreunde, und sie würden sich mit Leib und Seele als Erzieher verstehen, denen die Begriffe Autorität und Führung nicht (mehr) per se fragwürdig erschienen, denn das wollten sie ja sein: *Pädagogen,* Führer der Jugend. Ihr Leitbild wäre allerdings nicht das Führertum vergangener Zeiten, sondern vielleicht die *charmante Autorität* (Max Goldt) oder noch besser: die *geliebte Autorität* (Rudolf Steiner).

Die Schulen wären keine Lernknäste, Kasernen, Fabriken, wie früher, und auch keine modernen, miteinander konkurrierenden Unternehmen, wie heute, sondern sie wären Schulen, und das hieße: Orte der Ruhe. Der inneren Ruhe, die unsere Kinder dringend brauchen, und der äußeren Ruhe, die das Lernen dringend braucht. Die Schulen würden sich auf das besinnen, was ihr eigentlicher Auftrag ist und was sie am Anfang einmal waren: Orte der Ruhe, der Konzentration, der Besinnung, der wissenschaftlichen Beschäftigung, des Studiums (gr. *scholé*: das Innehalten von der Arbeit; lat. *schola:* Muße, Ruhe, Unterricht, Unterrichtsstätte). Und für die Kinder wären sie das, was früher einmal die Familie war: ein *Schon- und Schutzraum.* Ein Raum, in dem sie nicht zu autonomen Selbstlernern hochstilisiert und die Erziehung, wie in der modernen *Gerätefamilie* (Götz Eisenberg), den Apparaten überlassen würde, sondern ein Raum, in dem sie von der Welt des harten Überlebenskampfes verschont und vor schädlichen und Angst machenden Einflüssen, so gut es ginge, beschützt würden und in dem sie langsam zu autonomen jungen Menschen heranreifen dürften. Die Schule wäre kein hektischer und chaotischer Massenbetrieb, sondern für die Kinder ein Ort der Zuflucht. Eine auf ihre Bedürfnisse abgestimmte Sonderwelt, in der autonom sein hieße, *somebody, not nobody* zu sein (wie der Philosoph Isaiah Berlin sagt).

An solchen Orten wäre auch Lernen wieder möglich. Aber nicht ein Lernen aus Angst vor unsicherer Zukunft, sondern Lernen aus Lust an der Welterkenntnis. Die dazu erforderliche Zuversicht, Lebensfreude und Lernfreude würden den Kindern durch ihre Lehrer, die dafür selbst ein Beispiel abgäben, durch die Unterrichtsinhalte und die Art der Unterrichtsgestaltung vermittelt.

Da die Lehrer aus eigener Lebenserfahrung wüssten, dass kaum etwas den Menschen so sehr beglückt wie ein gutes Gespräch, weil es sowohl das Herz erwärmt als auch den Verstand beflügelt, wäre das *Gespräch* (nicht zu verwechseln mit dem beliebten Frage-Antwort-Pingpong) ihre bevorzugte Unterrichtsmethode, die sie, sooft der Gegenstand es erlaubte, zum Einsatz brächten.

An den Schulen, wie ich sie mir wünschte, verfolgten alle Fächer und Unterrichtsinhalte dasselbe Ziel: den Kindern die Schönheit und Vielfalt der Welt zu zeigen und die vielen verschiedenen Wege, auf denen man sich ihr verstehend und erklärend nähern kann. Unterrichtsinhalte, die dazu geeignet wären, die Zuversicht und Lebensfreude der Kinder zu untergraben und ihr Weltvertrauen zu zerstören, würde es nicht mehr geben. Nicht mehr erlaubt wäre, was zurzeit leider noch als fortschrittlich gilt: die Kinder in nahezu allen Fächern mit Unterrichtsreihen zu bombardieren, die sie aufklären über Kindersklaven, Kinderprostitution und Kindersoldaten in der Dritten Welt, über den Handel mit Kindern oder mit ihren Organen, über den Hunger in der Welt und die Zahl der täglich verhungernden Kinder im Vergleich zu den Militärausgaben, über die unaufhaltsame Zerstörung der Wälder und der Atmosphäre, die Verseuchung der Flüsse und Meere und das Sterben der Tiere, über Tierquälerei in Labors und Mastfabriken und über die Häufigkeit von sexuellen Übergriffen und Kinderschändung in den Familien. Was man sich davon verspricht? Ich weiß es nicht. Vielleicht die Hoffnung, dass die Kinder durch Wandzeitungen, selbst gemalte Bilder, Unterschriftenaktionen und Protestbriefe an die Regierung die Not der Welt wenden? Die Beruhigung des eigenen Gewissens, weil man ja schön empört und kritisch über alles gesprochen hat? Die Befreiung von der Sorgen- und Verantwortungslast, indem man sie, so früh wie möglich, ablädt auf die Schultern der nächsten, noch unverbrauchten Generation?

Was auch immer die bewussten oder unbewussten Beweggründe sein mögen, eins ist sicher: Diese Art der Weltpräsentation erreicht das Gegenteil des Beabsichtigten, und ihre Wirkung auf die Kinder ist verheerend. Zahllose Aussagen von

Kindern, die ich hier am liebsten einmal seitenweise zitieren würde, zeigen, wie die Welt für sie allmählich zum Alptraum wird, wie sie hineingeführt werden in ein Gefühl vollkommener Ohnmacht und Hilflosigkeit und in die Erwartung eines ausweglos sinnentleerten Daseins. Auszuhalten ist eine solche psychische und kognitive Überforderung nicht. Und sie verwandelt sich auch nicht in erhöhte Sensibilität und ein geschärftes Gewissen. Im Gegenteil. Sie macht immun gegen Gewissensregungen. Was uns an Problemverleugnung, Gleichgültigkeit, Gefühlskälte, Unerreichbarkeit, Abstumpfung bei den einen, Ausbrüchen von Hass und Aggression bei anderen Jugendlichen manchmal entgegenschlägt, sind nicht selten Formen der inneren Notwehr, Reaktionen auf die als hoffnungslos und unerträglich empfundenen Zustände überall in der Welt.

Dass Kinder keine fertigen kleinen Erwachsenen sind, sondern erst allmählich und in psychologisch verarbeitbarer Weise in die Erwachsenenwelt eingeführt werden müssen, und dass der Staat das Recht hat, als Beschützer von Kindern aufzutreten, war eine Idee der Aufklärung. Eine Idee, an die uns der Kulturkritiker Neil Postman seit Jahren mit wachsender Verzweiflung zu erinnern versucht. Wie kommt es, dass ausgerechnet die Liberalen, die sich doch als Erben dieser Tradition verstehen, den Kindern in den Schulen mit aufklärerischem Impetus Entgrenzungerfahrungen bescheren, die ihren Glauben an die Menschen, an Güte, Gerechtigkeit und Schönheit im Keim ersticken?

In seiner Schrift *Über Pädagogik* sagt Kant: *In unserer Seele ist etwas, daß wir Interesse nehmen 1.) an unserem Selbst, 2.) an anderen, mit denen wir aufgewachsen sind, und dann* muß *3.) noch ein Interesse am Weltbesten Statt finden. Man muß Kinder mit diesem Interesse bekannt machen, damit sie ihre Seelen daran erwärmen mögen. Sie müssen sich freuen über das Weltbeste, wenn es auch nicht der Vorteil ihres Vaterlandes oder ihr eigener Gewinn ist.*

Die Seelen der Kinder für das *Weltbeste* erwärmen, die Freude am *Weltbesten* in ihnen wecken, das wäre ein Ziel, das den Geist unserer Schulen von Grund auf verändern und erneuern würde. Es wäre fast eine Revolution. Aber eine, mit der wir gleich morgen beginnen könnten, denn sie wäre leicht und würde nichts kosten. Sie kostet uns nur ein Innehalten und Umdenken, und sie wäre leicht, weil Kinder sich nach nichts mehr sehnen als nach dem *Weltbesten*, nach einer Welt, in der alle, Menschen und Tiere, es gut haben (sollen).

Man müsste sie im Unterricht nur einmal mit dem Streben der Menschen nach dem *Weltbesten* bekannt machen (und aufhören, ihnen das *Weltschlechteste* zu zeigen). Sie sollten die (spannenden!) Lebensgeschichten von Erfindern, Entdeckern und Gelehrten, von Sozialreformern und Staatsmännern, von Künstlern, Religionsstiftern und Revolutionären zu lesen bekommen. Sie sollten, wie es uns Goethe empfiehlt, *alle Tage wenigstens ein kleines Lied hören, ein gutes Gedicht lesen, ein treffliches Gemälde betrachten und, wenn es möglich zu machen wäre, einige vernünftige Worte sprechen.*

Überhaupt die Kunst. Und die Musik. Damit sollten wir vor allem die Seelen der Schüler nähren und ihren Geschmack kultivieren, denn, behauptet der Dichter Shelley, allein durch Schönheit werde das Gemüt empfänglich für moralischen Anstand, und der Fortschritt sei mehr eine Aufgabe des Herzens als des Intellekts. Altbundeskanzler Helmut Schmidt beschrieb vor kurzem in einem Zeitungsartikel das *Glück*, das es für ihn bedeutet habe und noch immer bedeute, eine Schule besucht zu haben, in der die musischen Fächer ganz groß geschrieben wurden. Dabei ging es (in seiner Hamburger Lichtwarkschule) weniger um Theorie, schreibt er, als darum, zu singen und zu musizieren, Theater zu spielen und zu malen und zu zeichnen.

Die Schule hatte zwei Orchester, ein oder zwei Chöre… Von diesen Schulen, von allen Schulen, die sich einem *pädagogischen Denken* verschrieben haben, den Montessorischulen, den Waldorfschulen, den Landerziehungsheimen, den Eliteinternaten, könnten wir viel lernen und übernehmen. Wir bräuchten nur einmal die *ideologischen Scheuklappen* (Schröder) abzunehmen.

Ein Biologielehrer, der, statt den Kindern im Unterricht immer nur Filme zu zeigen, mit ihnen in den Wald ginge, nicht um sie dort auf das Waldsterben aufmerksam zu machen, sondern um ihnen das vielfältige Leben in der Natur zu zeigen, der ihnen die Namen auch der kleinsten heimischen Pflanzen und Tiere beibrächte, der sie schöne Herbarien anlegen ließe und sie zur Stille anhalten würde, damit sie lernten, auf die Stimmen der Vögel zu hören und sie zu unterscheiden… täte, glaube ich, mehr für die Liebe der Kinder zur Natur und für ihr (späteres) Interesse an der Erhaltung der Umwelt als durch so manche Unterrichtsaktion gegen das Aussterben der Arten *(Malen für Geparden)*. Denn Liebe und Mitgefühl entstehen durch Nähe und Identifikation.

Mit der Vorbereitung der Kinder auf das Leben sollten wir es in Zukunft so halten, als stünde eine große Hungersnot bevor: Wir werden sie nicht mehr hungern lassen, damit sie sich frühzeitig an den Hunger gewöhnen, sondern wir werden sie mit allem, was wir haben, so gut füttern, dass sie rund und gesund, groß und stark werden und noch lange von ihren Reserven zehren können. Vielleicht könnte es ihnen dann sogar eines Tages gelingen, den Hunger in der Welt zu besiegen.

Jetzt kommt das Schwere. Schwer, weil es einerseits etwas kostet und andererseits so schwer zu sagen ist. Die in ihrem Geiste erneuerten Schulen müssten sich auch äußerlich verändern, sie dürften keine grauen Betonklötze und anonymen Großbetriebe mit Tausenden von Schülern mehr sein. Denn der Qualität der inneren Haltung müsste die Qualität der äußeren Schulgestaltung entsprechen. Die Schüler müssten von Kunst und Natur, aber auch von Ordnung und Sauberkeit umgeben sein. Und – das fällt mir schwer zu sagen – nicht jede einzelne Schule könnte eine »Schule für alle« sein.

Auf ihrem letzten Gewerkschaftstag (»Schulpolitische Positionen«) hat die GEW den Slogan und die Propagierung der *Schule für alle* beschlossen. Gemeint ist eine Schule, die nicht nur alle Kinder aufnimmt, sondern auch alle bis zum Schluss behält. *Motto muss sein: Wen eine Schule einmal aufgenommen hat, für den ist sie auch verantwortlich und zur individuellen Förderung verpflichtet* (Marianne Demmer). Gut. Nur eine Frage: Dürfen nicht auch die Schüler, wenigstens ein ganz klein wenig, selbst verantwortlich sein für ihr Lernen und ihren Lernerfolg? Würden wir sie damit nicht ernster nehmen? Der *Charme des Konzepts*, sagt die Schulexpertin, liege darin, die Lehrer aller Schulformen auf ein gemeinsames Projekt zu verpflichten*: so wenig Auslese und Aussonderung und so viel Integration und individuelle Förderung wie irgend möglich.* Wer möchte dem nicht sofort zustimmen? Aber könnte es nicht vielleicht sein, dass individuelle Förderung und Integration sich widersprechen? Die GEW möchte das nicht so sehen. Sie fordert die Lehrer auf, die *Leistungsheterogenität in Lerngruppen endlich als selbstverständliche Berufsperspektive zu akzeptieren*, mehr vorbeugend zu fördern und auf Sitzenbleiben und Abstufung zu verzichten. *Alle Lehrer müssen heute Wege kennen*, sagt die Funktionärin Anne Ratzki, *wie MigrantInnen gefördert, wie Behinderte integriert, wie Hochbegabte zusätzlich gefordert und langsam Lernende an die Mindeststandards herangeführt werden.*

Ja!, möchten wir da rufen, das müssen Lehrer in der Tat alles können. Aber können sie es, wenn alle Kinder in derselben Klasse sitzen? Und am Ende dasselbe Klassenziel erreichen sollen? Frau Ratzki schlägt uns dazu etwas vor: *Von der Gruppenpädagogik über Freiarbeit und Projekte bis hin zum Stationenlernen* stünden uns genug individualisierende und schülerorientierte Methoden zur Verfügung. Die kennen wir, das sind alles schöne Dinge, die sogar uns Lehrern Spaß machen, wir wüssten sogar noch mehr solcher schönen Dinge, bei denen die Integration überhaupt kein Problem, sondern immer wieder die reine Freude ist: bei der künstlerischen Gestaltung, beim Theaterspiel, im Orchester, im Chor, auf einer Wanderung, im Zeltlager ... Aber wir hatten eben nach dem *normalen Unterricht* gefragt, der nicht immer Spaß macht, der auch einmal anstrengend und mühevoll ist, zum Beispiel der Unterricht in Mathematik, Fremdsprachen und Deutsch. In diesen so genannten »Hauptfächern« wird, wie jedermann weiß, der Leistungsstand der Schüler andauernd überprüft, das heißt, allen Schülern werden dieselben Klassenarbeiten vorgelegt und damit dieselben Maßstäbe angelegt. Hat man nicht sogar an den Gesamtschulen für diese Fächer eine Differenzierung in Leistungsgruppen eingeführt? Selbst die Lehrer an den Waldorfschulen schaffen es trotz allem guten Willen nicht, in diesen »harten« Fächern allen Schülern gleichzeitig gerecht zu werden, nur können sie es sich leisten, das Problem auf sich beruhen zu lassen, denn bei ihnen gibt es keine Noten und kein Sitzenbleiben.

»Harte« Fächer, wie eben Mathematik, Fremdsprachen und Deutsch, sind deshalb hart, weil in ihnen die Begabungsunterschiede der Schüler sehr schnell und hart aufeinander prallen. Während die einen mit leuchtenden Augen nach mehr verlangen und auf schnelleres Vorgehen drängen, werden die anderen traurig, denn sie haben das Alte noch nicht verstanden. Der Lehrer ist gehalten, sich in seinen Anforderungen am breiten Mittelmaß zu orientieren (Gauß'sche Verteilung), und die guten und die schwachen Schüler schalten nach einer Weile enttäuscht ab. Und fangen aus Frustration und Langeweile an, den Unterricht zu stören. Ein schrecklicher Zustand, der zu viele unglücklich macht, nicht zuletzt den Lehrer.

Ungerührt aber fordert die GEW das Unmögliche: *Hauptschulen müssen endlich alle Abschlüsse der Sekundarstufe vergeben können, und Gymnasien müssen sich endlich im vollen Umfang an der Integration von jungen Menschen mit Behinderungen beteiligen* (Demmer). Was meint sie denn mit Behinderung? Falls körperliche Behinderungen gemeint sind, zum Beispiel spastisch gelähmte Kinder in Rollstühlen (wie Stephen Hawking), wüsste ich niemanden, der dagegen etwas einzuwenden hätte. Es wäre für uns alle, und ist es ja auch schon an vielen Schulen, eine menschlich beglückende Erfahrung. Falls aber an die Integration von geistig behinderten Kindern gedacht sein sollte, zeugt diese Forderung nicht von sozialem Engagement, sondern von Grausamkeit.

Der Begriff *Integration* bedeutet: *Herstellung einer Einheit (aus Differenziertem); Einbeziehung, Eingliederung in ein größeres Ganzes.* Individuelle Förderung aber bedeutet das Gegenteil: die *Unterschiede* beachten und berücksichtigen, auf die *unterschiedlichen* Fähigkeiten der Kinder eingehen und ihnen gerecht werden.

Vergleiche nie ein Kind mit einem anderen, sondern immer nur mit sich selbst, sagt Pestalozzi und beschreibt damit einen pädagogischen Idealzustand, dem wir in Schulen, in denen es ständig um Normierungen und Leistungsvergleiche geht, nur schwer nacheifern können. Aber dennoch sollten wir Lehrer diesen Satz als leitendes Prinzip für den Umgang mit Schülern unbedingt beherzigen, denn er beschreibt den Königsweg zur (intrinsischen) Motivation.

Erfolg macht erfolgreich, sagen wir heute, und es stimmt. Nur Erfolgserlebnisse, nur gelingendes Tun motivieren zu weiteren Anstrengungen und zum Ausschöpfen aller Kräfte. Genau diese Erfolgserlebnisse, die gerade die schwachen Schüler dringend bräuchten, werden ihnen aber in Lerngruppen mit starken Leistungsunterschieden ständig versagt. Denn egal, wie sehr sie sich auch anstrengen und, im Vergleich zu sich selbst, auch tatsächlich verbessern mögen, im Vergleich zu den Starken bleiben sie immer unten, sie bleiben diejenigen, die immer wieder die schlechten Noten bekommen. Ich wünschte mir, die Integrationsbefürworter müssten einmal die Enttäuschung und Resignation dieser Kinder mit eigenen Augen sehen und miterleben.

Die verbreitete Annahme, die Starken zögen die Schwachen gewissermaßen mit, ist ein schöner Gedanke, aber leider entspricht er nicht der Wirklichkeit. Sich gegenseitig in ihren Leistungen positiv beeinflussen tun die Kinder, die sich *ähnlich* sind. Dass man dies längst stillschweigend zur Kenntnis genommen hat, zeigt sich daran, dass man selbst die Integration von Jungen und Mädchen (Koedukation) überall dort aufzulösen beginnt, wo es sich als gut und sinnvoll erwiesen hat: in Informatik, im naturwissenschaftlichen Unterricht, in Sexualkunde und im Sport. Es hat zehn Jahre gedauert, die Verwunderung darüber zu verwinden, dass die (wenigen) jungen Frauen, die ein technisches oder naturwissenschaftliches Studium aufnahmen, nahezu ausnahmslos von (privaten) reinen Mädchengymnasien kamen. Und dann noch einmal zehn Jahre, bis auf diese unerwünschte Tatsache endlich Gedanken und schließlich Taten folgten.

Es tut weh, aber wir müssen bereit sein, aus Erfahrungen zu lernen. Was lehren uns denn die seit 30 Jahren andauernden Erfahrungen mit der Gesamtschule (in Nordrhein-Westfalen)? Wurde das angestrebte Ziel, Chancengleichheit durch eine Schule für alle, erreicht? Kaum jemand würde das behaupten wollen. Warum will denn den Schulen trotz aller Anstrengungen die Herstellung von Chancengleichheit nur so schwer gelingen? Die Antwort könnte deprimierender nicht sein. Weil der Schulerfolg, so das Ergebnis von PISA und von zahlreichen anderen einschlägigen Untersuchungen, leider immer noch ganz entscheidend von der Herkunft der Kinder, also vom Elternhaus, abhängt. Wie muss das Elternhaus denn aussehen, was muss es den Kindern bieten oder mitgeben? Wie es scheint: das Interesse am Lernen. In einer Hamburger Grundschulstudie hat man (Anfang 2001) herausgefunden, dass der Schulerfolg der Schüler mit einem Faktor korrelierte, der uns alle ziemlich überrascht hat, nämlich mit dem Faktor »Buch im Haus«. Mehr noch als durch alles andere, was auch eine entscheidende Rolle spielte, wie Einkommen und Schulabschluss der Eltern, scheinen also Kinder aus einem Elternhaus, in dem gelesen wird, von vornherein privilegiert.

Was schließen wir daraus? Zum einen müssen wir wohl unsere allzu hoch gespannten Erwartungen an die sozial ausgleichende Funktion von Schule etwas zurückschrauben. Wichtiger aber noch scheint mir die Einsicht, dass wir gerade deshalb, weil die Schüler mit so unterschiedlichen Voraussetzungen in die Schule kommen, sie nicht alle in dasselbe Rennen schicken dürfen. Denn während die einen schon ungeduldig in den Startlöchern scharren, sind die anderen noch gar nicht fit. Wir müssen sie erst fit machen. Und zwar so fit wie irgend möglich. Da bin ich mit dem GEW-Vorstand vollkommen einer Meinung. Währenddessen aber dürfen wir die anderen nicht festbinden, man muss sie doch rennen lassen, und zwar so schnell und so weit sie können.

Deshalb würden wir es in den Schulen, wie ich sie mir wünschte, so halten: Die Begabten, die es leicht haben, weil sie von der Natur oder von ihren Eltern mit Interessen ausgestattet sind, die bekämen etwas Schweres. Den Kindern, die es schwer haben, weil sie von Natur oder von Hause aus benachteiligt sind, die bekämen etwas Leichteres. Jedem das Seine. Nicht allen das Gleiche. Jedem das, was er braucht. Jedem so viel, wie er tragen kann. Das verstünden wir unter Chancengerechtigkeit. Das hört sich vielleicht zu sehr nach Plato und zu wenig nach Marx an. Stimmt aber nicht. Niemand müsste für immer an seinem Platz bleiben. In unseren Klassen stünden die Türen weit offen: Jeder, der wollte, könnte jederzeit hinein oder hinaus.

Und damit die Scheu vor einem Wechsel nicht zu groß und die Wege nicht zu lang werden, stelle ich mir unsere erneuerten Schulen wie einen Campus vor. Ein schönes großes Gelände mit Wiesen, Wasser und hohen Bäumen und überall dazwischen die (kleineren) Schulgebäude. Schulen für alle, ganz nah beieinander. Und damit die Schüler auch spürten, dass sie zusammengehören, auch wenn sie verschiedene Kurse oder Schulen besuchen, trügen sie vielleicht alle dieselbe Kleidung (mit ihrem Campusemblem), und es gäbe viele gemeinsame Unternehmungen: Sport, Theater, Musik, Ausflüge. Was immer ihnen oder den Lehrern Gutes einfiele. Und jedes Jahr gäbe es ein großes Fest, auf dem sie einer staunenden Öffentlichkeit vorführten, was sie alles können.

Klar: Solch ein pädagogischer Schulumbau würde Jahre dauern. Auch die schönen hohen Bäume brauchen Jahre, um zu wachsen. Aber pflanzen könnten wir sie doch schon mal. Es wäre wenigstens ein Zeichen. Ein Zeichen, mit dem wir der Jugend zeigten, dass auch wir so langsam anfangen wollen, uns für das *Weltbeste* zu erwärmen. Denn darauf warten unsere Kinder und Jugendlichen schon sehr lange. Sogar schon zu lange, denn sie zeigen uns immer unmissverständlicher, dass sie ganz entschieden die Lust verlieren an dem, was wir ihnen bisher zu bieten bereit waren.

Auf dem Giebel des feinen Hamburger Gymnasiums Blankenese haben die Schüler ein Graffito angebracht. Es war ein Abistreich, es handelt sich also um Abschiedsworte. Sie lauten:

Mit einer Weisheit, die nicht zu lachen versteht, einer Philosophie, die keine Tränen kennt, und einer Größe, die sich nicht vor Kindern verneigt, wollen wir nichts mehr zu tun haben.

Aus Mangel an Ruhe läuft unsere Zivilisation in eine neue Barbarei aus. Zu keiner Zeit haben die Tätigen, das heißt, die Ruhelosen, mehr gegolten. Es gehört deshalb zu den notwendigen Korrekturen, welche man am Charakter der Menschheit vornehmen muß, das beschauliche Element in großem Maße zu verstärken.

Friedrich Nietzsche

Schlusswort

Wie aufhören? Wo es doch noch so viel zu sagen gäbe. Meinen geplagten und verzweifelten KollegInnen würde ich zum Beispiel noch gern sagen: Ärgert euch nicht! Vor allem nicht über mich. Denn bedenkt: *Die schärfsten Kritiker der Elche waren früher selber welche.* Nehmt lieber mal ein Sabbatjahr! Egal, was es kostet, der Gewinn ist auf jeden Fall höher als der Preis. Man wird wieder zum Menschen, vielleicht sogar zu einem anderen. Zu einem gesunden Menschen mit guter Laune und Interessen.

Mich zum Beispiel hat das Sabbatjahr gerettet und verändert. Ich bin schon lange keine deprimierte Frustziege mehr. Und mein Rheuma (toi, toi, toi) tut auch nicht mehr weh, seit Monaten schon nicht mehr, es ist anscheinend eingeschlafen. So soll es bleiben. Bei Gott, ich schwöre (wie Scarlett O'Hara in *Vom Winde verweht)*: Nie mehr im Leben will ich eine Arbeit aufnehmen, die mich in den *plötzlichen Erschöpfungstod* treibt. (So nennen sie die neueste, allermodernste Todesursache). Und nicht für 10000 Mark (oder Euro) pro Minute wäre ich noch einmal bereit, in kurzen Pausen nach langen Doppelstunden, wenn einem der Kopf noch braust, in unübersichtlichem Gelände 500 herumtobende Schüler zu bewachen. Nie mehr möchte ich morgens in eine Schule kommen, vorbereitet auf sechs Stunden Unterricht und mit der Aussicht auf eine kleine Atempause, eine Freistunde, in der ich mir allerhand zu erledigen vorgenommen hatte, um dann stattdessen zur Vertretung des plötzlich erkrankten Mathelehrers als Aufseher in eine unbekannte Klasse gejagt zu werden.

Außerdem werde ich mich in Zukunft nie mehr in Arbeitsgruppen und Teams integrieren, in denen man sich dümmer stellen muss, als man ist, weil einen sonst die anderen unsympathisch finden. Überhaupt möchte ich nicht mehr gezwungen sein, 80 Prozent meiner restlichen Lebenszeit mit Nebensächlichem zu vertun.

Nie wieder! Das habe ich vor Jahren schon einmal gesagt und bin dann doch wieder zurückgegangen. Nach sechs Jahren Pause und dem Studium der neuen Fächer fühlte ich mich wie runderneuert und so vollgepumpt mit interessanten Neuigkeiten, die ich nicht für mich behalten konnte, dass ich einfach wieder unterrichten musste.

Ob es mir diesmal wieder so ergehen wird, kann ich noch nicht sagen. Wenn es irgendwo im Land eine selbständige und schöne Schule geben sollte, an der auch die Lehrer selbständig sein dürfen, dann wüsste ich gern mal die Adresse ... Erst muss ich aber noch das angefangene Kinderbuch zu Ende schreiben, denn das habe ich Sofie und ihrer Freundin Luzie versprochen. Die beiden Mädchen haben gemeinsam ein Heft angelegt, in dem sie schon Ideen für mich gesammelt haben. Die meisten handeln von blöden Erwachsenen und treuen Pferden. Einen Satz habe ich, um ihn nicht zu vergessen, selbst in das Heft eingetragen, einen Satz, den Sofie eines Abends zu ihrem Vater sagte: Papa, du musst jetzt aber auch mal dein Leben ändern.

Papa, du musst dein Leben ändern – wäre das nicht schon ein schöner Titel? Der vielen Kindern aus der Seele spräche?

– Und du musst jetzt aufhören, sagt Matys, sonst verpassen wir noch das Schiff.

O Gott. Schon wieder ein Jahr vorbei. Morgen fangen die Sommerferien an. Wir fahren, wie immer, nach Griechenland.

– Soll ich nicht noch schnell erzählen, dass wir im Sabbatjahr endlich geheiratet haben?

– Um Himmels willen, sagt Matys, du hörst jetzt auf, das Buch ist ohnehin schon zu dick.

– Dann sag mir bitte einen schönen Schlusssatz.

– So weit so gut, sagt Matys. Und jetzt fahren wir in die Ferien.

Zitat Seite 156ff. aus: Dietrich Schwanitz, Bildung:
Alles, was man wissen muss.

Umschlaggestaltung: Michel Keller, München
Satz und Typografie: Michael Hempel, München
Druck und Bindung: Pustet, Regensburg
ISBN 3-88897-301-5

1 2 3 4 5 · 05 04 03 02